역사소비시대의 역사 읽기

한국사 속의
한국사

1 선사에서 고려까지

역사소비시대의 역사 읽기

한국사 속의 한국사 1

초판 1쇄 인쇄일 | 2016년 02월 22일　**초판 1쇄 발행일** | 2016년 02월 29일
초판 3쇄 인쇄일 | 2017년 09월 01일　**초판 3쇄 발행일** | 2017년 09월 11일

지은이 | 고석규 · 고영진
펴낸이 | 강창용
펴낸곳 | 느낌이있는책

주소 | 경기도 고양시 일산동구 중앙로 1233 현대타운빌 1202호
전화 | (代) 031-932-7474　**팩스** | 031-932-5962
홈페이지 | http://www.feelbooks.co.kr
이메일 | feelbooks@naver.com
등록번호 | 제10-1588　　**등록년월일** | 1998. 5. 16
책임편집 | 이윤희　　**디자인** | 김민정
책임영업 | 최대현, 민경업

ISBN | 979-11-86966-07-5　04910
　　　　979-11-86966-06-8　(세트)
값 18,500원

이 도서의 국립중앙도서관 출판예정도서목록(CIP)은 서지정보유통지원시스템 홈페이지(http://seoji.nl.go.kr)와 국가자료공동목록시스템(http://www.nl.go.kr/kolisnet)에서 이용하실 수 있습니다.(CIP제어번호: CIP2016004726)

역사소비시대의 역사 읽기

한국사 속의
한국사

1 선사에서 고려까지

| 고석규 · 고영진 지음 |

스마트 시대의 미래를 열어가는 한국사 3.0

지금 인터넷 없는 세상은 상상할 수 없다. 최초의 인터넷 환경을 웹 1.0이라고 한다면, 참여·공유·개방, 그리고 융합을 특징으로 하는 인터넷 환경을 웹 2.0이라 불렀다. 사물인터넷이 키워드로 등장하고, 언제 어디서나 존재한다는 유비쿼터스 네트워크 시대가 현실화되고 있는 지금, 맞춤형 소셜 네트워크가 이끄는 소통과 공감, 그리고 협력이 덧붙여진 웹 3.0 시대에 들어섰다.

한국사를 보는 차원도 이제 3.0 단계를 향하고 있다. 식민지라는 현실 하에서 전개된 미숙한 단계의 한국사 1.0을 극복하고, 산업화와 민주화의 두 과제를 성취하는 과정에서 민족주의와 내재적 발전론을 앞세웠던 정치 과잉의 한국사 2.0 단계가 있었다. 이제 21세기에 들어오면서 정치 과잉에서 벗어나 좌·우의 진영논리를 넘어서는 균형 있는 시각을 갖추어 나가려는 노력들이 나타나고 있다. 이른바 소통과 공감의 한국사를 지향하는 한국사 3.0의 단계로 접어들고 있다. 이 책은 3.0 단계의 한국사를 지향한다. 스마트 시대의 미래를 열어가는 한국사의 새로운 답이 여기에 있다.

요즘 역사에 대해서는 할 말이 너무 많다. 먼저 '역사 소비 시대'라고 불러도 어색하지 않을 만큼 수많은 역사물들이 소비를 기다리는 상품들처럼 시장에서 각축을 벌이고 있다. 영화는 물론 TV 드라마, 소설, 게임 등 모든 대중적 장르에 다 있다. 광고에도, 각종 생활소품에도 역사는 소비되고 있다. 왜 이처럼 역사물이 소비 대상이 되며, 그런 현상은 역사인식에 어떤 영향을 미치는가? 이런 역사물의 범람이 초래하는 소비사회의 위협으로부터 벗어나 올곧은 답을 찾고 싶은 사람들에게 이 책은 좋은 길잡이가 될 것이다.

한편, 한국사 국정교과서 시대에 대안을 찾아 역사의 진실을 알고 싶어 하는 사람들에게 이 책은 또한 좋은 지침서가 될 것이다. 주지하다시피 지금 중·고등학교 한국사 교과서 국정화 문제가 역사교육의 현안이 되고 있다. 숱한 여론의 반대에도 불구하고 정부에서는 마침내 2015년 10월 중·고등학교 한국사 교과서 국정화 방침을 정했다. 그래서 지금 이른바 '올바른 교과서'를 만들겠다고 밀어붙이고 있다.

한국사 교육을 강화하여 올바른 역사인식을 갖추게 하자는 것까지는 좋다. 그렇지만 국정교과서가 그 답은 아니다. 왜냐하면 올바른 역사인식이란 정부가 정해 주는 하나의 답을 통해서 형성되는 것은 아니기 때문이다. 다양성을 토대로 창조사회를 지향하는 21세기에 정부가 정해 주는 하나의 답만이 올바르다고 가르치는 역사교육은 너무나 시대착오적이다.

역사는 사람들의 경험에 대한 역사가들의 기록이자 평가이다. 따라서 사람들의 생각이 서로 다르듯이 역사도 서로 다를 수밖에 없다. 그렇다고 '다르다'에 멈추라는 뜻은 아니다. 역사의 해석은 다르지만, 받아들이는 개인의 입장에서는 그중 어느 하나를 선택하게 된다. 이때 자신의 판단에 따라 주도적으로 선택을 할 수 있도록 도와주는 것이 올바른 역사교육이다. 수많은 선거에서 유권자는 누군가를 선택해야 하는데 이때에도 물론 정답은 없다. 각자의 입장에 따른 선택이 있을 뿐이다. 역사인식도 이와 마찬가지다. 이 책은 국정교과서가 강요하는 하나의 답과는 달리 여러 답을 전제로 자기 주도적 선택을 할 수 있는 능력, 즉 역사인식을 형성하는 데 동반자가 될 것이다.

이 책은 우리 역사를 읽고 싶어 하는 분들에게 꼭 필요한 안내서가 될 것이다. 이 책은 우리 역사의 사실(史實)들을 전해 준다. 그러나 거기에 그치지 않는다. 단순히 '사실'들을 전해 주기보다는 사실들과 함께 그 사실들에 대한 '비평'을 썼다. 우리 역사의 사실들은 인터넷 검색창을 두드리면 금방 눈앞에 나타난다. 이제 어떤 사실을 안다는 것만으로 역사의 프로가 될 수는 없다. 그러면 프로 역사가는 아마추어와 뭐가 다를까? 그 답은 역사 속의 역사를 읽어내는 데 있다. 검색창에서 찾는 파편적 지식이 아니라 사실을 분석하여 인과관계를 밝히고 나아가 비판 능력까지 갖는 맥락적 지식이 그 답이다.

역사는 암기과목이 아니지만, 수험생들에게는 암기가 필요하기도 하다.

이때 파편처럼 흩어져 있는 지식이라면 암기조차 힘들지만, 맥락을 이루는 지식이라면 암기하기도 쉽다. 이 책은 역사의 맥락을 이해하게 하여 외우지 않고도 외워지는 역사 공부의 도우미가 될 것이다.

이 책은 《역사 속의 역사 읽기》(1996, 풀빛)를 토대로 하고 있다. 《역사 속의 역사 읽기》는 첫 출간 이래 독자 여러분들로부터 과분한 사랑을 받았다. 그런데 나온 지 벌써 20년이 지났다. 과거 그 자체야 변하지 않는 것이지만, 그 사이에 역사 연구는 끊임없이 진행되어 수없이 많은 연구 성과들이 나왔다. 또 강산이 두 번 바뀔 동안 우리 사회도 크게 달라졌다. 따라서 역사를 보는 눈 자체에도 적지 않은 변화가 있었다.

그래서 이 책을 새롭게 다듬어야겠다는 생각을 한 지는 오래되었다. 그러나 생각만 할 뿐 이런저런 일들에 치여 미루다가 마침 느낌이 있는 책 출판사의 제의가 있어 기꺼이 다시 써 보기로 했다. 하지만 그 과정은 결코 순탄치는 않았다. 시작한 지 3년 만에 겨우 세상에 나오게 되었다.

이 책에서는 지난 20년이란 결코 짧지 않은 시간이 만들어 낸 많은 변화들을 폭넓게 담으려 애썼다. '역사 소비 시대의 역사 읽기'라는 제목을 달고 있는 서장은 모두 다시 썼다. 또 선사 시대부터 현대까지 기본적인 구성은 크게 달라지지 않았지만, 최근의 성과까지도 담으려 꼼꼼히 살폈고, 시각 자체에 대한 교정도 있었다. 역사가의 시각이 사회의 변화에 따라 어떻게 달라지는지 관찰하는 것도 이 책을 읽는 즐거움 가운데 하나일 것이다. 그리고 무엇보다 책의 외모가 시원스레 달라졌다. 판형은 물론 다

양한 그림이나 사진들을 활용하여, 보면서 읽을 수 있는 대중역사서로 탈
바꿈하였다.

대중의 시대에 대중의 기호에 맞게 책을 써야 한다는 것은 백 번 옳다.
이는 재미있어야 한다는 뜻이다. 그래서 재미있게 쓰려고 노력했다. 하지만
역사는 마냥 재미만 있을 수는 없다. 지식이나 경험 중에는 재밌게 얻을
수 있는 것도 있겠지만 분명 인고하며 배워야 하는 것도 있다. 우리는 역사
에서 기쁨만 배우는 것은 아니다. 그 기쁨을 얻기 위해 겪은 아픔까지도
배우는 것이다. 장미의 가시가 주는 아픔을 느낄 때 비로소 장미의 온전한
아름다움을 느낄 수 있는 것처럼 역사도 분명 그렇다.

이 책을 통해 역사의 재미와 더불어 의미를 찾아 한국사 속의 한국사의
신세계를 느껴보기 바란다. 그리고 그 세계에서 역사의 사실들은 물론, 자
신의 독창적인 역사 읽는 법도 찾기를 바란다. 우리 함께 균형 잡힌 사고,
공감의 확대를 통하여 공존의 길을 열어 가자.

이 책이 다시 세상의 빛을 보기까지 느낌이 있는 책 강창용 대표의 도움
이 무엇보다 컸다. 감히 엄두도 내지 못하고 있던 필자들에게 뜻밖의 제안
으로 도전 의지를 북돋아 주었고, 답답함을 참아가면서 무던히도 많이 기
다려 주었다. 고맙다는 말로는 부족하겠지만 지면을 통해 감사의 뜻을 전
한다. 그리고 이렇게 멋진 책으로 만들어 준 노은정 팀장, 편집부원 여러
분들에게도 감사드린다. 이 책의 모태가 되는 《역사 속의 역사 읽기》에 함
께 작업했던 선·후배 동료 연구자들은 물론, 풀빛출판사 측에도 이 자리

를 빌어 깊은 감사의 뜻을 전한다.

　분에 넘치는 추천의 글을 보내 주신 한영우 교수님, 이태진 교수님, 허영만 화백님, 최원정 아나운서님께도 평생 갚아야 할 큰 은혜를 입었다. 앞으로 더 좋은 책을 만들어 답하기로 다짐하며 글을 마친다.

2016년 11월
고석규·고영진 씀

CONTENTS

 서장 역사 소비 시대의 역사 읽기

제1장 선사 시대 생활의 자취

제7장 고려의 사회와 경제

제8장 귀족 사회의 동요

제9장 대몽 항쟁과 개혁

서장 | 역사 소비 시대의 역사 읽기

1 역사란 무엇인가?

올바른 역사인식을 갖는 것은 민주주의 실현의 기초가 된다. 반대로 잘못된 역사인식은 민주화를 가로막는 장벽이 된다. 올바른 역사인식을 갖고 있는 국민이야말로 역사 발전의 동력이 되고 진정한 역사의 주인이 될 수 있다.

판단기준으로서의 역사인식

우리는 살아가면서 사소한 것부터 일생의 운명을 좌우하는 중차대한 것까지 수많은 결정들을 내린다. 그런 결정을 내리는 데에는 다 나름의 이유가 있을 것이다. 일상의 사소한 것들은 그때그때의 취향에 따라 즉흥적으로 정하기도 하는데, 그 결정을 후회한다 해도 큰 문제는 없을 것이다. 하지만 자기의 진로뿐만 아니라 자기 지역, 나아가 국가와 민족의 장래를 결정하는 거시적 판단을 해야 할 때가 있다. 이는 주로 옳고 그름보다는 선택의 문제가 된다. 그때 왜 그런 선택을 내리는가에 대한 자신의 생각이 있어야 한다. 이런 중차대한 결정을 내리는 데 필요한 자신의 생각은 역사인식에서 온다. 역사인식 여하에 따라 선택의 기준이 달라질 것이다. 그런 점에서 역사인식이 가치판단의 기준을 정해 주는 셈이다.

한편, 자기 나름의 역사인식이 없다면 수동적인 선택을 할 수밖에 없다. 그렇다고 그렇게 내린 결정의 책임으로부터 자유롭지는 않다. 따라서 그러한 가치판단의 기준을 갖추는 것이 곧 후회 없는 삶, 자신의 의지로 선택한 삶을 살 수 있는 지혜라고 할 수 있다.

《역사학 입문Studying History How and Why》이란 책에서 로버트 V. 다이엘스Robert V. Daniels는 역사와 국민의식의 관계에 대해 다음과 같이 말하고 있다.

우리가 역사로부터 기대하여야 할 것은 국민들이 민주주의의 기초인 현명하고 책임 있는 유권자가 되는 데 도움을 줄 수 있는 사회적 경험의 기록들이다.

즉 올바른 역사인식을 갖지 못한 국민은 민주주의를 실현할 수 있는 현명한 유권자가 될 수 없다는 뜻이다. 올바른 역사인식을 갖는 것은 바로 이 땅의 민주주의 실현의 기초인 셈이다. 반대로 잘못된 역사인식은 민주화를 가로막는 장벽이 된다. 그런 점에서 올바른 역사인식을 갖고 있는 국민이야말로 역사 발전의 동력이 되고 나아가 진정한 역사의 주인이 될 수 있다.

《역사를 위한 변명》

올바른 역사인식의 중요성을 좀 더 알아보기 위해서 서양의 한 역사가를 예로 들어 보자. 위대한 역사가의 비망록이라고도 불리는《역사를 위한 변명》이라는 책의 저자 마르크 블로흐Marc Bloch에 관한 이야기이다. 마르크 블로흐는 학문적 성과뿐만 아니라 그의 극적인 삶 때문에 존경받는 역사학자 가운데 한 사람이다. 그는 프랑스의 뛰어난 역사학자로 제2차 세계대전이 일어나자 조국 프랑스를 지키기 위해 환갑이 가까운 56세의 나이에 레지스탕스의 지도자가 되어 나치에 항거했다. 그러다가 독일 패망을 눈앞에 둔 1944년 나치에 체포되었고 결국 혹독한 고문 끝에 프랑스 리옹 근처의 한 벌판에서 총살당하고 말았다.

《역사를 위한 변명》은 그가 체포되어 감옥에 있을 때 쓴 책으로 제목은 독일군에게 점령당한 조국 프랑스의 부끄러운 역사를 변명한다는 뜻이다. 그의 극적인 삶과 잘 대비되는 마지막 유서라고 할 수 있다. 또한 '역사가의 사명'이라는 부제에서 알 수 있듯이 한 역사학자가 자신의 삶과 현실을 어떻게 하나로 통합하고 승화시켰는가를 잘 보여 주고 있다.

"아빠, 도대체 역사란 무엇에 쓰는 것인지 이야기 좀 해 주세요." 몇 년 전, 내 가까운 친척뻘 되는 어린 소년이 역사가인 아버지에게 이렇게 물었다. 나는 독자들이 읽게 될 이 책이 그에 대한 나의 대답이라고 말할 수 있기를 바란다.

마르크 블로흐는 《역사를 위한 변명》의 서장을 이렇게 시작하고 있다. 즉 이 책은 "역사는 무엇에 쓰는 것인가."라는 어린 소년의 소박한 질문에 대한 답을 담고 있다. 죽음을 앞에 둔 역사학자가 역사란 무엇인가를 생애의 마지막까지 확인하려고 했던 것이다. 이처럼 죽음을 앞에 둔 노老 역사학자가 고통 속에서도 끝까지 찾고자 했던 답의 물음들, 과연 역사란 무엇인가?

이 질문에 대한 답을 말하기는 사실 대단히 어렵다. 하지만 역사학자라면 반드시 대답해야 할 의무가 있다. 역사란 아주 평범하게는 과거의 사건, 과거의 일이라고도 한다. 그러나 오늘 우리가 관심을 갖는 것은 단순히 지난날의 일이라는 차원에서 그치는 것이 아니라, 그보다는 의미 있고 가치 있는 지난날의 어떠한 사실들이라고 할 수 있다. 즉 한없이 많은 과거의 사실들 가운데서 일정한 의도나 목적을 가지고, 그리고 나름대로 통용되는 객관적이고 과학적인 판단기준을 가지고 취사선택해서 다른 많은 사람들

에게 유용한 지식을 만들어 낼 때 비로소 역사라고
할 수 있을 것이다. 역사는 낡은 것이 아니라 오래된
것이고 그래서 가치 있는 것이다.

역사는 암기과목이 아니다

역사가 이런 과정을 통해 이루어지는 까닭은 지난
수만, 수천 년 동안 있었던 사실들을 전부 다 역사
의 대상으로 다룰 수는 없기 때문이다. 그러니까 필
연적으로 무엇을 선택하게 되고, 그런 다음 그 선택
한 것을 해석할 수밖에 없는 것이다.

마르크 블로흐

그는 《역사를 위한 변명》
을 통해 자신의 삶과 현실
을 어떻게 하나로 통합하
고 승화시켰는가를 잘 보
여 주었다.

　이렇게 재구성된 역사를 의미 있게 활용하는 것
이 중요하다. 그럼에도 불구하고 주입식 교육이나
암기 위주 교육 같은 우리나라 교육의 고질적인 병폐 때문인지 몰라도 중·
고등학생들은 물론 대학생들까지도 역사가 왜 필요한 것인지를 처음부터
이해시켜야 하는 어려움이 있다. 학생들은 역사를 하나의 고정된 영역 안
에 쌓여 있는 사실의 더미, 즉 의문의 여지가 없는 '정답' 정도로만 알고 있
다. 그렇기 때문에 그 모두를 암기해야 할 것들이라고 생각한다. 역사를 암
기해야 할 정답이라고 생각하는 학생들 앞에 "역사란 무엇인가?"라는 질
문은 설 자리가 없다.

　과연 역사는 암기과목에 지나지 않을까? 역사를 과거에 있었던 이야깃
거리로만 생각한다면 암기만으로도 역사를 안다고 할 수 있겠다. 그러나
앞에서 살펴본 것처럼 무한하게 많은 지난 일들 가운데서 일정한 판단기
준, 곧 가치관을 가지고 취사선택하게 된 것이 역사이기 때문에 암기만으
로 역사를 아는 것은 아니다. 분석적으로 이해해야 한다. 어떤 사건의 원
인과 결과, 이들 간의 관계에 대해서 말이다. 이것을 보통 인과 관계라고

하는데, 이런 인과 관계를 검토하고 밝히는 일이 곧 역사이며 역사 공부인 것이다. 왜 그 일이 발생했으며, 그 결과로 무엇이 달라졌는지, 그래서 오늘날 우리들에게 어떤 의미와 영향이 있는지 등을 하나하나 짚어 나가면서 접근해야 한다. 인터넷 검색창에 해당 단어를 입력하면 하이퍼링크를 통해 순식간에 나타나는 백과사전적 지식들, 이런 것들을 굳이 번거롭게 외울 필요는 없을 것이다.

역사의 효용성

인간은 지상의 수많은 생명체 가운데서 유일하게 역사를 갖고 있다. 역사는 바로 인간이 만들어 낸다. 그래서 과거가 있다는 것은 오늘이 있고 미래가 있다는 것을 말한다. 현재의 위치는 바로 어제까지의 과거가 설명해 주는 것이다. 이것들 사이에는 유기적으로 긴밀한 관계가 있다. 그러므로 지금 당면하고 있는 문제가 있다면 그 문제를 풀기 위하여 지난 일을 되돌아보게 되고, 앞날을 계획하고 혹은 설계하기 위해서 현재의 위치를 짚어 본다. 당면한 과제를 해결하기 위해서 지난 역사의 경험을 이용하려는 데 바로 역사의 효용성이 있는 것이다.

　지난 경험에서 우리는 오늘을 살아가는 교훈을 얻는다. 그렇다고 그 교훈은 처음부터 주어진 것이 아니다. 역사를 통해서 우리가 찾는 것이며, 그리고 그 찾는 능력만큼 자신들에게 합당한 교훈, 필요한 교훈을 얻게 될 것이다. 만일 교훈을 제대로 얻어 내지 못한다면 역사는 무의미해지고 또한 그 사회나 국가는 극단적인 경우에는 역사가 없는 것이나 마찬가지가 된다. "역사로부터 학습할 수 없는 사람들은 그것을 또다시 반복하게 된다."는 조지 산타야나George Santayana의 말처럼 실패의 역사를 못 벗어난다. 따라서 당면과제의 해결, 그것을 위해 지난 역사의 경험을 이용하는 데 바로 역사의 효용성, 역사의 교훈이 있다.

디지털이 바꾼 역사인식 체계

역사는 판단을 위한 정보의 호수와 같
다. 따라서 바른 판단의 기준은 정보의
호수에서 바른 정보들을 축적했을 때 가
능할 것이다. 더구나 오늘날과 같은 정보
화 사회에서는 쏟아지는 정보의 홍수 속
에서 바른 판단을 내릴 수 있는 잣대를
갖는 것이 정말 중요하다. 그런 점에서 예
전보다 오히려 더 전문적인 학습이 필요
해졌다.

오늘날과 같은 정보화 사
회에서는 정보의 홍수 속
에서 바른 판단을 내릴 수
있는 잣대를 갖는 일이 무
엇보다 중요하다.

　정보의 디지털화 및 인터넷의 발달로 정보를 얻는 방법도 크게 달라졌
다. 인지방식 자체의 변화가 두드러진다. 이는 인터넷 검색시스템, 이른바
포털사이트의 구성에서 그 변화를 엿볼 수 있다. 이를 20세기 인지방식을
대표하는 듀이의 십진분류법과 비교해 보자.

　지금도 도서관 서가에 적용하고 있는 듀이의 분류법은 인간의 이성적
논리에 의해 개념 단위로 분류하고, 개념의 범주를 대개념에서 점차 소개
념으로 축소, 분류하는 층서 구조를 갖고 있다. 예를 들어 도서관에서 한
국사 관련 책을 찾으려 할 때, 먼저 서가의 대분류 항목인 '900 역사'를 찾
은 다음, 그 안에서 중분류인 '950 동양사'를 찾아 들어가고 다시 그 안에
서 소분류 항목인 '951 한국사'를 찾아간다. 서열을 이루고 있는 계층, 즉
층서 구조를 따라 찾아가는 선형 방식을 취하고 있다. 그에 비해 인터넷 검
색시스템, 즉 네이버나 다음, 구글 등을 보면, 한 개인의 관심 대상을 기준
으로 생활의 논리에 따라 영역 단위로 구분하고, 영역의 범주에서 연상될
수 있는 또 다른 영역을 규모에 관계없이 관련 항목들을 나열하고 있다. 듀
이의 분류법에서 보이던 층서 구조는 찾아볼 수 없다. 왜냐하면 인터넷 검

색창에 원하는 단어를 입력하면, 컴퓨터가 하이퍼링크 기능을 통해 스스로 그 답을 찾아 주기 때문이다. 굳이 개념에 따른 체계적 구성을 갖추지 않아도 얼마든지 원하는 답을 찾을 수 있다.

듀이가 전체를 출발점으로 하여 개념을 점차 축소화해 가는 선형적 방식이었다면, 인터넷 포털사이트들은 하이퍼링크를 통해 정보를 검색하는 비선형 형태를 취하고 있다. 따라서 개인의 관심사들을 인기 순으로 나열할 뿐 계층 구조를 드러낼 필요가 없다. 이런 인지방식의 변화를 '선형에서 비선형으로'라고 한다. 인터넷 검색시스템에서는 지역사·시대사·분류사를 포괄하는 역사학이라는 대개념 영역이 사라졌다. 각 문화권과 국가·시대·분야를 아우르는 종합적 역사학이라는 개념이 그만큼 희박해졌다. 그저 역사의 개별 항목들을 조각조각 찾고 있을 뿐이다. 그 조각들을 어떻게 맞춰야 할지 모르기도 하지만 알려고도 하지 않는다. 이런 현상을 '역사학의 파편화'라 한다.

인터넷을 통해 얻는 역사 지식은 이처럼 파편화되어 있어, 체계화된 인식을 전제로 가치판단의 기준을 제공하는 역사학의 역할을 기대하기 어렵다. 비판 정신의 함양을 가능케 하는 맥락적 지식은 검색창을 통한 백과사전적 지식으로는 얻을 수 없다. 체계적이고 종합적인 전문 역사학이 여전히 필요한 이유는 여기에 있다.

인터넷 검색은 개념에 따른 체계적 구성을 갖추지 않아도 얼마든지 원하는 답을 찾을 수 있도록 해 준다. 그러나 정보의 홍수 속에서 바른 판단을 내릴 수 있기 위해서는 더 전문적인 학습이 필요하다.

2 진영논리를 넘어서

좌·우로 나누는 진영논리는 생각들을 고립시켜 사고의 발전을 가로막는 장벽이 된다. 분단국가라는 현실이 이런 상황을 낳는 원인이 되고 있다. 세계에서 유일하게 분단국가로 남아 있는 것이 바람직하지 않듯 진영논리에 머무는 것 또한 바람직하지 않다.

진영논리를 넘어서

'새는 두 날개로 날고 수레는 두 바퀴로 돌아간다鳥之兩翼 車之兩輪'는 옛말이 새삼스럽다. 《새는 좌·우의 날개로 난다》는 리영희의 책이 나온 1994년이란 시점은, '현실' 사회주의가 붕괴되어 이념의 재정립이 필요하던 때였고, 우여곡절 끝에 국내의 정치 민주화가 어느 정도 실현되었을 때였다. 이른바 전환의 시기였다. 그래서 균형이 어느 때보다 더욱 필요한 때였다. 이에 "새는 좌·우의 날개로 난다."는 너무 당연한 상식을 통해 균형의 필요성을 역설하였다.

　균형은 새의 두 날개처럼 좌와 우의 날개가 같은 비중의 역할을 다할 때 가능하다. 그러나 우리의 현실은 그렇지 못하다. 신자유주의의 확산에 따라 빈익빈 부익부의 양극화 현상이 심해지고 있는 지금, 오른쪽 날개의 비대로 인하여 균형이 위태로워졌다. 균형적 사고의 필요성을 새삼 실감하게 한다.

좌와 우의 구분은 어디서 왔을까? 프랑스 혁명기에 국민공회의 의장석에서 볼 때 좌측에는 진보적 성향의 급진파인 자코뱅당이, 우측에는 보수적 성향의 온건파인 지롱드당이 각각 앉았던 데서 그 연원을 찾는다. 그래서 좌파＝진보, 우파＝보수라는 개념이 나타났다. 좌파니 우파니 하는 말은 당초 그 자체가 어떤 특정 이념이나 운동을 지칭하는 것은 아니었고 경향에 따른 상대적인 것이었는데, 우리나라에서는 남북 분단 상황이 작용하여 이를 대척적인 절대적 가치로 구분하는 경우가 많았다.

요즘 들어 더욱 좌와 우를 가르는 진영논리가 기승이다. 이 때문에 사람들의 생각과 삶이 크게 나뉘었다. 검인정 고등학교 한국사 교과서 파동이나 현대사 논쟁에서 드러나듯이 그 대표적 영역의 하나가 역사이다. 똑같은 역사의 사실이나 사건을 놓고도 사람에 따라 해석이나 평가가 다르다. 예를 들면 5·16을 놓고도 보통 군사 쿠데타라고 하지만, 거기에 직접 참여했던 사람들은 혁명이라고 주장한다. 친일파 문제, 대한민국 정부 수립과

판문점 공동경비구역
(JSA)
━━━━━━━━━━
세계 유일의 분단국가로 남아 있는 것이 바람직하지 않듯 생각을 고립시켜 사고의 발전을 가로막는 진영논리에 머무는 것 또한 바람직하지 않다.

이승만 정권, 6·25 전쟁과 이어지는 남북 대립, 통일 문제 등 여러 지점에서 생각의 차이가 드러난다.

이런 생각의 차이는 당연히 있을 수 있다. 하지만 이를 진영논리화해 이분법적으로 나누어 서로를 적대시하는 태도는 결코 바람직하지 않다. 이런 진영논리는 생각들을 고립시켜 사고의 발전을 가로막는 장벽이 된다. 분단국가라는 시대에 뒤떨어진 현실이 이런 상황을 낳는 원인이 되고 있다. 세계에서 유일하게 남아 있는 분단을 유지하는 것이 바람직하지 않듯이, 진영논리에 머무는 것 또한 바람직하지 않다.

보수와 진보

사람들의 생각은 다르다. 아니, 달라야 하고 그래야 상호비판을 통한 발전이 있다. 그런 생각의 차이는 왜 나타날까? 생각하는 사람이 처한 입장의 차이 때문이다. 부자와 가난한 자의 생각은 어느 것이 옳은가를 떠나 분명히 다를 수 있다. 우리는 그런 생각의 차이를 좌파와 우파 혹은 진보와 보수로 구분한다. 이는 곧 역사관, 즉 역사를 보는 눈과 관련되어 있다. 먼저 이 점에 대하여 살펴보자.

보수와 진보는 무엇이 다를까? 인류 사회의 발전 과정에서 최고의 가치로 여기는 것 두 가지가 있다. 자유와 평등이다. 자유와 평등의 확산 과정이 곧 역사의 발전 과정이었다. 그런데 이 두 가치는 서로 다른 가치와 연결되어 있다. 자유는 성장, 개발, 경쟁 등과 연결되고, 평등은 분배, 보존, 협동 등과 연결된다. 전자가 보수적 가치이고 후자가 진보적 가치이다.

서로 다른 지향을 갖고 있지만, 여기 나열된 가치들은 그 자체로는 모두 다 좋은 가치들이다. 그렇지만 상호 공존하기는 쉽지 않은 가치들이다. 서로 대립되고 모순되는 것처럼 보인다. 이런 대립과 모순이 심화되면 양극화 현상이 나타난다. 양극화가 진행되면 될수록 지극히 불안정한 사회가 된다. 따라서 상호 보완적인 관계로 이끌어야 하며 여기에 균형 잡힌 의식이 필요하다. 그래서 "새는 두 날개로 날고 수레는 두 바퀴로 돌아간다."는 말이 있는 것이다. 균형이란 가치가 바람직한 가치임에는 틀림이 없다.

학교 교육에서도 수월성과 평등성 중 어느 것을 지향하느냐에 따라 보수와 진보의 차이가 있고, 실력이 우선이냐, 인성이 우선이냐를 따지는 것도 마찬가지다. 우선순위를 둘 수는 있겠지만, 어느 하나만을 택할 수는 없는 일이다. 왜냐하면 함께 살아가야 할 사회이고, 또 누군가는 지도력을 발휘하여 발전을 이끌어 가야 하기 때문이다.

한국 현대사도 산업화와 민주화의 양대 맥락으로 설명한다. 이때에도 전자를 우선하면 보수, 후자를 우선하면 진보로 구분한다. 그런데 만일 어느 하나만 있었다면 현재와 같은 경제적 부, 자유와 인권, 국제적 지위 등을 누릴 수 있었을까? 서로 공과가 있겠지만, 양쪽이 다 필요했던 것만은 인정할 수 있을 것이다. 이런 지점에서 현대사 인식의 균형을 찾을 수 있을 것이다.

자유주의+민주주의=자유민주주의

사실 우리나라의 정치 체제로 제시되고 있는 자유민주주의Liberal Democracy 도 그 역사적 연원을 따져 보면 보수와 진보의 양면이 합쳐진 것이다. 교과서에 따르면, 자유민주주의란 개인의 자유와 권리를 보장하는 자유주의와 정치적 평등을 지향하는 민주주의의 이념이 서로 조화를 이룬 개념이라고 정의한다. 역사적으로 보면, 자유민주주의는 자유주의에서 출발하여 민주주의와 결합함으로써 탄생한 이념이다. 자유주의는 개인의 자유, 권리, 인권을 중요하게 생각하는 사상이지만, 고전적 자유주의에서 그 개인은 자본가 계급에 한정된 것이었다. 즉 신흥 중산 계급인 부르주아의 이해를 관철하기 위해 사적 경제활동의 자유를 보장하여 자본의 축적을 정당화하기 위한 사상이었다. 노동자 계급의 이해인 사회보장제도나 교육제도의 확충을 추구한 것은 아니었다.

이에 따라 계급 모순이 심화되었고, 노동 계급의 민주주의 실현을 위한 정치적 저항이 이어졌다. 그리하여 오랜 사회적 갈등을 겪은 끝에 민주주의라는 정치 제도가 정착하게 되었다. 민주주의는 국민이 나라의 주인이라는 사상을 기반으로 한 국가 제도로서 보통선거의 실시가 그 외형적 성립을 상징한다. 따라서 보통선거 실시에 즈음하여 자유주의가 민주주의와 결합하면서 자유민주주의라는 이름으로 자리잡게 된 것이다.

이렇게 볼 때 자유주의에는 보수적 가치가, 민주주의에는 당연히 진보적 가치가 그 바탕에 깔려 있다. 그렇기 때문에 자유민주주의는 그 자체가 보수와 진보의 결합인 셈이다. 따라서 양자의 균형이 곧 자유민주주의의 정상적 운영을 보장하여 준다.

이러한 자유민주주의의 정상적 운영을 보장하기 위한 헌법적 법 질서가 자유민주적 기본질서이다. '자유민주적 기본질서'란 표현은 대한민국 헌법에 두 번 나온다. 하나는 전문에 '자율과 조화를 바탕으로 자유민주적 기본질서를 더욱 확고히 하여'라 하였고, 다른 하나는 제4조 평화통일 규정에 '자유민주적 기본질서에 입각한 평화적 통일 정책을 수립하고'라 하였다. 이때의 자유민주적 기본질서를 2010년 법제처에서는 각각 'the basic free and democratic order'와 'the principles of freedom and democracy'로 번역하였다. 여기서의 자유는 자유민주주의의 자유가 'liberal'인 것과는 달리 'free'에 해당한다. 이는 곧 자유민주적 기본질서가 자유주의와 직접적인 관련이 없고 그보다는 자유롭고 민주적인 사회질서와 정치질서임을 말한다. 그런 점에서 자유민주적 기본질서란 자유민주주의나 사회민주주의 등을 포괄하는 상위 개념이며 그 공통 개념이라고 정의할 수 있다.

자유민주적 기본질서 위에서 자유주의의 보수적 가치와 민주주의의 진보적 가치가 조화를 이룰 때, 인간의 존엄성, 자유와 평등의 실현을 보장하는 자유민주주의가 제 기능을 다할 것이다.

소통과 공감의 범위

"새는 두 날개로 날고 수레는 두 바퀴로 돌아간다."는 말에는 두 날개나 두 바퀴가 균형이 맞아야 한다는 전제가 있다. 어느 한쪽이 크면 새나 수레는 제자리를 맴돌 수밖에 없고 결국은 추락하거나 쓰러지고 만다. 그렇다고 두 날개나 두 바퀴가 꼭 같아야만 하는 것은 아니다. 현실적으로 이는 불가능하다. 따라서 좌우가 비록 뒤뚱거리더라도 앞으로 나갈 수 있는 균형의 범위가 중요하다. 이를 '소통의 범위'라고 할 수 있다. 즉 좌와 우가 서로 다른 지향점을 갖는다 하더라도 상호 공감의 범위를 벗어나지 않는다면 서로 대화할 수 있고 나아가 소통할 수 있다. 소통이란 어느 한쪽의 주장을 다른 쪽이 일방적으로 수용한다는 뜻이 아니다. 윈-윈 할 수 있는 제3의 답을 찾아내 대립을 해결하게 하는 능력을 말한다. 매우 창의적인 능력이

해외여행에 나선 가족

아파트, 자동차, 예금액, 해외여행 등 우리나라 중산층에 해당하는 조건들은 모두 돈과 관련되어 있다.

다. 이때 수용할 수 있는 제3의 답이 존재하는 최대의 공간이 바로 소통의 범위라 할 수 있다.

소통은 공동체 존립의 필수 요건이다. 좌나 우, 어디에 서 있건 사람들이 그런 범위를 벗어나지 않도록 하는 것이 공동체적 삶의 지혜이다. 그런 범위를 벗어나면 극좌, 극우가 된다. 이렇게 되면 대화도, 소통도 없는 극단적인 양극화의 대립만 있을 뿐이다. 그래서 인성교육을 통해 공감의 능력을 키워 소통의 범위를 넓히는 공공성의 시민사회 형성이 더욱 필요하다.

서로의 생각이 달라도 공동체 발전을 위해 소통하고 협력할 줄 알아야 한다. "더 빨리 가려면 혼자 가라. 더 멀리 가려면 함께 가라."라는 아프리카 속담도 함께하는 협력을 중시한다. 협력이야말로 혁신의 기초가 된다.

중산층 개념의 차이

헌데 지금 우리의 시민교육은 그 출발부터 편향되어 있다. 중산층 개념에 대한 논의를 보면 여실히 드러난다. 중산층의 기준에 대한 인식은 교육의 토대와 관련된 일로 매우 중요하다.

흔히 거론하는 우리나라의 중산층 조건들을 보자. 부채 없는 아파트 30평 이상 소유, 월 소득 500만 원 이상, 2,000CC 이상급 중형차 소유, 예금액 잔고 1억 원 이상 보유, 1년에 1회 이상 해외여행 등이다. 모든 조건들이 돈과 관련되어 있다.

다른 나라의 경우를 보자. 영국에서는 페어플레이를 할 것, 자신의 주장과 신념을 가질 것, 독선적으로 행동하지 말 것, 약자를 돕고 강자에 대응할 것, 불의·불평·불법에 의연히 대처할 것 등이다. 미국이나 프랑스의 경우도 차이는 있지만 공공성의 시민들을 키우는 데 기본 방향을 맞추고 있음은 마찬가지이다. 어디서도 경제적 기준은 찾아볼 수 없다.

어쩌다 우리나라 중산층은 오로지 돈으로만 평가받게 되었을까? 사실 여기에 큰 문제가 놓여 있다. 어렸을 때부터 이런 교육을 받고 자란 아이들이 커서 뭐가 되겠는가? 신자유주의의 세례를 물씬 받으며 자라는 아이들이 공감할 수 있는 범위는 좁아질 수밖에 없다. 좌·우의 두 날개로 날아야 할 이 시대에 우편향을 독려하는 시민교육이 아무런 비판 없이 횡행하고 있다. 자라나는 아이들에게 두 날개의 균형을 잡아 주는 일부터 시작할 때다.

3 한국사를 바라보는 새로운 시각들

KOREA

한국사를 바라보는 새로운 시각들은 조선 시대와 일제 강점기, 현대로 이어지는 역사적 맥락을 단절적 또는 이분법적 시각으로 보기보다는 연속적, 접합적, 혼용적 시각으로 보는 것이 더 바람직하다는 지점에서 합치한다.

식민주의 역사학

굳이 반복하고 싶지는 않지만 이해를 위해 간단히 식민사학, 즉 식민주의 역사학에 대하여 살펴보자.

식민사학이란 일본제국주의가 식민지 문화 정책의 일환으로 식민지 지배를 합리화하기 위해 만들어 놓은 왜곡된 한국사 연구들이다. 없는 사실을 날조하고, 있는 사실은 감추면서 일제의 구미에 맞는 한국사를 만들어 갔고, 그렇게 만든 왜곡된 내용을 강제로 가르쳤다. 그 왜곡된 내용의 축을 이루는 논리는 정체성론과 타율성론, 그리고 일선동조론日鮮同祖論 등이었다.

정체성론은 우리 역사가 후진적이고 낙후되어 있다는 주장이다. 식민지가 되기 이전에 한국이 매우 열악한 상태에 있었다는 논리를 통해서 일본의 식민통치가 한국인의 생활과 문화 향상에 공헌하고 큰 이익을 가져다주었다고 주장하려는 것이었다. 그런 논리로 자신들의 식민지 침략이 정당하다고 미화시키려 했다.

한편 정체의 원인으로 타율성론을 말한다. 우리 민족에게는 자주적인 역사 발전이 없었다는 주장이다. 우리나라가 반도라는 특수한 위치에 자리 잡고 있었기 때문에 대륙으로부터 일어나는 거대 세력에 의해 항상 압도되어 왔다는 반도적 성격론을 그 이유로 든다. 반도라는 지리적 위치 때문에 외부의 힘, 특히 중국에 의해서 타율적으로 역사를 발전시켜 왔을 뿐이지, 스스로의 힘으로 발전하지 못했다는 것이다.

우리 역사가 선사 시대 이래 고대 국가, 중세 사회를 거쳐서 19세기 제국주의 열강의 침략이 있기 전까지 내재적으로 면면히 발전해 왔다는 것은 누가 보든지 분명한 사실이다. 또한 우리가 식민지로 전락했던 것은 제국주의와의 대립에서 힘의 열세로 일시 패배하였던 결과일 뿐이지, 결코 숙명은 아니었다. 반도적 성격론 같은 지리 결정론은 논리 자체가 허구적이고 견강부회라는 것은 세계사 속에서 이미 충분히 증명되었다.

일선동조론은 한국과 일본이 같은 조상에서 나왔고 아주 오랜 옛날부터 일본이 한국을 지배하였다고 강변하면서, 일본이 한국을 식민지로 하는 것은 침략이 아니라 같은 형제로 살았던 옛날로 돌아가는 당연한 결과라는 논리이다. 이를 '일한동역日韓同域의 복고復古'라고 불렀다. 이는 동화 정책의 관념적 무기로 식민지의 영구화 포석이었다. 그러나 한국인과 일본인이 인종적으로 차이가 있다는 것은 고고학자나 인류학자들에 의해 이미 상세히 밝혀진 바 있고, 아주 오랜 옛날부터 일본이 한국을 지배했다는 증거는 어디서도 찾을 수 없다. 오히려 그 반대라면 모를까. 이런 일선동조론에 대해 비판하는 것 자체가 군더더기가 될 것이다.

이와 같이 우리 역사의 자주성과 내재적 발전을 부정하는 식민사학은 허구로 가득 차 있다. 그럼에도 불구하고 식민주의 역사학의 영향은 아직까지도 우리 사회 구석구석에 남아 있다. 우리 역사에 대하여 자조自嘲, 즉

자기 비하하거나 또는 과장誇張하는 잘못된 태도가 대표적이다. 스스로 지
식인이라고 자처하는 사람들까지도 의식적이든 무의식적이든 이런 영향으
로부터 완전히 자유롭지 못하다. 바로 얼마 전에 어떤 국무총리 후보자가
'게으르고 자립심이 부족하고 남한테 신세지는 것이 우리 민족의 DNA'라
든가, '일제의 식민 지배는 조선 왕조 500년을 허송세월한 우리 민족의 탓'
이라는 식의 망언으로 낙마한 일도 바로 그런 맥락에서의 사건이었다.

민족주의와 내재적 발전론

식민사학은 그중에서도 조선 사회 정체론을 특징으로 한다. 이를 극복하
는 대표적인 연구 방법이 내재적 발전론이었다. 이는 우리 스스로 역사를
발전시킬 힘이 우리 민족 안에 내재되어 있다는 주장이다. 이는 민족주의
의 후광을 업은 새로운 인식으로 평가받아 왔다. 민족주의는 근대 역사학
의 주축을 이루며 20세기 역사 연구를 뒷받침하였다. 이런 민족주의의 후
광을 업고 내재적 발전론은 주류 역사학계의 지원과 동참 속에서 1960년

4·19 혁명 이후 본격화하면서 식민사학을 극복하는 데 선도적인 역할을 하였다. 그리고 수많은 실증적 연구를 통해 역사 발전의 사실들을 밝혀냄으로써 왜곡된 한국 사상을 바로잡았다. 이처럼 '민족주의'와 '내재적 발전론'은 식민사학 극복의 동력이 되었다. 그렇기 때문에 이 두 가지를 20세기 한국사를 지탱해 온 양대 기둥으로 평가한다.

새로운 시각들

하지만 이 둘 모두 1990년대 이후 국내외 학계로부터 다양한 공격을 받았다. 그리고 이에 대한 논쟁 과정을 통해 서로의 비판을 수용하면서 조금씩 시각들을 수정하여 왔다. 그래서 지금은 변화된 시각들이 나타나고 있다. 박찬승 교수의 '패러다임의 전환'이나 이헌창 교수의 '제3의 시각' 등으로 표현되는 새로운 인식들이다. 이를 좀 더 살펴보자.

먼저 패러다임의 전환에서 주목한 것은 다음과 같다. 어느 사회든지 발전 혹은 변화는 내재적 요인과 외재적 요인이 결합하여 이루어진다고 전제한다. 그리고 근대로의 이행 과정에서는 외부의 영향력이 중요하다고 보았다. 하지만 외부로부터의 충격이 주어진다 해도 주체가 그것을 수용할 능력이 없다면 근대로의 이행은 사실상 불가능하다고 보았다. 따라서 개항 이후 외부의 영향에 의해 자본주의적 요소의 발생, 발전이 있었다면 그것은 조선 후기 이래의 성장이 있었기 때문임을 강조한다. 바로 그렇기 때문에 역사 속의 내재적 요인은 여전히 중시되어야 한다고 주장한다.

이는 당연히 내재적 발전론을 폐기할 필요는 없다는 생각으로 이어진다. 다만 외재적 계기를 무시하는 일국사적인 내재적 발전론은 더 이상 설득력을 가지지 못한다고 하였다. 따라서 외재적 계기와 내재적 계기를 동시에 고려하는 새로운 역사 발전 이론으로 탈바꿈해야 한다고 말한다.

그리고 또 하나, 일원론적인 역사관에서 벗어나 다원론적인 역사관으로 전환할 필요가 있다고 하면서, 내재적 발전론 역시 서구의 역사 발전 과정만을 모델로 삼는 데에서 벗어나 '복수의 발전 경로'를 고려해야 한다고 주장한다. 그런 의미에서 한국의 근대는 전통과 완전히 단절된 '서양의 근대'라기보다는 전통과 서구가 혼융된 근대로 보아야 한다면서, 이른바 복수의 근대론을 내세운다.

이런 논의에 뒤이어 '제3의 시각'이 나온다. 여기서는 "조선 시대에 근대화에 필요한 물이 컵에 많이 차올랐다는 점에서 발전적인 역사상을 제시하지만, 자본주의 내지 근대 경제로 이행하기에는 물이 여전히 많이 부족하였다는 점에서 내재적 발전론에 대한 비판을 수용한다."고 하면서 변증법적 종합을 지향하고 있다.

조선 시대의 발전상을 내재적 발전론보다 풍부하게 제시하지만, 근대 확립의 문턱은 높았기 때문에 내부적 요인만으로는 근대화에 성공할 수 없었다고 단언하면서 외부적 충격을 중시한다. 다만 개항과 같은 변화의 계기가 주어지면 변화된 환경에 적응하고 대응할 잠재력은 조선 시대에 축적되어 있었다고 본다. 조선 시대의 성취는 식민지가 되었다고 해서 무의미해진 것은 아니며, 조선 시대의 성취와 개항기의 변화가 있었기에 식민지기의 근대화가 순조로웠다고 한다. 비록 자주적 근대화에 실패하였으나 조선 시대의 유산이 오늘날까지 이어지는 한국의 발전의 토대가 되었다고 말한다.

새로운 시각 출현의 배경

열등의식 또는 조급함 때문에 식민사학과는 무조건 달라야 한다는 생각에 급급해, 내재적 발전론을 확대 해석하며 집착하였던 1990년대 이전의 한국 사학계가 이처럼 달라지고 있다. 타율성론 때문에 정서적으로 받아들이기 어려웠던 외부로부터의 충격도 수용하고 있다. 이제는 그 충격을 수용할 만한 내부적 역량을 당당히 말할 수 있게 되었다. 그리하여 외재적 계기와 내재적 동력을 동시에 고려하는 새로운 역사 발전 이론을 탐색하는 단계에 이르렀다.

이런 변화는 어찌 보면 당연한 것인지도 모른다. 우리의 현재가 예전과는 너무나 달라졌기 때문이다. 경제력 세계 11위를 비롯한 대한민국의 높아진 국제적 위상이 역사에 대한 해석에서 여유를 주고 있는 셈이다.

이제는 역사에 자신감이 생겼다. 열등의식에서 벗어났다. 그러다 보니 부족하다는 점도 인정할 수 있게 되었고 또 예전의 연구보다 진전되면서 발전적인 면모도 더 설명할 수 있게 되었다. 그래서 좀 더 여유를 가지고 객관적인 설명을 하려 하며 그런 시도들이 제3의 시각, 절충 등의 수준에서 나오고 있다. 조선 시대와 일제 강점기, 그리고 현대로 이어지는 역사적 맥락을 단절적 또는 이분법적 시각으로 보기보다는 연속적, 접합적, 혼융적 시각으로 보는 것이 더 바람직하다는 지점에서 새로운 시각들은 합치하고 있다.

이와 같은 새로운 시각들의 등장을 보면서, 역시 역사인식이란 현재로부터 출발한다는 고전적 결론을 다시 한 번 상기하게 된다. 오늘의 역사를 만들어 가는 우리들의 성과가 미래는 물론 과거의 해석에도 직접적인 영향을 준다는 점을 명심하여야 하겠다. '과거 따로, 현재 따로'가 아니고, 갑자기 없던 미래가 오는 것도 아니라는 점, 하나의 연속된 과정이란 점에서 자부심도 가져야 하겠지만 동시에 사명감도 가져야 할 것이다. 역사는 계속되기 때문이다.

4 근대성의 경험

KOREA

우리의 근대란 식민지로서 겪은 근대였다. 따라서 제국주의가 겪은 근대와는 다를 수밖에 없었다. 제국주의적 관점에서 보면 '파행적'이다. 그러나 비록 파행적일지라도 '파행적 근대성' 그 자체로 확립되었다고 보아야 한다.

식민지 수탈론과 식민지 근대화론

한국의 주류 역사학계에서는 일제 강점기를 전후한 시기, 즉 근대를 어떻게 바라보았을까? 우선 자본주의 맹아론에 연원을 둔 내재적 발전론을 토대로 식민사관의 정체성론과 타율성론을 극복하고자 하였다. 그리고 민족운동을 자주적 근대화의 기본 동력으로 주목하였다. 그런 바탕에서 일제의 침략 만행과 야만적 수탈을 강력하게 비판하였다. 이른바 '식민지 수탈론'이다. 이런 근대사상은 한국 사회의 민족자존의식과 반일주의적 정서에 기초하여 역사학계의 지배적 위치를 점해 왔다.

한편 이와는 달리 '식민지 근대화론'을 주장하는 연구자들도 나타났다. 이들은 자생적 자본주의화의 가능성을 부정한다. 반면 일제에 의한 식민지 개발에 주목하고 식민지기의 개발 경험과 성과가 1960~70년대 경제 발전, 즉 산업화의 역사적 기반이 되었다고 주장한다. 이 주장은 식민지 지배가 해방 후 경제적 종속과 저개발의 역사적 원인이라는 식민지 수탈론의 역사상을 부정하는 것이었다.

식민지배의 성격을 둘러싼 식민지 수탈론과 식민지 근대화론 간의 논쟁은 한때 학문적 비판의 수준을 벗어나 비난전으로 비화될 만큼 심각한 대립을 거쳤다. 21세기 직전에 불꽃 튀었던 이 논쟁은 절충으로 마무리되었다. 즉 "수탈이냐? 개발이냐?"라는 대립은 '수탈을 위한 개발' 정도로 절충하였고, "내재적 발전론의 문제의식과 연구방법론을 기본적으로 계승하면서도 식민지 근대화론의 비판을 적극 수용하고, 마침내 양자를 넘어서는 새로운 역사관과 연구방법론으로 재구성되지 않으면 안 된다."는 식으로 절충하고 있다.

근대성의 경험

식민지는 한 면만을 가진 평면이 아니다. 다면의 입체이다. 그 다면 중에는 근대화도 포함되어 있다. 이때 다면의 입체, 그것을 근대성이라 부를 수 있다. 따라서 '근대화'보다는 식민지에서 겪은 '근대성'이 무엇인가가 더 근본적인 질문이 된다. 즉 근대성이란 무엇인가? 근대성의 전형은 있는가?

앤 맥클린턱Anne McClintock은 '병행의 역사Parallel History'를 말한다. 즉 주류는 없고 오히려 병행하는 역사만이 존재하고 있다는 뜻이다. 병행의 역사는 전형적인 단선적 발전을 부정한다. 따라서 이를 따르면 근대성의 전형은 없다. 다만 근대라는 경과적 시기만이 있을 뿐이다. 근대의 시기를 어떻게 겪었는가가 문제일 뿐, "이건 근대성이고 저건 근대성이 아니다."라고 말할 수는 없다는 것이다.

우리의 근대란 식민지로서 겪은 근대였다. 따라서 제국주의가 겪은 근대와는 다를 수밖에 없었다. 제국주의적 관점에서 보면 '파행적'이다. 그러나 비록 파행일지라도 '파행적 근대성' 그 자체로 확립되었다고 보아야 한다. 따라서 중요한 것은 '파행성'을 없애고 서구의 길을 압축해서 따라가 근대성을 완성시키는 데 있는 것이 아니고, 우리 근대사의 '파행적' 근대성을 정확히 이해해 내는 일이다. 그리고 그 위에서 앞으로의 발전 방향을 논하는 것이다. 서구화를 근대라 생각했으니 이식되었어도 그건 서구화였을 것이라는 막연한 생각, 그저 서구의 근대 분석의 잣대를 그 방식 그대로 갖다 대는 그런 식의 분석에서 벗어나 우리 근대의 경험을 우리의 입장에서 파악하는 것이 중요하다.

그런 의미에서 보자면 우리도 근대를 경험했다. 우리가 경험한 근대, 그건 세계사적 의미에서 근대성의 경험을 공유한 것이다. 다만 식민지라는 입장에서 겪었다는 것이 다를 뿐이다.

《현대성의 경험》에서 마샬 버먼Marshall Berman이 한 말을 빌려 보자.

근대성의 경험은 근대화가 유럽 봉건사회를 체계적으로 파괴하고 세계 전체로 확대되면서 인류에게 초래한 보편적인 경험이다. 근본적으로는 세계적 규모의 자본주의에 의해 추동되는 근대성은 비록 시간과 정도에 차이가 있을지라도 인류 전체가 공유하는 경험이 되었다.

따라서 현 시점에서 우리의 근대는 그대로 완성된 것이다. 아니, 보다 정확히 말하면 '근대성의 경험'이 완료된 것이다. 다양성을 특징으로 하는 탈근대의 시대에 다양한 근대성의 경험을 상정함은 하등 어색할 것이 없어 보인다.

민중에서 대중으로

한편, 식민지 대중의 삶에 대한 관심이 부족했고 또 편향되었던 것도 사실이다. 식민지 대중들은 비록 제국주의의 억압 속에 있었지만 근대의 문명을 받아들이면서 나름대로의 낭만을 즐기고 행복을 찾는 소시민적 삶을 살고 있었다. 당시 대중의 일반적 정서는 무조건적인 굴종도 아니었고, 적극적인 저항도 아니었다. 그들은 속으로는 일제를 물리치고 나라를 찾아야 한다고 생각하면서도, 실제 행동과 현실에서는 외부의 힘에 눌려 체제에 순응하는 삶을 살아갔다. 그 이율배반에서 오는 상실감, 무력감, 죄의식 속에 유행한 것이 신파적 비극이었다. 지배와 저항, 친일과 반일 같은 대립적 구도에서 벗어나 적응, 타협 등의 관점에서 바라볼 때 비로소 민중이 아닌 대중들의 모습이 보일 것이다. 역사는 당위가 아니고 현실이기 때문이다.

일제 강점기라 해도 독립운동가와 같은 특수한 사람들의 삶만이 의미 있는 것은 아니다. 오히려 평범한 사람들의 평범한 삶이 지니는 의미를 찾는 것도 중요하다. 해방 이후 보통 사람들의 삶도 마찬가지다. 민주화를 쟁취하는 것이 우선 과제였지만, 그렇다고 민주 투사의 삶만으로 현대사를 그릴 수는 없다. 따라서 이제는 '역사에서 소외된 민중'이 아니라 '역사 해석에서 소외된 대중'들의 보편적인 삶을 역사의 또 다른 한 축으로 세워야할 때다.

20세기의 민족주의

우리나라 근대성의 경험에서 무엇보다 특기할 만한 것이 민족주의이다. 20세기의 학문은 민족주의의 강력한 세례를 받고 자랐다. 따라서 그런 학문 풍토 속에서 자란 세대들에게 일본 지배하의 자본주의 발전을 개발이란 이름으로 포장하여 현대 한국의 고도성장과 연결시킨다는 생각 자체는 들어설 틈이 없었다. 식민지 근대화론의 해석은 사실 여부를 떠나 정서적으로 거부되었다. 이런 사정 때문에 식민지 수탈론과의 논쟁에서 식민지 근대화론자들이 먼저 해결하고자 했던 일은 '민족주의'라는 장벽을 부수는 일이었다. 그리하여 《민족주의는 반역이다》라는 책까지 내면서 신랄한 비판의 날을 세웠다. 미국의 카터 에커트Carter Eckert도 〈헤겔의 악령 몰아내기〉라는 제목을 붙여, 민족주의 패러다임은 한국에서 너무 지배적인 지적 삶을 누렸기 때문에 그것은 다른 모든 가능한 형태의 역사 해석을 어둡게 하고 포섭하고 또는 지우고 하였다고 비난하면서 근시안적 민족주의 렌즈를 버리라고 한다.

이와 같은 민족주의 비판에 대응하여 한국사학계는 민족 자력과 호혜 평등, 민주주의에 기초한 열린 민족주의를 지향점으로 내세우고 있다. 미국 주도 초국적 금융자본의 지배와 신자유주의의 전파로 개별 민족이나 지역의 자립성, 문화적 다양성이 파괴되어 가고 있는 현실에서, 이데올로기로서의 민족주의는 일부 수정될지라도 여전히 남아 있어야 한다. 쉽게 부서질 민족주의도 아니고 또 부서져야 할 민족주의는 더더욱 아니다.

미국에는 애국주의가 있다. 이는 폐쇄적 민족주의나 마찬가지다. 한국에게 민족주의를 없애라고 충고했던 미국에서 애국주의의 풍조는 커지면 커졌지, 줄어들거나 사라지지는 않고 있다. 할리우드 영화를 통해 얼마나 확대 재생산되고 있는지 생생히 볼 수 있다. 군사 재무장을 위해 역사 왜곡도 서슴지 않는 일본은 어떻고, 또 이미 슈퍼 차이나가 되어 버린 중국은 또 어떤가? 주변의 어떤 나라도 민족주의라는 관점에서 볼 때 점점 더 폐쇄적이 되어 가고 자국중심주의가 심각해져 가고 있을 뿐이다. 그런데 왜 이러한 때 우리만 민족주의를 버려야 하는가라는 의문이 생긴다. 답은 물론 버릴 필요가 없고 또 버려서도 안 된다는 것이다. 그렇다고 예전의 민족주의를 곧이곧대로 붙들고 있어야 한다는 뜻은 아니다.

20세기 내내 민족의 신성성을 어느 누구도 부정하려 하지 않았다. 일제 강점기 민족을 둘러싼 갈등은 억압과 해방의 대립이었고 그 틀에서 민족 문화에 대한 이해가 크게 갈렸다. 일제는 억압을 위해 민족 문화를 부정하려 했고 비하하려 했다. 그러나 다른 한편, 해방을 위해 민족은 역사가 되었고 정신이 되었고 마음이 되었다. 20세기의 문화지형을 이렇게 살펴볼 때 우리의 역사 연구에서 민족이 버팀목이 된 것은 너무나 당연하다.

민족주의의 미래

민족주의가 민주화는 물론 동시에 경제성장의 밑거름이 되었음을 확신한다. 그런 속에서 민중과 민족이 한국의 근대성을 대변하게 되었다. 그러나 1990년대를 넘어서면서 세계화의 물결 속에서 민족의 절대적 지위가 흔들리기 시작하였다. 지배와 저항 간 대립의 각은 무뎌졌고 대신 타협의 공간이 크게 확대되었다.

그렇다고 민족이 그 지위를 아주 잃어버린 것은 결코 아니다. 경계가 무너지고 국경의 의미가 약해질수록 민족 혹은 국가라는 상상의 공동체는 새로운 정체성이 규정되고 경합되는 장으로서 오히려 더 중요한 의미를 가질 수 있다는 역설이 나온다. 그리하여 '우리 것 찾기'에 더 몰두하는 현상을 발견할 수 있다. 이는 세계화에 대항하는 '민족 문화의 재정치화 현상'

조선 정조 때 관군이 익혔던 24가지 궁중 기예를 재현하는 젊은이들

경계가 무너지고 국경의 의미가 약해질수록 민족 혹은 국가라는 공동체는 더 중요한 의미를 가질 수 있다. 이는 우리 것을 찾으려는 현상으로 나타난다.

이라고 이해되기도 한다. 역시 20세기를 이끌어 왔던 '민족'이 그리 쉽게 물러서지는 않을 기세다.

세계화의 물결이 민족을 약화시키는 계기가 되었지만, 역으로 세계화 시대에 자본의 논리에 대항할 수 있는 유일한 이데올로기는 민족주의밖에 없다는 주장이 여전히 설득력을 지닌다. 우리는 20세기의 타성에서건, 아니면 민족 그 자체가 여전히 필요해서건 현재까지 민족을 떠나지 못했고 앞으로도 쉽게 떠나지 못할 것이다. 21세기에도 그 절대성은 달라지겠지만, 민족은 쉽게 그 지배적 지위를 잃지는 않을 것이다. 그러나 그 민족주의의 내용은 달라져야 한다.

개인으로부터 집단으로, 아래로부터 위로, 자연스럽고 자발적으로 형성되는 집단성, 그 집단성에 기초한 민족주의야말로 21세기 새롭게 지향해야 할 민족주의가 아닐까?

5 역사 소비 시대의 역사 읽기

대중이 원하는 역사는 무엇인가? 이를 이해한 전제 위에서 인지적 공감을 이끌 수 있는 역사서술이 중요하다. 의무만을 강조할 수는 없다. 흥미, 재미가 필요하다. 흥미를 통해 의미를 전하는 노력이 중요하다.

시대가 변한다

역사란 '현재와 과거의 끊임없는 대화'란 E. H. 카의 말처럼 현재의 관점에서 과거를 읽는 일이다. 역사는 과거를 대상으로 한다. 이때 과거는 지난 것이지만 낡은 것이 아니라 오래된 것이다. 그래서 가치가 있고, 그렇기 때문에 창조의 밑거름이 된다. 하늘 아래 새로운 것은 없고, 창조란 결국 '거인의 어깨 위에 서 있는 난쟁이'일 뿐이다. 그만큼 역사는 창조의 밑거름이 되는 '오래된 것'이다. 그래서 영국의 시인 바이런도 "역사를 통하여 배우지 않으면 아무것도 배울 수 없다."거나 "미래에 대한 최선의 예언자는 과거이다."라고 말한다.

지금 세상은 그 변화의 속도와 규모에서 종전과는 비교가 안 될 정도로 빠르고 크다. 지금 손 안의 휴대폰 하나가 갖는 연산력이 1969년 달나라에 사람을 보내는 '아폴로' 우주계획에 사용되었던 컴퓨터의 연산력보다 더 큰 시대에 살고 있다. 오늘의 역사는 이런 기하급수적 변화의 기록이자 해석이다. 그런 변화에 따라 역사의 해석, 역사를 보는 눈도 변한다. 어떻게 변하고 있는가?

'고귀한 꿈'은 사라지고

〈한겨레신문〉에서 2000년을 앞두고 지난 100년을 정리한 '20세기 20대 뉴스'를 기획했는데, 그 첫 번째로 '역사를 바꾼 사건들'을 다루었다. 흥미로운 것은 전문가가 뽑은 20대 사건 중 1위는 '볼셰비키 혁명(1917)'이었고, 일반 독자가 뽑은 것은 '소련 해체(1991)'였다. 이는 곧 소련의 탄생과 해체가 20세기의 가장 큰 사건이었다는 뜻이다. 결국 '현실' 사회주의인 소련의 등장에 따라 형성된 자본주의와 사회주의 간의 이데올로기 대립이 20세기 역사를 이끈 핵심 사건이었던 셈이다.

지금은 소련의 해체로 인하여 20세기형 대립 구도가 근본적으로 바뀌었다. 이를 미국의 역사학자 피터 노빅Peter Novick은 그의 《고귀한 꿈That Noble

볼셰비키 혁명의 시작을 알린 순양함 아브로라호

국내 유력 일간지에서 뽑은 20세기 역사적 사건 중 전문가들이 선정한 최고의 사건은 볼셰비키 혁명이었다.

Dream》이란 책에서《구약성경》〈사사기〉 21장의 마지막 구절, "그때에 이스라엘에 왕이 없으므로 사람이 각각 그 소견所見에 옳은 대로 행하였더라."를 인용하여 설명하였다. 즉 복잡한 세상을 하나의 깔끔한 틀로 담아 보려는 마르크시즘 같은 거대 담론들을 이스라엘 왕에 비유하면서 이제 그 '고귀한 꿈'들이 사라졌다고 말한다.

지금 역사는 고귀한 꿈이라고 불리던 거대 담론의 시대를 접고 다양성의 시대로 들어섰다. '객관적 세계'를 잃어버린 대신 '자신의 세계'를 얻었다. 그래서 이 시대는 오히려 풍부한 가능성을 안고 있다. 단 그 가능성이 꼭 이상적인 모습으로 다가온 것은 아니었다.

신자유주의의 확산

당초 근대는 양면성을 지니고 있었다. 근대의 물질적, 기술적 진보에 대한 열광적인 숭배가 있었는가 하면, 자본주의의 물신성이 가져오는 퇴폐성에 반대하여 도덕성, 엄숙주의, 문화의 절망으로까지 이어지는 다른 한편이 있었다. 그런데 21세기 '고귀한 꿈'이 사라지고 난 지금 두드러진 변화는 신자유주의의 확산이었다.

신자유주의는 자유시장과 규제 완화, 재산권을 중시한다. 이른바 자유라는 이름으로 자본의 특권을 강화시켰다. 1995년을 계기로 등장하기 시작한 '세계화'라는 용어도 신자유주의의 산물이다. 그 결과, 불황과 실업, 빈부 격차의 확대를 가져왔다. 그리고 다른 한편에서는 물질만능주의, 지식의 상업화를 더욱 가속화하였다.

그 속에서 비판과 저항의 정신이 급격히 몰락하여 생겨난 가치의 진공 상태가 젊은 세대로 하여금 '대중문화의 멋진 신세계'에 쉽게 몰입하게 하였다. 그리하여 잉여 세대, 삼포·오포 세대라 불리며 암울한 미래를 앞두고 있는 젊은이들이 오히려 삶의 만족도가 가장 높은 모순된 현상을 낳고 있다. 모든 지적 창조물이 상품논리와 기술논리에 압도되고 있어 천박해지기 십상이다. 그런 현상이 사회의 전반적 우경화를 초래하고 있다.

역사 소비 시대

역사도 예외가 아니었다. 종래에 역사는 지식인들이 만들어 공급하는 어렵고도 무거운 것이었다. 대중은 지식인들이 열어 놓은 문틈으로 들여다볼 뿐이었다. 하지만 데이터베이스 기술과 인터넷과 같은 기술 혁명 덕분에 지식의 디지털화가 이루어졌고, 이는 결국 정보의 민주화로 이어졌다. 이에 따라 전문 역사가가 누렸던 게이트 키퍼, 즉 문지기로서의 역할이 사라졌다. 역사 자료에 대한 접근이 개방되어 갔고, 역사가 개인화되며, 역사에 개인의 참여 권한이 확대되어 갔다. 학문적 게이트 키퍼들이 가지고 있던 역사 정보에 대한 통제를 점차 대중들이 가지기 시작했다. 그래서 우리는 오늘날 모두 역사가가 되었다.

그러면서 역사는 대중들의 유희적 관심 대상이 되었고, 상업적 소비의 대상이 되었다. 역사는 상품이 되었고 상품화하였다. 그렇게 될 수 있는 역사만이 주목받게 되었다. 대형 마트에 가득 쌓인 상품들처럼 소비를 기다리는 상품의 소재가 되고 있다. 역사적 과거는 전자 정보로 만들어진 상품이 되었다.

이제 역사는 근엄한 역사가나 고뇌하는 지식인의 서재에서 탈출하여 대중들의 품에 안겼다. 이런 맥락에서 역사인식도 크게 달라지고 있다. 대중의 역사, 소비의 역사로 바뀐다. 역사가 문화산업 속에서 소비 상품으로 변해 가면서 물화되고 상품화되어 가고 있다. 제롬 드 그루트^{Jerome de Groot}의 《역사를 소비하다》에서는 이런 현상을 잘 설명해 주고 있다.

소비의 영역은 다양하다. 영화는 물론, TV 드라마, 소설, 게임 등 모든 대중적 장르에 다 들어 있다. 심지어는 광고에도, 각종 생활소품에도 역사는 소비되고 있다. 역사는 포화상태에 이를 정도로 대유행의 시기를 맞고 있다. '역사물'은 현대 문화에서 아주 일상적인 것이 되어 버렸다. 한마디로 역사는 흥미, 나아가 오락의 대상이 되었다.

역사는 과학인가, 문학인가?

이런 현상의 배경에는 역사란 무엇인가의 논쟁에 나타난 변화도 한몫하였다. 그중에서 19세기 후반 줄곧 관심 대상이 되어 왔던 것은 역사의 과학성·문학성 논쟁이었다. 역사는 그 자체 정체성을 지니고 있지만, 과학과 문학으로 구분할 때 어느 쪽에 더 가까운가에 대한 논쟁이었다.

20세기 초, 뷰리John B. Bury와 트레벨리안G. M. Trevelyan의 논쟁이 대표적인 사례이다. 뷰리는 역사를 "단지 과학일 뿐이며, 그 이상도 그 이하도 아니다."라고 주장하였던 반면, 트레벨리안은 "역사의 불변의 본질은 '이야기 Narrative'에 있다."고 파악하고 "역사라는 예술은 항상 이야기의 예술로 남아 있어야 한다."고 주장하였다. 과학적 접근이 사실에 중점을 둔다면, 문학적 접근은 진실에 중점을 둔다. 예를 들면 역사에 대한 과학적 접근의 목적이 '역사적 사실'을 밝히는 것이라면, 문학적 접근은 '역사적 진실'을 진술하려는 것에 관심을 더 집중한다.

20세기의 중반에는 전자가 주도하였지만, 후반에 오면서 이야기체의 강조를 통하여 역사의 문학성과 주관성을 역설하는 역사가들이 점점 많아졌다. 그리하여 역사는 말 그대로 History, 즉 Story임을 강조하는 경향이 커졌다. 이런 경향은 요즘 대세를 이루고 있다.

1970년대 이후 진행된 이야기체의 부활을 주도하면서 가장 주목을 끈 역사가는 헤이든 화이트Hayden White였다. 화이트에 따르면, 역사와 문학은 비록 그 대상이 실제 사건과 가공 사건으로 다르지만 중요한 공통점을 갖는다고 한다. 즉, 양자는 삶과 현실로부터 떨어져 있거나 초월하려는 것이 아니라 하나의 삶의 '실천 형태'로서 인간 경험에 대한 저자의 해석을 언어의 이미지를 통하여 전달하려는 '언어적 인공물' 즉, 기호학적 구성물이라는 점에서 동일하다는 것이다. 역사담론은 결국 문학작품과 같이 수사적 작업의 산물이라는 것이다. 따라서 역사와 문학의 차이란 종류의 차이라기보다는 정도의 차이가 된다.

이쯤 되면 역사는 사실보다는 진실을 추구하는 문학에 가깝다는 결론이 난 셈이다. 보통 사람들은 역사가의 연구 논문보다 문학가의 역사 이야기에 흥미를 가진다. 따라서 지금 역사 소비 시대를 이끌고 있는 대중적 역사학에서는 이야기 능력과 문학적 자질이 핵심이 되고 있다.

공감이 만드는 환경

그렇다면 왜 사람들은 사실보다 진실, 즉 역사 이야기를 더 선호할까? 그 이유는 바로 공감의 차이에 있다. 사람들은 공감에 반응한다. 그런데 사실보다는 진실이 공감을 이끌어 내기 쉽다. 바로 거기에 답이 있다.

공감이란 무엇인가? '남의 주장이나 감정, 생각 따위에 찬성하여 자기도 그렇다고 느끼는 느낌 또는 그러한 마음'을 말한다. 이런 공감하는 마음이 우리 인간을 선하고 도덕적이며, 서로 협력하는 훌륭한 시민으로 길러 준다고 한다. 따라서 건강하고 행복한 사회를 만드는 데 무엇보다 공감이 중요하다.

데이비드 호우David Howe는 《공감의 힘》에서 공감에는 감정에 기반한 공감과 인지에 기반한 공감의 두 가지 유형이 있다고 한다. 전자는 '원초적 공감 Primitive Empathy'이라고 하듯 복잡한 인지 과정 없이 즉각적으로 나타나는 감정적 반응을 말한다. 후자는 '타인의 내면 상태, 즉 그의 생각과 느낌, 인식 수준과 의도에 대한 인지적 자각'을 통해 나타나는 것으로 노력이 필요하다.

두려움, 흥분, 흥미 등의 감정이 전자에 해당한다. 이런 감정들에 대한 공감은 저절로 쉽게 할 수 있다. 그래서 더욱 대중적이며, 보수적 환경을 만든다. 대중은 드라마적 요소에 흥미를 느끼고 공감한다. 영웅, 승리, 과장된 영광, 자부심 등 좋은 일에는 쉽게 기쁨으로 공감하고, 치욕, 분노 등에도 공감한다. 따라서 대중들에게는 이런 역사가 어필하기 쉽다.

한편, 후자는 지식이 없으면 공감하기 어려운 문제들, 평등, 분배, 정의 등 진보적 가치들이 여기에 해당한다. 따라서 인지적 공감은 많은 정신적 노력을 필요로 한다. 그것이 반복되다 보면 공감 피로증을 느끼게 된다. 이게 진보의 어려움일 수 있다.

역사물을 비롯한 문화적 생산물이 상품인 한, 공감이 있어야 소비된다. 공감하지 않으면 소비자는 결코 억지로 대가를 지불하지 않는다. 상업적 환경 속에서 역사물들은 공감을 이끌어 내기 위해 원초적 공감을 선호하게 된다.

역사 소비 시대를 맞은 지금, 역사물들의 홍수 속에서 그것들이 지니는 지향점은 당연히 감정에 기반한 공감을 택할 것이다. 사회가 개인주의화로, 시장주도형으로 변하고 있는 현실 속에서 인지에 기반한 공감은 점차 그 영역을 잃어 가고 있다. 이에 따라 지금의 역사물들은 보수적인 우익, 중산층 어젠다와 아주 단단히 결합되어 있다.

두 가지 공감의 공존

그래서 지금 더욱 두 가지 유형의 공감이 공존하는 환경이 필요하고 또 중요하다. 왜냐하면 새는 좌·우의 날개로 날아야 하고, 수레는 균형 잡힌 두 바퀴로 굴러가야 하기 때문이다. 이를 잘 알고 있음에도 불구하고 이런 환경을 방해하는 풍조가 만연해 있다. 승리 지상주의, 황금만능주의 등 상업성이 초래하는 문제들이다. 바로 이런 방해 요소들 때문에 "욕하면서 본다."는 막장 드라마에 적응하는 환경이 조성된다. 이런 상황의 축적이 어떤 결과를 낳을까?

공감이 편향적으로만 나타나면 그 공동체 역시 대립, 갈등의 골만 깊어진다. 따라서 두 가지 유형의 균형 잡힌 공감이 필요하다. 이런 균형을 이루기 위해 인지에 기반한 공감이 초래하는 피로감을 해소하여 대중이 기꺼이 대가를 지불하며 선택할 수 있도록 하여야 한다. 어떻게 그렇게 할 수 있을까?

누가 대중을 설득하는가? 대중이 원하는 역사는 무엇인가? 이를 이해한 전제 위에서 인지적 공감을 이끌 수 있는 역사서술이 새삼 중요하다. 의무만을 강조할 수는 없다. 여기에서도 흥미, 재미가 필요하다. 흥미를 통해 의미를 전하는 노력이 새삼 중요하게 여겨진다. 자라나는 학생들은 물론 일반 대중들에게 필요한 바른 '역사 소비자'로서의 자세가 무엇인지 함께 찾아야 할 때다.

사실에 기반하지 않은 진실은 매우 위험하다. 파편화된 지식은 백과사전적 나열일 뿐, 창조적 지식이 될 수 없다. 윤리의식을 갖추고 사료 비판을 할 수 있는 맥락적 지식과는 크게 다르다. 파편화된 지식으로는 미래지향적인 바른 비판을 할 수 없다. 비판의식은 사회 발전을 위해 절대적으로 필요하다. 그런 역할은 과학적 역사학이 맡고 있다. 그렇기 때문에 대중적 역사학 못지않게 의식 있는 대중을 위한 비판적 역사학의 역할이 여전히 필요하다. "역사학은 역사적으로 의식이 있는 대중을 만들어야 하고, 이 대중을 소비사회의 위협으로부터 지켜내야 한다."는 주장에 새삼 주목해야 하는 이유도 여기에 있다.

지금과 같은 역사 소비 시대에는 흥미를 통해 의미를 전달하려는 역사서술이 새삼 중요하게 여겨진다.

제1장 | 선사 시대
생활의 자취

1 한국인의 기원

혈연만 같다고 해서 민족이 되는 것은 아니다. 민족이라는 것은 생물학적인 인종과 다른 개념이다.
단순히 언어나 경제적인 것만으로는 알 수 없는 역사적이고 복합적이며 총체적인 개념이다.

한국인의 전형

인천공항이나 서울 중심가에 가면 많은 외국인들을 만난다. 백인이나 흑
인은 그렇다 쳐도 같은 황인종, 그중에서도 중국인이나 일본인들은 우리와
외모상 아주 비슷하다. 하지만 조금만 주의해서 보면 대부분 구분할 수 있
다. 오랜 역사적 환경이 그런 구분을 가능하게 할 차이를 만들었기 때문이
다. 그런 차이들이 한국인의 전형을 만든다.

전형적인 모습을 어떻게 정의해야 할지 모르겠지만 우리 민족의 모습이
중국이나 일본, 또는 기타 동북아시아의 다른 민족과 비교해 볼 때 여러
가지 다른 특징이 있다는 이야기를 많이 하고 있다. 예를 들면, 머리의 앞
뒤 길이가 중국인이나 일본인보다 상대적으로 길다거나 신장이 크다거나
하는 것 등이다.

물론 그렇다고 해서 우리나라 사람과 중국·일본인이 같이 있을 때 항상
구분할 수 있는 것은 아니다. 동아시아라는 큰 범주로 보면 그에 못지않은

공통의 경험을 갖고 있기 때문에 비슷한 점도 많이 나타나고 있다. 더구나 다문화 사회로 들어서고 있는 지금, 한국인의 전형을 생김새 같은 외형적 기준에 따라 판가름하는 것은 갈수록 무의미해질 것이다. 그렇다고 전형을 찾는 일이 결코 무의미한 일은 아니다. 전형에 대한 이해가 있어야 다양한 변화도 아울러 이해할 수 있기 때문이다.

인류의 등장과 진화

그러면 전형적인 모습을 갖는 한국인이 한반도에 살기 시작한 것은 언제부터일까? 이 질문에 답하기에 앞서 인류가 지구상에 언제 등장하는가부터 알아보는 것이 필요할 것 같다. 700만 년 전 무렵 아프리카에 초보적인 두 발 걷기를 하던 고인류가 있었고, 400만 년 전에 오스트랄로피테쿠스가 나타났다. 오스트랄로는 라틴어로 '남쪽'이라는 뜻이고 피테쿠스는 '원숭이'라는 뜻이다. 이 고인류가 약 80년 전에 남아프리카에서 발견되었기 때문에 '남쪽에서 나온 원숭이'라는 뜻으로 오스트랄로피테쿠스라는 이름을 붙였던 것이다. 물론 오스트랄로피테쿠스에도 여러 종류가 있어 이들 사이의 관계가 어떤 것인가 하는 것은 지금도 학술적인 논쟁거리가 되고 있다.

오스트랄로피테쿠스는 호모라는 말이 붙지 않았기 때문에 인간으로 볼 수 없지 않은가, 라고 생각하기도 하는데, 이들도 도구를 만들었고 인간성을 지닌 사회생활을 하였고 더구나 인간의 고유한 특징 중의 하나라고 할 수 있는 2세에 대한 사회적 양육의 책임을 졌던 점 등으로 보아 인류의 한 갈래로 집어넣어도 크게 무리가 없을 것 같다.

이후 180만 년 전 정도가 되면 호모에렉투스라고 하는 우리와 상당히 유사한 새로운 종류의 인간이 등장한다. 호모는 라틴어로 '사람'이라는 뜻이고 에렉투스는 '바로 서 있다.'라는 뜻이다. 이 호모에렉투스가 한 150만

년 정도를 거의 변함없이 지구상의 지배자로 살았다. 그러다가 약 20만 년 전에 최초로 호모사피엔스가 등장하고, 이 호모사피엔스가 점점 진화하는 과정에서 유럽과 같은 지방에서는 우리가 흔히 네안데르탈인이라고 알고 있는 호모사피엔스가 등장했다.

400만 년 전의 오스트랄로피테쿠스나 180만 년 전의 호모에렉투스가 현생인류와 직접적으로 연관된다고 보기는 어렵다.

그러다가 빠른 곳에서는 12~13만 년 전, 늦은 곳에서는 3만 년 전, 따라서 평균적으로 보면 약 3만 5000년 전 정도에 현생인류, 즉 오늘날의 인류와 같은 호모사피엔스사피엔스라고 하는 인종이 등장해서 지금에 이르게 된 것이다. 동굴벽화로 유명한 프랑스의 크로마뇽인이 여기에 속한다고 할 수 있다. 사피엔스는 라틴어로 '지혜' 또는 '슬기'라는 뜻이고 사피엔스를 두 번 반복한 것은 현생인류가 과거의 호모사피엔스보다는 훨씬 값진 지능을 갖고 있기 때문이다.

이처럼 인류가 진화해 왔지만 400만 년 전이나 180만 년 전의 인류가 현생인류와 직접 연관되는 것은 아니다. 시간적인 차이가 너무나 엄청나고, 또 진화의 과정이 가지고 있는 복합적인 성격으로 인해서 오늘날의 우리가 바로 그 전의 개체와 어떤 직접적인 관계가 닿는다고 말하기는 어렵다.

한국인의 기원

한반도에 인류가 살았던 최초의 흔적들은 충청남도 공주 석장리나 평양 상원의 검은모루동굴 등 여러 곳에 나타나고 있다. 그 시기는 대체로 10~30만 년 전부터라고 보고 있으며 이들은 호모에렉투스와 같은 고인류였을 것으로 여긴다. 그러나 이들을 한국인의 직접조상으로 보는 것은 무리가 있다. 이런 이야기를 제대로 할 수 있으려면 옛날 사람의 인골 자료가 상당수 있어야 하는데, 남한의 경우 지질학적 조건 등 여러 가지 이유로 인해 자료가 많지 않다. 북한에서는 상대적으로 많은 수의 자료가 발견되는데, 북한 학자들은 적어도 1만 년 전에 한국인의 원형이 갖추어진 것이 아니냐 하는 주장을 펴고 있다.

어쨌든 적어도 우리나라에서 구석기 시대가 끝날 무렵이 되면 한반도에 우리 모습과 아주 비슷한 사람들이 이곳저곳에서 많이 살고 있었으며, 그렇기 때문에 오늘날 우리들 모습의 원형이 되는 사람들의 집단이 그 무렵이면 한반도 전역에 널리 퍼져 있지 않았나 생각한다. 구체적인 예를 들면, 가장 오래된 것으로 평양 역포인을 꼽으며, 그 외에도 평안남도 덕천의 승리산동굴에서 호모사피엔스사피엔스의 화석이 나왔으며 단양의 상시동굴에서도 호모사피엔스사피엔스의 몸체 뼈가 나왔고, 이외에도 평양 만달리나 충청북도 청원 두루봉동굴에서도 이들의 화석이 발견되었다. 특히 평양의 만달리동굴에서는 화석과 더불어 석기가 발견되었기 때문에 연대를 상당히 정확하게 추정해 볼 수 있는데, 대략 1만 년에서 1만 5000년 전쯤이 아니었는가 생각한다. 결국 후기구석기 시대에 살았다고 보는 것이다.

이 '만달리 사람'이 우리의 혈연적인 조상으로 이어져 오늘날 한반도 주민
들의 전형적인 모습을 이루는 연원이 되었다고 볼 수 있다.

한국인과 한국 민족

그러나 '승리산 사람'이나 '만달리 사람'을 우리 민족의 직접 조상이라고 말
하는 것은 문제가 있다. 왜냐하면 민족이란 말은 역사적인 용어여서 어느
정도 사회적이고 역사적인 실체를 이룬 집단일 때 쓸 수 있는 개념이기 때
문이다. 그냥 같은 땅에서 시간을 선후로 해서 나왔다고 무조건 조상과 후
손의 관계가 있다거나 나아가 같은 민족이라거나 할 수는 없기 때문이다.
즉 이 땅에서 사람들이 언제부터, 어떻게 살았기 때문에 오늘날의 우리들
이 있게 된 것이냐 하는 한국인의 기원에 대한 문제와 한국 민족은 도대체
무엇이냐 하는 문제는 개념상의 차이가 크다.

보통 우리는 단군 할아버지의 피를 받은 '단군 민족'이니 '단일 민족'이니

하는 식의 말을 많이 하면서 한국 민족의 기원을 단군에 연결시킨다. 그래서 단군 이래 최초니, 단군 이래 최대니 하는 말을 많이 한다. 그때 쓰는 민족이라는 말은 지금 우리가 학계에서 보편적으로 사용하는 민족이라는 용어와는 조금 다른 의미를 갖는다. 왜냐하면 민족이라는 얘기를 할 때는 알게 모르게 한 핏줄이라는 혈연적인 면과 더불어 언어나 경제권·사회생활·문화 등의 측면에서 공통으로 하는 것이 있다는 것을 전제로 하는 것이다. 그런데 그런 공통의 경험은 단시간 내에 생기는 것은 아니다. 오랜 기간 이 땅에서 같이 부대끼며 비슷한 문화를 형성하고 정치적인 갈등도 함께하는 중에 서서히 생기는 것이다. 대개 삼국의 통일 과정에서 경험과 문화를 같이하는 초보적인 민족의식이 생겨나는 것으로 보아 무리가 없을 것이다. 그러므로 단군을 우리 민족의 기원이라고 하여 한국 민족의 기원연도를 단군이 태어났다는 기원전 2333년으로 잡는 것은 신화라면 몰라도, 역사적인 관점에서는 적절하지 못한 해석이다.

단지 혈연만 같다고 해서 민족이 되는 것은 아니다. 민족이라는 것은 생물학적인 인종과는 다른 개념이다. 또한 민족이라는 것은 단순히 언어라는 것 하나만을 갖고도 알 수 없는 개념이고, 단순히 경제적인 것만으로도 알 수 없는 역사적이고 복합적이고 총체적인 개념인 것이다. 이 장의 제목인 한국인의 기원이라는 말도 바로 한국 민족의 기원이라는 뜻이 아니라 혈연적으로 연결될 수 있는 한국인 최초의 조상이 누구냐는 물음인 것이다.

2 원시와 첨단의 만남

고고학이 발굴 또는 연구 대상으로 삼는 것은 아득히 멀리 떨어진 원시의 흔적들이다. 고고학은 이런 원시의 흔적들을 최첨단과학을 총동원하여 연구한다. 원시와 최첨단 과학이 만나는 자리, 그 자리에 고고학이 있다.

한강변의 선사 유적지

한강변의 올림픽대로를 타고 천호동을 거쳐서 중부고속도로 쪽으로 향하다 암사동 근처에 이르게 되면 길가에 '암사동 선사 유적 공원'이라는 커다란 표지판이 보인다. 이곳에는 움집을 비롯하여 선사 시대의 유적과 유물들이 옛 모습 그대로 복원·전시되어 있다. 한편 암사동에서 강변도로를 타고 상류 쪽으로 조금만 더 가면 미사리가 나온다. 서울올림픽 때 조정경기를 했던 조정경기장이 있는 곳이기도 하다. 이곳은 선사 시대부터 백제 시대, 그 이후까지의 문화층이 넓게 발달해 있는 대표적인 유적지이다. 이외에도 지금은 아파트촌으로 바뀌어 흔적조차 찾기 어렵게 되었지만, 한강 남쪽의 역삼동, 논현동, 명일동, 가락동 등의 지역에도 매우 많은 유적들이 있었다. 이처럼 서울의 한강변은 아주 오래전부터 선사 문화의 뿌리가 내려 있었던 곳이다. 수도 서울의 위상만큼이나 그 역사성을 풍부하게 해 주는 문화유산들인 것이다. 그러나 지금은 개발로 인해 거의 사라져 버렸다.

서울을 조금 벗어나도 선사 시대 유적지가 많이 남아 있다. 강화군 하점면 부근리에는 고인돌과 같은 청동기 시대 유물이 널려 있고, 북쪽으로 올라가서 임진강변으로 가면 연천군 전곡리에 구석기 시대의 유적이 풍부하게 남아 있다. 특히 이곳에서는 동아시아 최초의 아슐리안형 주먹도끼(양면핵석기)가 발견되어 세계 구석기 연구의 역사를 새로 쓰게 하였다. 2011년 4월, 전곡선사박물관이 개관되어 선사 시대 교육의 장으로 활용되고 있다.

아슐리안형 주먹도끼

경기도 연천군 전곡리에서 동아시아 최초로 발견되었다. 국립중앙박물관 소장

선사 시대의 시대 구분

선사先史 시대는 이름 그대로 역사歷史 시대에 앞선 시대라는 뜻이다. 역사는 문자로 기록된다. 따라서 선사 시대란 문자가 없던 시대라는 뜻이기도 하다. 당시의 이야기들을 글자로 기록하는 시대라면 역사 시대이고 그런 기록이 없으면 선사 시대인 것이다. 지구상에 인간이 등장한 것은 몇 백만 년이나 되지만 문자를 쓰기 시작한 것은 몇 천년밖에 안 된다. 따라서 인간들이 살아온 삶의 시간 중 99% 이상은 문자가 없었던 시대인 선사 시대에 속하는 셈이다. 선사 시대는 이렇게 긴 시간을 차지하지만 문자에 의한 기록이 없기 때문에 그때 그 사람들의 생활을 알려 주는 것은 그들이 살다 간 자리(유적)나 남긴 물건(유물)들 뿐이다. 물론 이런 것들은 말이 없다. 따라서 특별히 그런 것들로 하여금 말을 이끌어 내는 재주가 필요해진다. 그런 재주를 가진 학자들이 고고학자이다. 또 고고학자들은 계속 새로운 것들을 찾아다니고 그러다가 정말 새로운 것들을 발굴하기도 한다. 이 때문에 선사 시대에 대한 설명은 계속 바뀐다. 그래서 여기서 설명하는 선사 시대상은 현재까지 발굴된 것들을 종합한 것일 뿐이다. 이후 새로운 것이 발견되면 다시 써야 할 것들이다.

고고학에서는 선사 시대를 구석기 시대 또는 신석기 시대 등으로 나누어 부른다. 이렇게 시대를 나누는 작업을 학술용어로는 '편년編年'이라고 한다. 우리나라 고고학에서는 보통 선사 시대의 편년을 구석기 시대, 중석기 시대, 신석기 시대, 청동기 시대, 초기철기 시대로 나누고 있고, 역사 시대로 들어가면 원삼국 시대, 삼국 시대로 나누고 있다.

구석기 시대는 보통 인간이 처음 지구상에 등장해서부터 빙하기가 끝나는 1만 년 전까지를 말한다. 신석기 시대는 일반적으로 농경도구와 토기를 만들기 시작했던 때를 말한다. 구석기와 신석기 사이에 존재하는 시기를 중석기 시대라고 한다. 그리고 청동기 시대는 문자 그대로 청동 유물이 만들어지는 시대다.

이렇게 구분해 보았을 때 우리나라에서 확인된 가장 오래된 신석기 유적은 기원전 8000년경의 제주 고산리 유적이지만 한반도에서 본격적인 신석기 시대의 시작은 기원전 6000년 정도로 보고 있다. 그리고 청동기 시대

서울 암사동 선사 주거지

한반도에서 본격적인 신석기 시대가 시작된 것은 기원전 6000년경으로 보고 있다. 1967년부터 본격적인 발굴 작업을 시작, 6000년 전 신석기 시대 사람들이 살았던 집터 30여 채가 발굴되었다.

는 지역에 따라 차이가 있는데, 대체로 기원전 15~10세기 정도로 잡는다. 한편, 초기철기 시대는 기원전 300년경부터 기원전 100년 무렵까지의 시기를 일컫는다. 문제는 중석기 시대이다. "이것이야말로 중석기의 유적·유물이다."라고 대부분의 학자들이 동의할 수 있는 증거들을 아직 찾지 못하였다. 그래서 우리나라의 경우 구석기 시대와 신석기 시대는 서로 매끄럽게 연결되지 못하고 있다. 그 사이에 단절이 있었다는 뜻이다.

석기와 토기

구석기 시대부터 삼국 시대까지 각 시대의 발전 단계를 구분하는 기준은 무엇일까? 어떻게 각 단계들을 나누었을까? 그것은 바로 유적이나 유물들의 특징이다. 그런 특징들이 크게 달라지는 시점이 시대 구분점이 되는 것이다. 구석기 시대라고 하면 말 그대로 가장 원시적인 시대로서 사람들은 석기를, 그것도 간단한 타제석기만을 만들어 썼다. 타제석기를 요즈음은 뗀석기라고 부른다. 또한 양면핵석기라고 불렀던 주먹도끼와 찍개 등도 이 시기에 만들어졌다. 이런 유물들은 경기도 연천 전곡리나 충청남도 공주 석장리 등에서 발견되었다.

이후 신석기 시대로 들어오면 마제석기라고 불렀던 간석기가 이 시대의 대표적인 유물이다. 갈돌과 갈판을 사용하여 주로 자연에서 채집한 도토리를 갈아 먹었다. 토기도 출현하였다. 바로 빗살무늬토기라고 부르는 것인데, 그 모양은 달걀이나 포탄 같이 생겼고 바깥 표면에 빗살무늬를 새겼다. 이 빗살무늬토기는 한강 유역의 암사동이나 미사리를 비롯해서 동해안 지역, 남해안 지역의 부산 동삼동, 북한 지역인 웅기 굴포리에서도 발견되고 있다. 전국 각지에서 다 발견되고 있다. 이는 결국 신석기 시대가 지역별 차이는 있지만, 한반도 전역에 걸쳐 존재했음을 말해 준다.

또 해안과 섬들에서 발견되는 조개더미(패총)도 신석기 유적으로 중요하다. 현재까지 300여 개소가 발견되었다. 그중 웅기 서포항과 부산 동삼동 유적은 신석기 전 기간에 걸쳐 형성된 대규모 유적으로써 각각 동북 지방과 남해안 지방의 신석기 문화 편년 설정을 위한 기준이 되고 있다. 조개더미는 청동기 시대에 급감했다가 고대에 다시 증가하고, 이후 드물지만 조선 시대까지도 그 흔적이 남아 있다. 조개더미는 조개껍질의 탄산칼슘이 알칼리성 환경을 만들어 주어 다양한 동·식물성 음식물 쓰레기, 사람뼈 등 유기물로 된 자연유물과 뼈연모 등을 잘 보호해 주기 때문에 당시 생활 문화를 복원하는 데 유용한 정보를 제공해 준다.

한국인의 대표적 먹거리인 쌀농사도 이 시기에 시작되었다. 그 최초의 기원에 대하여는 논의가 분분하다. 가장 오래된 볍씨로는 김포 가현리에서 발견된 4000여 년 전의 것이 있고, 국제학계에서는 3000년 전의 여주

다양한 크기와 형태의
빗살무늬토기

빗살무늬토기는 우리나라
신석기 시대 유적지 곳곳
에서 발견되고 있다. 국립
중앙박물관 소장

흔암리의 것을 한반도 쌀농사의 기원으로 인정해 왔다. 그러나 1991년 일산 가와지 유적에서 발굴된 볍씨는 5000년 전, 1994년 충북 청원군 소로리 볍씨는 1만 5000년 전으로 추정하는 주장들이 있다. 그리고 2003년 발굴한 충북 옥천 대천리 신석기 시대 집자리 유적에서 기원전 3000~3500년 무렵으로 편년되는 탄화된 조, 기장, 보리, 밀, 벼 낱알들이 출토되었다. 아직 학계에서 합의된 기원을 정하고 있지는 못하지만, 기원전 3000년경부터 쌀농사를 비롯한 원시적인 농경이 시작되었던 것만은 분명하다.

남한강변 가파른 산중턱에 자리 잡은 여주 흔암리 선사 주거지

이곳에서 발견된 16개 움집 화덕 자리와 토기 안에서 보리, 조, 수수, 콩 등의 탄화 곡물과 탄화된 쌀이 발견되었다.

고인돌

청동기 시대의 특징은 청동이라는 새로운 재질로 된 금속의 사용이다. 청동은 잘 알다시피 구리와 주석의 합금으로 동상을 만들 때 많이 사용하는 금속재료이다. 한편 청동과 함께 청동기 시대를 대표하는 유적은 고인돌

이다. 고인돌은 그 수가 워낙 많은데, 현재까지 5만여 기가 있다고 보고 있다. 특히 전라남도 지방에는 2만 기 이상의 고인돌이 있다고 한다. 그 밀집도는 아마 세계 최고일 것이다. 서울 근처에 있는 경기도 용인군에도 1970년대까지만 하더라도 고인돌이 수십 개씩 있었다. 영국이나 프랑스의 서쪽 지방에 고인돌이 상당히 많은데 우리나라도 그에 못지않게 고인돌이 많은 나라다. 그러나 지금은 개발이 급속도로 이루어져 무더기로 사라지고 있는 형편이다. 아파트나 골프장을 짓는 것도 좋지만 문화에 대한 애정과 식견을 조금만 가지고 있으면 상당수의 고인돌이 보존될 텐데 안타깝기 그지없는 일이다.

　간혹 고인돌이 수만 개가 넘는다는데 왜 내 눈에는 잘 띄지 않을까, 라고 생각하는 사람들도 있다. 이런 사람들은 고인돌 하면 밑에 받침이 있고 위에 큰 돌이 올려져 있는 것만을 생각하기 때문이다.

강화도 하점면 부근리 고인돌

강화도에는 약 150여 기의 고인돌이 있다. '강화 부근리 지석묘'라는 이름으로 사적 제137호로 지정되어 있는 이 고인돌은 2개의 고임돌을 덮고 있는 덮개돌의 길이가 약 6.4미터, 폭이 5.2미터에 이르고 무게는 50톤이나 나가는 아주 큰 고인돌이다.

고인돌의 모습은 몇 가지가 있다. 흔히 남쪽 지방에서는 남방식이라고 해서 벌판에 큰 돌 하나만 덩그렇게 놓여 있는 경우가 많고, 북쪽으로 올라오면 북방식이라고 해서 탁자와 같은 모습을 번듯하게 갖춘 경우가 많다. 남한의 경우 남방식이 많이 분포되어 있기 때문에 채석장이 아닌 벌판에 큰 돌이 있을 경우 일단 고인돌이라고 보아도 틀림없을 것이다.

또한 고인돌의 일부는 족장의 무덤이었다. 이로 보아 청동기 시대가 지배−피지배 관계로 이루어지는 계급사회였음을 보여 준다. 거대 고인돌을 만들기 위해서는 적게는 수십 명에서 많게는 수백 명의 인원이 필요하다. 따라서 그런 인원을 동원할 수 있는 사람과 그 일에 동원되는 사람 간에는 분명히 차이가 있었던 것이다.

전남 고창 고인돌군

고창은 동북아시아에서 가장 조밀한 고인돌 분포 지역이다. 고창 죽림리, 상갑리 일대에는 북방식, 남방식, 개석식 등 다양한 형태의 고인돌 445기가 분포하고 있다.

초기철기 시대의 고급 청동기

철기 시대, 특히 우리가 초기철기 시대라고 말하는 때에 가면 철기와 대규모의 무덤들이 여러 곳에서 발견되고 있다. 물론 이 시기의 무덤들은 신라 경주에서 보는 것과 같은 큰 무덤들이 아니라 우리가 흔히 토광묘土壙墓라고 부르는 무덤들이다. 토광묘는 겉으로는 잘 드러나지 않으나 내부가 상당히 화려하고 복잡한 구조를 가진 무덤으로서 각종 장신구라든지 심지어 칠기와 같은 것들도 발견되고 있다.

여기서 우리가 하나 유의해야 할 점은 초기철기 시대와 고도로 발달된 청동기 유물과의 관계이다. 박물관에 가면 세형동검이라고 하는, 정교하고 복잡한 청동제 무기와 다뉴세문경으로 불리는 거울과 같은 물건들을 쉽게 볼 수 있다. 언뜻 생각하기에는 이런 물건들이 청동으로 만들어졌기 때문에 청동기 시대의 유물로 보기 쉽지만, 초기철기 시대의 유물들이다. 즉 초기철기 시대로 들어가면 청동기 문화가 고도로 발달하게 되면서 그를 바탕으로 한 높은 기술로 의례용·제의용 집기들을 만들었던 것이다. 그렇기 때문에 초기철기 시대에 세련된 청동기들이 많이 발견되고 있는 것이다. 결국 석기를 사용하던 시대에서 금속기를 사용하는 시대로 넘어갔어도 일상 생활도구로는 석기를 계속 사용하였던 것과 같은 이치이다. 청동기 시대에도 돌의 표면을 갈아서 만든 마제석검이 있었다.

원시와 첨단과학의 만남

선사 시대의 모든 유물들은 밭을 갈거나 공사를 하다가 우연히 발견하는 경우도 있지만 대부분은 고고학자나 역사학자들이 지표조사를 거쳐 발굴을 함으로써 얻어진다. 이렇게 얻어진 발굴품들은 탄소연대측정법 등 수십 가지의 최첨단 방법에 의해 연구·분석되고 목제품이나 철제품 등 썩거나 훼손되기 쉬운 것은 특별한 보존처리를 거쳐 박물관 같은 곳에 보관,

전시한다. 고고학이 발굴 또는 연구 대상으로 삼는 것은 지금으로부터 아득히 멀리 떨어진 원시의 흔적들이다. 한편, 고고학은 이런 원시의 흔적들을 최첨단과학을 총동원하여 연구한다. 과학이 발달하는 것과 고고학이 발달하는 것은 그런 점에서 정비례한다. 원시와 최첨단 과학이 만나는 자리, 그 자리가 고고학인 것이다. 유물·유적을 발견하고 연구하는 것이 영화 〈인디아나 존스〉에 나오는 고고학자처럼 그저 낭만적이고 극적인 일만은 아니다.

원시와 최첨단 과학이 만나는 지점에 고고학이 있다.

3 그림과 주술

인간의 인지가 발달하면서부터 미지의 세계, 초자연의 세계에 대한 두려움을 극복하려는 수단으로 암벽에 그림을 그리는 기원 행위가 있지 않았을까? 사냥이 잘되기를 기원하는 뜻에서 그림을 그렸을 수도 있다.

알타미라·라스코 동굴 벽화

인류가 최초로 예술 활동을 한 자취를 찾아보려고 하면, 우리는 알타미라 동굴이나 라스코 동굴의 벽화를 떠올리게 된다. 사실 알타미라 동굴이나 라스코 동굴보다 조금 앞선 시기의 것도 있지만 대체로 이 둘을 처음이라고 해도 크게 틀린 말은 아니다. 알타미라 동굴은 스페인 북부 지방에 있고, 라스코 동굴은 프랑스 서부 지방에 있다. 두 곳은 서로 멀리 떨어져 있지 않기 때문에 여기서 발견되는 동굴벽화를 흔히 '프랑코 칸타브리안 미술'이라고 부르기도 한다. 프랑코는 프랑스라는 뜻이고 칸타브리아는 스페인 북부 칸타브리아 지방을 가리킨다.

스페인과 프랑스 외에 아프리카에서도 구석기 시대의 것으로 여겨지는 그림들이 발견되고, 오스트레일리아에서도 원주민들이 남긴 매우 오래된 그림들이 남아 있다. 말이나 들소와 같은 야생동물의 모습들을 주로 그렸다. 시베리아의 경우는 그 지방에 사는 순록을 그린 벽화들이 많이 남아 있다. 오스트레일리아에도 코알라나 캥거루 그림이 있을 것으로 생각되지만 아직까지 확인되고 있지는 않다.

　이런 그림들이 언제 그려졌는가를 추정하기는 매우 어렵다. 그림 중에 지금은 살지 않는 멸종된 동물이 들어가 있다면 소위 빙하기 이전의 그림이라는 식으로 추정하곤 한다. 그러나 이런 식으로 추정하는 데는 분명히 한계가 있다. 뭔가 시간을 추정할 수 있는 기준이 될 만한 그림의 특징을 찾는 것이 필요했다. 다행히도 프랑스에서 그림의 표준 연대를 찾을 수 있는 자료를 얻었다. 아마 그 동굴에서는 그림을 그릴 때마다 위에서 흙이 떨어져 바닥에 쌓였던 모양이다. 또 그림을 그리다 보면 자연히 물감들도 바닥에 떨어지게 된다. 그래서 그림에 쓰던 안료들이 떨어진 흙과 함께 묻혀 있게 되었던 것이다. 그러니까 물감들이 떨어져서 퇴적층에 묻힌 셈이다. 따라서 그 퇴적층의 절대연대를 다른 방법으로 측정해서 알아낸다면 그 속에 섞여 있는 물감도 같은 시기에 쓰던 것이니까 절대연대를 알 수 있을 것이다. 이런 방법으로 물감의 연대를 알고 그 물감으로 그린 그림의 연대를 추정해서 언제 그림은 어떤 특징이 있는가를 밝혀내는 것이다. 그러면 이런 그림들의 양식을 서로 비교해서 연대 추정의 자료가 없는 다른 그림의 경우에도 간접적으로 시기를 추정할 수 있게 되는 것이다.

　이런 방식에 의해 대개의 벽화와 그림들이 빙하 시대 말기인 구석기 시대 말기, 그러니까 약 1만여 년 전에 그려진 것으로 추정한다. 하지만 정확히 몇 년에 그려진 것이라고 쓰여 있지 않기 때문에 일부 그림들은 그보다 훨씬 뒤일 가능성도 얼마든지 있다.

　재미있는 사실은 어떤 그림의 경우는 그림을 그린 사람들이 자기의 손바닥을 그림 옆에 대고서 얼른 '후-' 하고 불어서 손바닥의 모습을 그렸다는 점이다. 이것을 보면 당대의 화가들도 자기 자신을 표현하고자 하는 마음이랄까, 아니면 자기의 존재를 알리고자 하는 마음이 있었음을 엿볼 수 있다. 원시 사회는 공동체 사회이고, 사적인 소유가 없었다고 한다. 따라서 그림이 되었건 그 밖의 무엇이 되었건 어떤 개인의 표식이 들어갈 리가 없다고 보았다. 하지만 전혀 그렇지만은 않은 것 같다. 물론 요즘과 같은 자본주의 사회에서야 작가의 서명이 없는 그림은 그림으로 쳐 주지도 않는다. 그림의 서명 하나도 그 안에 역사적 시간의 거리만큼 많은 차이를 담고 있다.

우리나라에는 알타미라 동굴이나 라스코 동굴의 벽화 같은 것은 없고 암각화岩刻畵라고 해서 바위에 새긴 그림들이 몇 군데 있다. 울주 대곡리 반구대, 고령 장기리 등에 있다. 이 그림들은 구석기 시대나 신석기 시대의 그림은 아니고, 아마도 청동기 시대 이후의 그림들이 아닌가 여겨진다. 어쨌든 울주의 반구대에는 고래와 거북이, 사람, 그리고 사슴과 호랑이 등 여

고령 장기리 암각화

발견 당시 지명을 따라 양전동 암각화라고도 불리며, 추상적인 기하학적 문양이 새겨져 있다.

러 동물들의 모습이 그려져 있다. 고령의 장
기리 암각화에는 동심원, 십자형, 가면 모양
등 추상적인 기하학적 문양이 새겨져 있다.

그림과 주술

그러면 당시 사람들은 왜 이런 그림들을 그
렸을까? 주술과 관계가 있다는 것이 전통적
인 견해이다. 즉 사냥에서 풍요로운 결과를
얻기 위해서, 각종 짐승들이 앞으로도 많이
잡히기를 바란다는 뜻에서 그런 그림을 그렸
다는 것이다. 반면 어떤 학자들은 그것도 하
나의 기록화였다고 본다. 당대 사람들에게는
교육용이라고 생각할 수도 있겠지만, 이런
활동을 했다는 것을 남기기 위한 기록으로

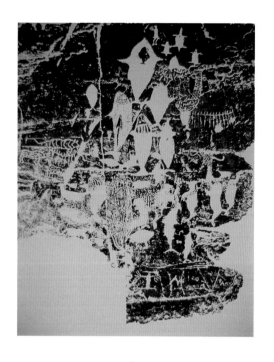

울주 반구대 암각화 탁
본(부분)
――――――――――
퇴적암 위에 다양한 동물
과 사냥 장면을 그렸다. 다
산과 풍요를 기원하는 원
시 신앙 특유의 주술적 목
적을 잘 드러내고 있다.

그렸다는 것이다. 또는 호모사피엔스사피엔스의 자기의식의 발로, 예술적
인 욕구의 폭발로서 그린 것이라고 보는 사람들도 있다. 최근에는 이런 대
형 동굴의 그림들은 어떤 상징적인 의미를 지닌 것으로 보기도 한다. 즉 근
처에 사는 여러 부족들이 1년의 어느 적당한 시기에 모여 큰 행사를 하면
서 그 행사를 기념하는 뜻에서 그린 그림이라는 주장이다.

이처럼 다양한 견해들이 있기 때문에 당시 사람들이 왜 그림을 그렸는
가라는 질문에 하나의 답만을 얘기할 수는 없지만, 포괄적으로 말하자면
무엇인가를 기원하는 행위이거나 인간만이 지니고 있는 예술적인 욕구의
발로였을 것이라고 할 수 있다.

인간이 자신의 기원을 표현했던 방법으로는 그림 외에도 여러 가지가 있
다. 고고학적 증거가 아직 다 남아 있지 않기 때문에 확실하게 말하기는 어

렵지만, 예를 들면 이미 네안데르탈인 단계에서 보이는데, 어린아이가 죽었을 때 어린아이의 주변에 염소의 머리뼈를 거꾸로 6개를 배치한다든지, 두개골 부분만 따로 떼어서 커다란 돌덩이 위에 올려놓고 무덤에 묻는 행위라든지, 아니면 곰의 앞발뼈만 모아서 무덤 앞에다 놓는 행위라든지, 또는 꽃을 꺾어다가 죽은 사람 위에 뿌린다든지, 단편적이기는 하지만 이런 여러 증거들이 발견되고 있다. 어쨌든 인간의 인지가 발달하면서부터 잘 모르는 미지의 세계, 초자연의 세계에 대한 두려움을 극복하려는 수단으로서 이런 기원 행위가 있지 않았나 생각한다.

사냥에서 많이 잡기를 기원하는 뜻에서 그림을 그렸다고 생각할 수도 있다. 그런 행위를 유감주술類感呪術이라고 한다. 유감주술이란 비슷한 일이나 비슷한 짓을 행함으로써 기대하는 효과를 가져오게끔 하는 주술행위를 말한다. 말하자면 동물을 잡는 모습을 그려 놓음으로써 많이 잡기를 바란다는 뜻을 표현하는 것이다.

선사·고대인의 피뢰침

과학이 발달한 요즘이야 천둥 번개가 친다고 해서, 조금 겁은 나겠지만, 주문을 외거나 어디에 빌거나 하는 사람은 없을 것이다. 왜냐하면 번개가 치는 이유를 자연과학적으로 잘 알기 때문이다. 빌어야 소용없다는 것도 잘 알고 있다. 그래서 주문을 외거나 어디에 빌기보다는 높은 건물 위에 피뢰침을 세운다.

번개는 시간을 초월해서 계속 있어 온 자연현상이다. 그러나 거기에 대한 대응이 주문을 외거나 비는 행위에서 피뢰침을 세우는 행위로 달라졌다. 이는 달리 말하면 현대인에게 피뢰침이 갖는 의미는 원시인에게는 주문을 외거나 비는 행위와 같다고 할 수 있다는 것이다. 자연현상에 대한 정확한 이해가 없어서 자연에 대한 두려움을 합리적으로 극복하지 못할 때

외거나 비는 행위, 즉 토테미즘이나 애니미즘 또는 샤머니즘과 같은 일련의 주술 행위나 제사·기원 행위 같은 것들을 하게 된다는 것이다. 그리고 선사 시대인이나 고대인들의 이런 주술·기원 행위들이 민속이라는 형태로 남아 있다. 지금은 많이 사라졌지만 그래도 우리 주변에서 심심치 않게 볼 수 있는 장승이나 솟대와 같은 것들도 이런 과정을 통해서 전해 내려왔다.

그리고 이건 매우 재미있는 유적인데, 변산반도 끄트머리에 가면 조그만 포구가 하나 있다. 변산반도 채석장 바로 위 지역으로, 20여 년 전에 전주박물관에서 이곳을 발굴할 때 제사 유적을 하나 발굴했다. 이 제사 유적에서는 각종 소형 칼과 갑옷 형태의 물건, 그리고 아주 희한한 형태의 그릇을 발견했는데, 재미있는 사실은 그 지점이 백제 시대 초기부터 시작해서 현재에 이르기까지 계속 제사 지내는 장소로 이용되고 있다는 점이다. 고고학적 자료에 의해 판단하건대 1600~1700년 동안 끊임없이 제사 장소로

부안 죽막동 제사 유적

물살이 세고 바람이 강한 죽막동 바닷가는 교역에 나선 배가 침몰하는 일이 잦았다. 이곳에서 제사 유적이 발견된 것은 바다신에게 항해를 무사히 마치게 해 달라고 빌었기 때문이다.

이어져 내려 왔다는 것이다.

그러니까 불교다, 유교다, 기독교다 해서 여러 종교들이 들어와서 우리들이 본래 지니고 있었던 모습들을 변질시키고 있지만, 그럼에도 불구하고 우리 민족이 예전부터 가지고 있었던 공포와 두려움의 세계를 극복하기 위한 수단으로서의 본원적인 종교 행위는 알게 모르게 우리 속에 꾸준히 내려오는 것이 아니겠느냐 하는 것이다. 사실 우리의 어머니가 멀리 떠난 아들을 위해서 나무 밑에서 정한수 한 그릇 떠놓고 비는 것도 어쩌면 신석기 시대부터 있었던 것인지 알 수 없는 일이다.

농경의 발생

우리는 문화의 발전 단계를 이야기할 때 흔히 야만, 미개, 문명의 단계로 구분하여 설명한다. 이 학설은 1800년대 중반경에 미국의 인류학자 모건Lewis Henry Morgan이 주장한 것으로, 식량 생산의 변화에 주목하여 문명의 기원과 발전을 설명한 최초의 이론이었다. 예를 들면 모건은 수렵·채집 단계(야만)에서 정착·농경 단계(미개)로, 그다음 농경 사회를 포함한 도시 사회(문명)로 발전해 왔다고 보았다. 하지만 지금 보면 너무 단순화한 생각이었다.

결국 그의 이론은 다윈의 고전적인 진화론을 그대로 서양의 발전 단계에 적용해서 서양을 최상의 사회로 놓고, 그 밖의 다른 사회들을 차례로 그 아래에 배치해서 만든 서양 중심의 발전론이었다. 과연 몽고와 같은 나라를 어떻게 다룰 것인가? 이건 굉장히 곤란한 문제이다. 유목민족이 갑자기 세계 제국이었다가 또다시 유목민족으로 돌아갔는데….

농경의 발생 문제도 마찬가지다. 〈부시맨〉과 같은 영화를 보아도 그 사람들은 먹는 것에 연연해했던 것 같지는 않다. 그런데 왜 사람들은 농사를 짓게 되었을까? 사실 1950년대까지만 해도 사람들은 농사를 짓는 것은 사

회가 진보하면 당연히 나타나는 것이라고 생각했다. 부시맨들의 경우에는 1주일에 몇 시간밖에 일하지 않는다. 나무 열매나 따먹고 많은 시간을 놀면서도 행복하게 지낸다. 굶어 죽지도 않고 아주 건강하게 말이다. 그런데 농사를 짓는 사람들은 거꾸로 일 년 내내 뼈 빠지게 일을 하면서도 어떤 경우에는 굶어 죽는 경우가 생길 정도이니, 반드시 부시맨보다 잘산다고 볼 수 없다.

그래서 농사를 짓는 일이 저절로 생긴 것이 아니라 인간이 살아가는 과정에서 필연적인 이유가 있었기 때문에 생긴 것이라고 생각하게 되었다. 가장 중요한 이유로는 인구의 증가를 꼽는다. 부시맨처럼 먹을 것에 비해서 인구가 상대적으로 적은 사회에서는 특별히 농사를 지을 필요가 없었다. 하지만 인구가 점차 늘어나면 자연에서 채취하는 것만으로는 그들의 식량을 도저히 다 충당할 수 없게 된다. 따라서 새로운 해결책이 필요했다. 이때 농사는, 비록 모든 것을 해결해 주지는 않지만, 가장 많은 것을 해결해 줄 수 있는 최선의 방안이었던 것이다.

4 단군 신화

신화란 비합리적이라고 해서 무조건 부정해서도 안 되고 문자 그대로 믿을 수 있는 것도 아니다. 신화란 그 사회를 반영하는 것이기 때문에 신화에서 역사적 사실을 추출해야 하고 또 할 수 있는 것이다.

《삼국유사》의 단군 신화

〈고기古記〉에 이르기를, "먼 옛날 환인의 여러 아들 중 환웅이 있어 자주 천하에 뜻을 두고 인간세상을 탐내었다. 그 아버지가 아들의 뜻을 알고 삼위태백三危太白을 내려다보니 널리 인간을 이롭게 함弘益人間직한지라 천부인天符印 3개를 주어 내려가 다스리게 하였다. 웅이 무리 3천을 거느리고 태백산(지금의 묘향산) 꼭대기 신단수 밑에 내려와 신시神市라 이름 붙이니 이가 환웅천황이었다. 풍백風伯 · 우사雨師 · 운사雲師를 거느리고 곡식·목숨·질병·형벌·선악 등 무릇 인간 360여 가지 일을 주관하며 세상을 다스리고 교화하였다. 그때 곰 한 마리와 호랑이 한 마리가 같은 굴에서 살며 항상 신으로 있는 웅에게 사람이 되고 싶다고 빌었다. 웅이 신령스런 쑥 한 타래와 마늘 스무 톨을 주며 '너희들이 이것을 먹고 100일 동안 햇빛을 보지 않으면 곧 사람이 되리라.' 하였다. 곰과 호랑이가 이를 받아먹고 삼칠일 만에 곰은 여자의 몸이 되었으나 호랑이는 참지 못하여 사람이 되지 못하였다. 웅녀는 더불어 혼인할 데가 없어 항상 신단수 아래서 아이를 배고 싶다고 빌었다. 이에 웅이 잠깐 변하여 혼인하여 아들을 낳으니 이름을 단군왕검이라 하였다. 요임금이 즉위한 지 50년인 경인(요의 즉위 원년은 무진인즉 50년은 정사요 경인이 아니다. 아마 틀린 듯하다.)에 평양성(지금의 서경)에 도읍하고 비로소 조선이라 불렀다. 또 도읍을 백악 아사달로 옮겼는데 그곳을 궁홀산弓忽山 또는 금미달今彌達이라고도 한다. 나라 다스리기 1500년이었다. 주무왕 즉위 기묘에 기자를 조선에 봉하니 이에 단군은 장당경藏唐京으로 옮겼다가 후에 아사달에 숨어 산신이 되었다. 1908년간을 살았다."고 하였다.

단군 영정

고조선을 세운 첫 단군왕검의 초상화이다.

이 글은 《삼국유사》〈고조선 조〉에 기록된 단군 신화의 내용이다. 곰이 우리 조상이라고 하는 너무나 유명한 이야기이다. 이 길지 않은 이야기에서 우리는 무엇을 알 수 있을까? 그저 곰이 사람이 되어 단군을 낳았다는 것이 전부일까? 우리나라 역사를 연구하거나 또는 관심이 있는 사람들은 이 짧은 기록에서 수많은 사실들을 끄집어 내려고 하였고 지금도 하고 있다. 이미 한 쪽 분량의 글에서 여러 권의 책이 만들어졌다. 이것도 다 조상님 음덕이랄까?

별것 없을 것 같은 이 짧은 이야기에서 도대체 어떻게 그 많은 이야기들을 끄집어 내고 있는지, 그 실마리를 하나씩 찾아가 보자.

단군기원=기원전 2333년

우리가 연대를 말할 때 지금은 서기西紀 연대를 써서 2016년 몇 월 몇 일이라고 한다. 그러나 1950년대까지만 해도 단기檀紀라는 연대를 썼다. 서기 연대에 2333년을 더해 단기 몇 년이라고 했다. 서기 2016년 같으면 단기 4349년이 된다.

단기란 단군기원이란 뜻으로, 단군이 고조선을 건국할 때가 기원전 2333년인 데서 연유한 것이다. 고조선의 건국 시점을 이렇게 추정하는 근거는 앞의 인용문에 나와 있다시피 '요임금이 즉위한 지 50년'이 되는 해를 서기로 추산해 보면 기원전 2333년이 되기 때문이다.

그러나 신화에 나온 이야기를 그대로 받아들일 수는 없다. 그러니까 고조선의 실제 건국 연도는 기원전 2333년이 아니라는 뜻이다. 실제로 고고학적 자료나 역사학의 문헌자료 분석을 통해서 볼 때 아무리 고조선의 역사를 올려 본다고 해도 기원전 10세기를 넘어서지는 않는다. 그보다 더 소급해서는, 신화라면 몰라도, 고조선의 역사를 객관적으로 말하기는 어렵다.

고조선이 역사상에 뚜렷한 실체를 드러내는 시기는 기원전 7세기 초 정도가 된다. 중국 춘추 시대의 사실을 전하는 《관자管子》라는 책에 '조선'이라는 이름이 나오며 조선이 산둥반도의 제나라와 교역을 했다고 기록되어 있다.

단군 신화는 진짜인가?

단군 신화는 《삼국유사》에 있는 것이 현재 남아 있는 제일 오래된 기록이다. 《삼국유사》는 잘 알다시피 선종 구산문의 하나인 가지산파의 승려였던 일연一然이 1281년경에 쓴 것이다. 따라서 《삼국유사》의 단군 신화는 고조선이 실제 건국했던 때부터 2000년 내지 3000년이 흐른 뒤에 기록한 것이다. 이렇게 오랜 뒤에 쓴 기록을 사실이라고 그대로 믿을 수 있을까? 혹시 일연이 단군 신화를 고치거나 아니면 조작한 것은 아닐까?

《삼국유사》에서 일연이 단군 신화를 전하는 기술 태도를 보면 거기에 어떤 조작을 가했다고는 여겨지지 않는다. 앞의 인용문에서 볼 수 있듯이 요임금이 즉위한 지 50년의 간지를 '경인'이라 하고는 거기에 세주를 붙여서 50년은 '정사'이지, '경인'이 아니라고 밝혀 놓았다. 이는 일연이 〈고기〉의 기록이 잘못되었다는 것을 분명히 알면서도 〈고기〉에 있는 그대로 전하려 했기 때문에 그랬다는 것을 알 수 있다. 만약 일연이 단군 신화를 조작하려는 의도가 있었다면 아예 고쳐 버렸을 것이다.

말하자면 일연은 술이부작述而不作의 원칙을 충실히 지켰다. 술이부작이란 기술은 하되, 따로 꾸며 넣지는 않는다는 실증적인 태도를 나타내는 말로 공자의 말이다. 이런 태도는 《삼국유사》의 다른 부분에서도 보인다. 예를 들면 일연은 불교의 대승려인데도 신라가 망한 이유로 절과 승려가 너무 많아서 망했다는 김부식의 사론史論을 그대로 옮겨서 전해 주고 있다. 여기서도 일연의 실증적 태도를 확인할 수 있다.

단군 신화는 《삼국유사》 이후에도 《제왕운기》, 《조선경국전》, 《응제시주》, 《세종실록》〈지리지〉, 《동국통감》 등 조선 시기 기록물들에 나와 있다. 이런 것들이 단군 신화가 완전한 허구는 아니라는 것을 간접적으로 증명해 준다. 그것이 한 개인의 생각이라면 다른 사람들에게 그렇게 널리 받아들여질 수는 없었을 것이다. 그렇다고 단군 신화의 내용이 전부 사실이라는 말은 아니다. 신화는 어디까지나 신화니까. 그대로가 사실은 아니지만 어떤 식으로든 당시의 사회상을 반영하고 있는 것만은 분명하다.

단군 신화의 사실성과 관련해서 흔히 이야기하는 것 중 하나가 중국 산둥성山東省 자샹현嘉祥县에 있는 무씨사석실武氏祠石室의 벽화이다. 이 석실은 후한 때에 다시 수리한 것인데 그 벽화에 단군 신화를 반영하는 듯한 내용이 보인다. 하지만 이는 한대의 도교신앙을 반영한 것일 뿐 단군 신화와는

신단수로 보이는 나무 아
래 곰과 호랑이가 그려져
있다.

무관하다는 주장도 있다.

　이보다 더 의미 있는 근거로 제시되는 것이 고구려의 벽화들이다. 중국 지안의 장천 1호분 북쪽 벽화에는 화살 맞은 호랑이와 신단수로 보이는 나무 속에 칩거하고 있는 곰이 그려져 있다. 또 고구려의 각저총(중국 지안 소재) 벽화에도 신단수로 보이는 나무 아래 곰과 호랑이가 그려져 있다. 이는 고구려 사회에 단군 신화가 널리 알려져 있었음을 보여 주는 증거들이다.

　따라서 《삼국유사》의 단군 신화가 최초에 구성된 신화의 내용 그대로라고 할 수는 없지만, 고려 이전에도 이미 널리 알려져 있던 이야기였으며 이런저런 사정을 볼 때 그 원형은 유지하고 있었다고 볼 수 있다.

곰 토템과 호랑이 토템

단군 신화에는 이처럼 곰과 호랑이 얘기가 나온다. 이는 의인화한 것인데, 먼 옛날 원시인이나 고대인들은 어떤 짐승이나 사물에도 영혼이 있다고 생각하고 또 그것들이 자기 조상이라고 생각하는 관습이 있었다. 이것을 토테미즘Totemism이라고 한다. 곰이나 호랑이는 바로 그런 부족들의 토템이었을 가능성이 크다. 따라서 토템인 동물들을 신성시하였다.

이런 식으로 보자면 우리 조상의 토템은 곰이라고 할 수 있다. 그런데 요즘 사람들에게는 그런 신비감은 전혀 없고, 오히려 웅담이니 곰발바닥이니 해서 곰들이 수난을 당하고 있다. 심지어 남의 나라에까지 원정 가서 밀렵하다가 국제적으로 큰 망신을 당하기도 하니 곰이 우리의 조상이라는 말이 무색해진다.

단군 신화를 보면 쑥과 마늘을 주고 100일 동안 햇빛을 보지 말라는 내용이 나온다. 이것은 환웅이 애당초 곰만 사람으로 만들겠다는 의도가 있었던 것으로 해석된다. 곰은 잡식성이니까 쑥이나 마늘을 먹고도 살 수 있겠지만 호랑이는 그럴 수가 없다. 또 100일 동안 햇빛을 보지 말라고 했는데, 곰은 겨울잠을 자니까 햇빛 안 보고도 문제가 없지만 호랑이는 어디 그럴 수가 있나? 이렇게 보면 사람이 될 수 있는 조건 자체가 일방적으로 곰에게 유리하고 호랑이에게 불리하였다.

결국 이 이야기는 곰 토템 신앙을 가진 종족들이 새로 유입해 온 천신족이라고 주장하는 단군 무리들과 결합해서 성공했고, 거기에 비해 호랑이 토템을 가진 종족들은 결합 과정에서 뭔가 갈등을 일으켜 다른 곳으로 이동해 갔던 상황을 상징화한 것이 아닌가 생각된다.

한편, 단군 신화를 사회발전 단계와 관련해서 말한다면, 이 신화는 새로운 기술인 청동기 문화를 가지고 들어온 유·이민 집단이 자기들은 하늘에서 내려온 종족이라고 하면서 신석기 문화를 유지하고 있던 기존의 토착종족들과 선택적으로 결합하는 상황을 상징적으로 보여 주는 것이라고 할 수 있다. 말하자면 청동기 문화를 가지고 온 사람들을 하늘에서 내려온 천신족으로, 기존의 신석기 문화 단계에 있던 사람들을 곰이나 호랑이로 비유한 것이다.

홍익인간

단군 신화에는 홍익인간弘益人間이라는 말이 나온다. 어렸을 때부터 많이 들어 본 말이다. 인간을 널리 이롭게 한다는 뜻이다. 그 말이 좋았고 더구나 민족의 기원 신화인 단군 신화에 나와서 그랬는지 몰라도 교육이념으로 많이 강조해 왔다.

홍익인간이 어떻게 우리의 교육이념으로 자리잡게 되었을까? 해방 직후 가장 시급한 교육 과제는 일제 식민지 교육의 청산과 민주국가 건설을 기반으로 하는 공교육 체제의 복원이었다. 이를 위하여 1945년 11월 미군정청 산하에 조선교육심의회를 발족하였다. 제4차 교육심의회에서 위원장인 안재홍이 "홍익인간의 건국이념에 기하여 인격이 완전하고 애국정신이 투철한 민주국가의 공민을 양성함을 교육의 근본이념으로 함."이라 보고하여 홍익인간을 우리의 교육이념으로 채택하였다. 그리고 1949년 12월 31일 확정 공포된 교육법에 "교육은 홍익인간의 이념 아래 모든 국민으로 하여금 인격을 완성하고 자주적인 생활 능력과 공민으로서 자질을 구유하게 하여 민주국가 발전에 봉사하며 인류공영의 이상실현에 기여함을 목적으로 한다."고 규정하였다.

이렇게 홍익인간은 우리나라의 교육이념으로 정착하였다. 그러나 홍익인간을 민주적인 시민 사회의 철학으로 삼기에는 시간의 격차가 너무 크다. 단군 신화에서 홍익인간의 인간은 오늘날 우리가 사용하는 사람이라는 인격체로서의 인간을 말하는 것이 아니다. 여기서의 인간은 '인간'이 아니라 '인간세상', 즉 사람이 사는 세상이라는 뜻이다. 따라서 단군 신화에서의 홍익인간이란 의미는 환인이나 환웅이 하늘에서 볼 때 그 땅 아래 있는 인간세상을 널리 이롭게 한다는 뜻이다.

말하자면 하늘과 땅의 나라를 확실히 구분하는 신분 사회의 철학으로, 신의 권위를 기반으로 권력을 행사하는 군주의 입장에서 이 세상을 이롭게 하겠다는 뜻이기도 하다. 따라서 이것을 오늘날 그대로 적용하기에는 무리가 있다. 다만 이것을 현대적으로 재창조해서 인간 모두가 공생의 길을 추구하는 철학으로 재해석하여 수용하는 것이 바람직할 것이다.

신화에 반영된 사회상

단군 신화가 우리 민족 최초의 신화이기는 하지만 우리에게 전래되는 신화는 꼭 이것만 있는 것은 아니다. 고구려의 주몽 신화, 신라의 혁거세 신화 등 다른 여러 나라들의 건국 신화도 있다. 이 가운데 주몽 신화를 단군 신화와 비교해 보자.

단군 신화에서는 단군이 하늘에서 내려온 자의 자손이라고 해서 지극히 신성성을 강조하고 있어서 어떤 면에서는 인간적인 맛이 조금 적다. 그에 비해 주몽 신화에서는 활을 잘 쏘고 또 뭔가 정치적인 욕심을 가지고 다른 지역에서 나라를 개척해 보겠다는 강한 의지를 지닌 영웅을 만날 수 있다.

말하자면 단군 신화에서는 단군의 출생 자체의 신성함을 강조했다고 한다면 주몽 신화에서는 주몽의 삶 자체의 영웅스러움을 강조하고 있다. 따라서 주몽 신화가 보다 역사 시대에 접근해 있는 신화라는 것을 알 수 있다. 그리고 이런 차이는 역시 사회 발전과 관련이 있다.

서양의 경우 대표적인 신화는 그리스·로마 신화이다. 이 신화에는 많은 신들이 나오는데 제우스신을 정점으로 하는 위계질서가 있다. 이것은 그리스나 로마 사회의 통합 과정이나 그 사회가 갖는 공화제적인 측면을 신화에 반영하고 있는 셈이다. 사회가 공화국이니까 거기서 만든 신화에 나오는 신들의 세계도 공화국이라는 얘기이다.

이렇듯 신화는 그 신화가 만들어질 당시 인간세상의 질서를 반영한 것이라고 할 수 있다. 단군 신화는 고조선의 사회상을 반영하는 것이고 그리

그리스의 사회상을 반영
한 그리스 신화

그리스 신화는 사회 통합
과정이나 그 사회가 갖는
공화제적인 측면을 반영하
고 있다. 사회가 공화국이
니 신들의 세계도 공화국
이라는 것이다.

스·로마 신화는 아테네나 로마의 사회상을 반영하는 것이다.

또한 원시 사회에서는 대개 1년 단위로 제사도 지내고 잔치도 하는 축제
를 벌였다. 그리고 그 축제에서 신화를 재현했다. 요새 같으면 배우들이 연
극을 하듯이 다시 보여 줬던 것이다. 때문에 그 신화가 시간이 지났음에도
불구하고 그 사회에서 계속 생명력이 있고, 단군 신화의 내용대로 자신들
이 하늘의 종족과 땅의 종족들 사이에서 나왔다는 느낌을 사람들에게 줄
수 있었던 것이다. 결국 종족들을 통합시키고 조화를 이루어 주는 기능을
했던 것이다.

86

따라서 신화란 비합리적이라고 해서 무조건 부정해서도 안 되고 그렇다고 문자 그대로 믿을 수 있는 것도 아니다. 신화란 결국 그 사회를 반영하는 것이기 때문에 신화에서 역사적 사실을 추출해야 하고 또 할 수 있는 것이다.

5 최초의 국가, 고조선

고조선은 요하 지역을 중심으로 상당 기간 존재했던 것으로 보인다. 그러다가 기원전 4세기경에 등장한 연나라와의 전쟁에서 밀려 한반도의 평양 지역으로 중심지를 이동해 갔다.

여러 개의 조선

'고조선' 하면 언뜻 그 나라의 이름이 고조선이라고 생각하기 쉽다. 우리가 지금 고조선이라고 부르는 나라의 정확한 이름은 그냥 조선이었다. 뒤에 이성계가 '조선'을 개국하는데, 이 때문에 그 이전에 세워진 조선을 이성계의 조선과 구분해서 고조선, 즉 '먼 옛날의 조선'이라 부르는 것이다.

고조선에는 단군 조선이니 위만魏滿조선이니 해서 여럿의 조선이 있었다. 말하자면 우리가 고조선이라고 할 때는 단군 조선뿐만 아니라 위만 조선 등을 다 포함해서 얘기하는 것이다. 《삼국유사》에서는 단군 조선에 대해 기술할 때 〈고조선(왕검 조선)〉이라 하여 위만의 조선과 구분하였다. 하지만 우리가 통상 고조선이라 할 때는 이 조선들을 다 통틀어 말한다.

단군 조선은 단군이 왕이 되고 그 후손들이 권력을 지속했던 시기를 상정해서 이야기하는 것이고, 위만 조선은 한나라에 쫓겨 한반도로 망명해 들어온 유·이민 집단의 하나인 위만이 기원전 194년에 세워 기원전 108년에 한나라에 의해 망할 때까지 있었던 나라를 지칭한다. 이렇게 볼 때 고조선은 단군 조선에서 위만 조선으로 이어졌다고 할 수 있다.

이 두 조선 외에 기자箕子 조선이 있는데, 이에 대해서는 실제로 있었다 또는 없었다 하면서 말이 많다. 중국 은나라가 망한 뒤 은의 현인賢人이었던 기자가 주나라 무왕武王의 책봉을 받아 조선의 왕 노릇을 했다는 기록들이 《상서대전尚書大全》이나 《사기》 등 중국 측 사서에 나온다. 하지만 우리나라에서 그 역사적 실체를 찾기가 어렵다. 그래서 말들이 많다.

기자가 조선의 왕으로 봉해지고 더욱이 범금팔조犯禁八條를 제정해 조선 사람들에게 가르쳤다는 중국 책의 내용은 중국인들이 기원전 108년 고조선을 멸망시키고 나서 그 침략을 합리화하고 고조선인들의 반발을 무마하기 위해 조작했을 가능성이 크다고 보고 있다. 그래서 검인정 고등학교 한국사 교과서에서는 기자 조선을 사실로 받아들이지 않고 있다.

설사 기자를 위시한 기자족이 동쪽으로 이동해 왔다고 하더라도 그들은 은·주 시대 때 고조선으로 이동해 온 수많은 유·이민 가운데 하나에 불과했다. 따라서 이들이 고조선 문화를 일으킨 장본인이 될 수는 없었다. 이 점은 고조선의 문화가 기자가 속했던 은의 문화와는 전혀 성격이 다르다는 데에서도 잘 드러난다.

고대의 영역과 현대의 영토

또 요즘 많은 사람들이 궁금해하고 논쟁거리가 되는 것 가운데 하나가 고조선의 영역 문제이다. 과거의 찬란한 영광을 부르짖는 사람들에게는 매우 중요한 문제다. 이 문제를 어떻게 봐야 할까?

먼저 염두에 둬야 할 점은 고대 사회에서 영역은 지금의 영토 개념과는 다르다는 것이다. 그때는 국경이 따로 없었다. 비슷한 혈통과 문화를 가진 사람들이 흩어져 살고 있는 지역이 하나의 문화권, 종족권을 이루었고 그 안에서 공동체적인 연대를 가지고 생활했다. 그것을 마치 오늘날의 영토처럼 생각해서 고조선이 현 중국 영토 내의 많은 지역을 차지했다든가 또는 지배했다든가 하는 식으로 생각하는 것은 비역사적인 태도라고 할 수 있다.

고조선의 실체를 알려 주는 자료로는 우선 문헌 자료를 들 수 있는데, 주로 중국의 책들이다. 《산해경》, 《관자》, 《전국책》, 《사기》, 《위략》 등이 그 것이다. 또 우리나라 책으로는 앞에 언급했다시피 《삼국유사》 등이 있다. 최근에는 고고학적 발굴이 축적되면서 그 발굴 성과들을 고조선사 연구를 하는 데 구체적이고 실증적인 자료로 이용하고 있다.

문헌 자료의 경우 고조선의 어느 시기를 반영하고 있는가, 또 그 영역들을 제대로 반영했는가 하는 것은 그 책 하나만 갖고는 알 수가 없다. 상당히 판단하기가 어렵다. 현재로서는 여러 책들을 참조해 종합적으로 판단하고 거기에 고고학적 발굴 성과를 대입해 보는 것이 가장 합리적인 방법이라 할 수 있다.

고조선의 영역

고조선이 언제부터 어느 지역에서 중심체를 이루고 문화를 축적했는가 하는 것은 정확히 말하기 어렵다. 그러나 대체로 청동기 문화가 상당히 발달한 기원전 10세기 이후에 성립되었을 것으로 추정하며, 중국 춘추 시대에 해당하는 기원전 약 7세기 무렵에는 하나의 정치체를 형성하였고 따라서 중국인들에게 대외적인 존재로 비춰진 것이 확실하다. 그러니까 춘추전국 시대가 고조선이 주로 활동했던 시대이고 망할 때쯤이 한나라 초기에 해당한다고 할 수 있다.

문헌이나 고고학적 자료를 통해 볼 때 고조선은 처음에는 지금의 요하 지역을 중심으로 상당 기간 존재했던 것으로 보인다. 중국 선양沈陽의 정자와즈鄭家窪子 유적을 그 흔적으로 본다. 그러다가 기원전 4세기경에 전국 시대의 한 강국이었던 연나라가 북경 일대에 등장하면서 고조선과 충돌을 일으킨다. 고조선은 연나라와의 전쟁에서 결국은 밀려 한반도의 평양 지역으로 그 중심지를 이동해 갔다. 이를 중심지 이동설이라고 하는데, 대체로 학계에서 통설로 받아들이고 있다.

그런데 한편에서는 고조선의 중심지가 시종일관 평양에 있었고 그 영역이 한반도를 넘지 않았다고 주장하는 사람도 있고, 다른 한편에서는 그와 상반되게 고조선의 중심지가 랴오닝성이었으며 그 영역이 서쪽으로 난하, 동쪽으로는 예성강까지 걸쳐 있었다고 주장하는 사람도 있다.

초기 고조선 유적으로 보여지는 중국 랴오닝성 해성시 석목성 고인돌

고조선의 세력 범위에서 볼 수 있는 탁자식 고인돌 형태를 띠고 있다.

그러나 이런 주장들은 문제가 있다. 먼저 고조선의 중심지가 랴오닝성 일대에만 있었다고 볼 경우 평양 지역에서 나오는 많은 고조선 관련 유물들을 어떻게 해석할 것이냐가 큰 어려움이다. 또한 문헌에 나와 있는 구체적인 기록들도 문제가 된다. 예를 들면 평양성이 낙랑군의 조선현이었다는 기록이 나오는데, 이런 것들을 부정할 수는 없다. 따라서 고조선이 랴오닝성, 즉 요하 일대에만 있었다는 주장은 설득력이 약하다.

거꾸로 평양 일대에만 있었다고 볼 때에는, 한반도 북부 지방에서 랴오둥(요동) 지역으로 이어지는 곳에 소위 미송리식토기 문화나 비파형동검 문화로 불리는 청동기 문화가 있었는데, 그 청동기 문화를 담당한 동이족의 실체, 즉 고조선인이라고 할 수 있는 이 동이족의 실체에 대한 해명이 안 된다.

자료의 한계상 어려움이 있지만 고조선은 초기에는 넓은 만주 동북부 지역과 한반도 북부 지역에 흩어져 살면서 각자의 족장들을 중심으로 나름대로 정치 단계에 막 돌입한 작은 정치사회를 이루고 있었다고 추정된다. 이런 작은 사회들이 혈연적인 동질성이나 문화가 같은 종족을 중심으로 모여 소국을 이루었다. 그리고 기원전 4세기경 중국 연나라가 강성해지면서 그 소국을 지배할 의사를 갖게 되자 그들은 소국 간의 연맹을 공고히하고 연나라에 대항하였다. 그러면서 보다 국가 형태에 접근하는 조직을 이루어 갔다고 볼 수 있다.

범금팔조

당시는 요즘처럼 국경에 철조망이 쳐져 있거나 보초가 지키고 있는 것도 아니었다. 또 국경이 국가 간의 조약이나 국제법에 따라 규정돼 있는 것도 아니었다. 따라서 고조선의 영역이 어디였느냐에 관심을 두는 것보다는 고조선의 사회 구성 능력이 어땠느냐에 더 관심을 가질 필요가 있다.

지금의 선결 과제는 영역의 시작과 끝이 어디냐 하는 것보다는 오히려 당시 사람들의 삶의 모습이 어땠는가를 밝히는 것이라고 할 수 있다. 이런 고조선의 사회 성격을 알 수 있는 기록으로 범금팔조가 있다. 이것은 《한서》〈지리지〉 연나라 조에 있다. 지금은 여덟 개의 조항이 다 전해지지 않고 세 개만 전해진다.

1. 사람을 죽인 자는 사형에 처한다.
2. 남에게 상해를 입힌 자는 곡식으로 배상한다.
3. 도둑질한 자는 그 집의 노비로 삼는다. 만약 죄를 씻고자 할 때는 50만 전을 내야 한다. 그러나 죄를 씻고 평민이 되어도 이를 천하게 여겨 결혼할 때 짝을 구할 수 없다.

중국 랴오닝성에 있는
강상무덤

고조선 사회의 성격을 말해
주는 대표적인 무덤이다.

여기서 알 수 있는 고조선의 사회상은 무엇일까? 우선은 고조선이 정착
사회에 들어왔고 농경이 발달해서 곡식이 아주 중요한 재물로 사용되고
있는 것을 알 수 있다. 도둑질을 엄금하는 것은 재산을 축적하는 데 사유
재산이 보호받고 있었다는 것을 보여 준다.

그리고 도둑질한 자는 노비로 삼았다고 했는데, 이때 노비는 노예라고
봐도 좋다. 이렇게 노예가 있었다는 것은 신분제가 엄격했다는 것을 반영
한다. 말하자면 고조선은 노예제 사회라고 볼 수 있다. 고조선이 노예제 사
회였다는 또 다른 근거로는 순장殉葬과 관련된 고고학적 자료가 있다. 중
국 랴오닝성 다롄에 있는 강상무덤이다. 이는 고조선 당시의 귀족 무덤으
로 추정되는데, 총 23개의 묘광에서 청동기와 함께 140여 명의 사람 뼈가
출토되었다. 그것을 과연 순장제로 볼 수 있느냐, 아니면 가족 공동묘냐
에 대해 지금도 논란이 지속되고 있지만 고조선에서 순장이 실시되었을
가능성은 매우 높다.

공후인

고조선의 문화를 알 수 있는 것으로는 〈공후인箜篌引〉이라는 노래가 있다. 〈공무도하가公無渡河歌〉로 더 많이 알려져 있다.

> 님아 가람 건느지 마소
> 그예 님은 건느시네
> 가람에 쌓여 쉬 오시니
> 어저 님을 어이 하리

남편을 잃고 슬퍼하는 여인의 마음이 잘 전해지는 노래다. 관련된 설화의 내용은 다음과 같다. 백수광부白首狂夫, 즉 머리가 흰 미친 사람이 술을 먹고 험한 강물을 건너다가 빠져 죽자, 그것을 만류하지 못한 그의 아내가 공후를 타면서 〈공무도하가〉를 지어 슬픔을 나타낸 뒤 강물에 빠져 죽는다. 그 광경을 목격한 곽리자고霍里子高라는 뱃사공이 집으로 돌아와 목격담을 아내인 여옥麗玉에게 말하자 여옥이 공후를 타면서 그 노래를 옮겨 불렀다는 것이다.

공후인은 우리나라 최초의 개인 서정가요라고 할 수 있다. 순수하게 생각하면 이 노래를 통해 절절한 부부애를 엿볼 수가 있다. 부부간의 사랑이란 예나 지금이나 별다를 게 없지 않겠는가?

그러나 전반적인 흐름을 감안해 본다면 이 노래에는 당시의 어두운 사회상이 반영되어 있다. 강물에 떠내려간 남편을 기다려 봐야 아무 소용없다는 이런 내용이 대표적인 가요로 남았다는 사실은 당시 고조선 사회에서 일반 민중들이 매우 어려운 생활을 할 수밖에 없었던 사정을 짐작케 한다. 물론 이런 점만 지나치게 강조할 수는 없겠다. 이런 건 다른 시대에도 있을 수 있는 것이니까. 그러나 어쨌든 한 노인이 미친 듯이 강물에 뛰어들어 스스로 죽음을 택했고 그 아내도 뒤를 따랐다는 사실의 이면에는 죽음보다도 견디기 어려운 현실의 고통이 있었을 것이라는 점을 추측해 볼 수 있다.

그 고통을 주는 사회상이 어떤 것이었을까? 그건 평민도 노예적인 생활 조건에서 벗어나기 어려웠던 고대 사회라는 일반상에서 찾아야 할 것이다.

최근 다큐멘터리로는 500만 관객을 동원해 공전의 히트를 친 영화의 제목이 〈님아, 그 강을 건너지 마오〉이다. 물론 이 〈공무도하가〉에서 따온 제목이다. 하지만 부부의 처지가 달라도 너무 다르다. 영화는 76년째 일생의 연인으로 살고 있는 백발 노부부의 삶을 사랑이란 맥락에서 다룬 것으로, 고통 속에 살다 부부 모두 강물에 빠져 죽는 〈공무도하가〉의 삶과는 비교할 수조차 없다. 2000년의 시간을 넘어 같은 제목으로 기억되는 두 사건이 시간의 거리만큼이나 다른 것은 그만큼 사회가 달라졌다는 뜻이기도 하다.

6 고대인의 생활

온돌은 삼국 시대 초기부터 등장한다. 삼국 시대 중반까지도 움집이나 귀틀집 같은 데서 살다가 추운 고구려 지역에서부터 온돌이 서서히 보급되었다. 방바닥 전체에 구들을 깐 전면적인 온돌이 널리 사용된 것은 조선 후기에 들어와서였다.

생활, 민속에 대한 관심의 증대

요즘 서점가에서 역사책들이 선전을 하고 있는데, 거기에는 텔레비전의 영향이 크다. 그런 역사책들도 시대상을 반영하듯이 대중의 관심을 끄는 소재들을 다루고 있다. 문화에 대한 욕구가 강해지면서 생긴 현상이라 볼 수 있다.

왜 그럴까? 대중문화 신드롬이다. 대중문화는 21세기를 여는 이 시대의 키워드라고 한다. 그래서 '대중을 알아야 한다.'는 것이 지식인에게 떨어진 최대의 과제가 되고 있다. 그리고 이 '대중'을 따라다니는 말 중 하나가 '생활'이다. 대중을 안다는 것은 곧 대중들의 삶=일상생활을 안다는 것을 뜻한다. 그래서 역사학에서도 생활사라는 것이 점차 큰 비중을 차지해 나가고 있다. 이런 관심은 고대사에서도 예외일 수 없다.

여기서는 고대인의 생활에 대해 이야기를 나눠 보도록 하자. 고대 국가를 이루고 살았던 사람들의 일상적인 생활 모습 말이다.

밥과 주식

'생활' 하면 인간이 살아가는 데 기본적으로 필요한 의식주를 비롯해서 그 밖에 관혼상제와 신앙 등 다양한 것들이 있다. 여기서는 주로 의식주, 즉 의생활, 식생활, 주거 생활에 대해 살펴보려고 한다. 옛날 사람들도 '금강 산도 식후경'이라 하고 '수염이 석 자라도 먹어야 양반'이라고 했으니까 먼저 먹는 것부터 알아보도록 하자.

먹는 것도 요즘은 인스턴트식품에서부터 정갈스럽고 맛깔스러운 전통 음식에까지 다양한 음식들이 있는데, 고대인의 식탁에 물론 이런 것들이 오르진 않았다. 지금 우리가 일상적으로 먹고 있는 것들이 옛날에는 재배되지 않는 것도 있었고 옛날에 재배되던 것들이 오늘날에는 없어져서 우리가 알 수 없는 것들도 있다. 그럼 고대인의 식탁을 옆에서 한번 들여다보자.

요즘 우리의 주식은 두말할 것도 없이 쌀이다. 이 쌀이 지금은 외국산 쌀 등으로 인하여 수난을 겪고 있는데, 우리 민족이 처음부터 쌀을 주식으로 삼았던 것은 아니다.

쌀농사는 그 원시적 농경의 시작이 기원전 3000년경까지 올라가지만 쌀이 보편적인 먹거리로 식탁에 오르는 것은 삼국 시대 중반 정도였던 것으로 여겨진다. 그것도 나라마다 차이가 있었다. 고구려보다는 신라가, 신라보다는 백제가 좀 더 빠를 가능성이 높다. 가야도 일찍부터 쌀농사가 이루어졌기 때문에 이른 시기부터 쌀밥을 먹었을 가능성이 있다.

쌀밥은 누구나 다 먹을 수 있는 게 아니었다. 처음에는 귀족이나 부자 가운데 일부가, 또 일부 지역에서만 먹기 시작하였다. 한강이나 금강, 낙동강 등 큰 강 유역들이 그 일부에 들어간다고 할 수 있다. 그러다가 시간이 지나면서 점차 넓어졌다.

《삼국유사》를 보면 신라 태종 무열왕의 경우, "왕의 식사는 하루에 쌀

쌀농사는 기원전 3000년
경부터 시작되었다고는 하
나 쌀이 보편적인 먹거리
로 식탁에 오른 것은 삼국
시대 중반 정도이다.

서 말과 꿩 아홉 마리를 먹더니 경신년에 백제를 멸망시킨 후로는 점심을
그만두고 다만 아침과 저녁뿐이었다. 그러나 계산하여 보면 하루에 쌀 여
섯 말, 술 여섯 말, 꿩 열두 마리였다."라고 기록되어 있다. 한 사람이 먹기
에는 너무 많은 양이 아닐까? 일반 백성들은 물론 꿈도 꾸기 어려운 일이
었다.

쌀을 일반적으로 먹기 이전에는 주로 조를 주식으로 먹었다. 고구려가
있었던 만주 지역이나 북한 북부 지역에서는 지금까지도 조밥을 많이 먹는
다고 하는데, 그때도 고구려 사람들은 대부분 조밥을 먹었다고 한다. 세금
도 조로 거두었다. 반면 지금의 남한 지역에 해당하는 백제와 신라의 가난
한 사람들은 주로 보리밥을 먹었다고 한다. 요즘은 오히려 여유 있는 사람
들이 건강을 생각해 보리밥을 먹기도 한다. 격세지감이라고나 할까? 한편
콩은 남북 양 지역에서 모두 먹었다.

반찬과 양념

다음은 반찬에 대해 알아보자. 우리나라 반찬의 대명사는 김치이다. 이 김치를 고대인들도 먹었을까? 물론 오늘날과 같은 김치는 고대 사회에는 없었다. 지금 같은 김치, 더구나 고춧가루가 많이 들어가는 김치는 조선 후기에나 만들어졌다고 할 수 있다. 고추 자체가 17세기 초에나 수입되니까 고춧가루 들어가는 김치가 그 전에는 있을 리가 없었다.

그러나 김치의 원형이라고 볼 수 있는 발효식품은 있었다. 굳이 이야기하자면 그것도 김치라고 할 수 있다. 그런데 지금까지의 연구 성과를 보면 당시에는 배추 같은 것은 거의 재배되지 않았고 오히려 아욱 같은 것이 더 많이 재배됐다고 한다. 따라서 아욱 같은 채소류로 김치를 담그는 것이 중국이나 우리나라의 경우 일반적이었고 그 후에 무나 배추로 만든 김치가 보급되었다고 여겨진다.

우리나라 역사책에는 이런 모습들이 전해지지 않고 있는데, 중국이나 일본 측 기록에는 관련 자료가 보인다. 특히 일본 측 기록에는 백제에서 넘

고대인들이 장을 담갔을 가능성은 매우 높다. 콩이 재배되고 메주가 있었다면 장을 담그는 것은 어렵지 않았을 것이다.

어간 김치류가 기록되어 있어 이런 것들을 통해 삼국 시대 또는 그 앞 시대에 채소를 발효시켜 식품을 만들었다는 사실을 알 수 있다. 물론 당시 사료상에 김치라는 표현은 없지만 한자로 '지漬'라는 표현은 있었다. 요새 '짠지', '단무지' 할 때의 그런 '지'와 같은 것이다.

김치가 대표적인 반찬이라면 대표적인 양념으로는 장을 들 수 있다. 요샛말로 간장이다. 고대인들이 장을 담갔을 가능성은 매우 높다. 일본 측 기록에 메주라고 생각되는 것이 있는데, 이는 우리도 메주가 있었을 가능성을 보여 주는 것이다.

콩이 많이 재배되고 메주가 있었다면 장을 담그는 것은 별로 어렵지 않았을 것이다. 《삼국지》〈동이전〉에도 고구려 사람들이 술을 비롯한 발효식품들을 잘 만들었다고 되어 있는데, 그런 기술로 메주를 담그고 장을 담갔을 가능성을 충분히 상정해 볼 수 있다. 고대인이라고 해서 날것만 먹고 생기는 대로 먹었던 것만은 아니었다.

겉옷과 속옷

이번에는 입는 것에 대해 알아보자. 요즘 우리는 거의 양복을 입지만 전통 의상으로 한복이 있다. 남자는 바지와 저고리, 여자는 저고리와 치마가 기본 의상이라고 할 수 있다. 고대인은 어떤 옷을 입었을까?

고대인도 평민을 기준으로 할 때 남자는 바지와 저고리를 입었다. 그런데 지금 한복 같지 않고 태권도복 비슷했다. 요즘은 텔레비전 사극도 비교적 고증을 잘해서 제작하기 때문에 보면 참조가 될 것이다.

여자의 경우도 평민의 경우 남자처럼 바지와 저고리를 입었다. 치마는 별로 입지 않았다. 저고리는 요즘같이 밑부분이 올라가 길이가 짧은 저고리가 아니라 길게 내려온, 그래서 허리를 끈으로 묶는 도복 같은 저고리였다.

그러나 귀족이나 귀족의 집에 사는 하녀들은 바지뿐만 아니라 치마를 입기도 했다. 이런 사실은 고구려 벽화를 통해서 알 수 있다. 물론 남자도 마찬가지였다. 귀족들의 경우 바지·저고리 위에 도포 같은 것을 입었다. 자기 신분을 그것으로 과시했다.

고구려 안악 3호분 벽화에 그려진 수박희 모습

요즘은 속옷에 패션바람이 불어 울긋불긋 총천연색에 가지각색의 모양을 하고 있는데 고대인들의 속옷은 어떠했을까? 입기나 했을까? 자료상의 어려움은 있지만 고구려 고분 벽화를 보면 치마를 입은 여인들의 경우 안에 속바지라고 할 만한 것을 입은 모습이 보인다. 따라서 속곳 같은 것도 입었을 가능성이 높다.

고구려 고분인 안악 3호분 벽화에는 남자들이 수박희手搏戲라는 격투 비슷한 것을 하는데, 마치 오늘날 남자들의 삼각팬티 같은 것을 착용하고 있었다. 이를 보면 남자들도 속옷을 입지 않았나 생각된다. 물론 수박희하는 남자들처럼 몸에 착 달라붙는 삼각팬티 같은 것이 아니라 헐렁한 속옷을 입었다고 여겨진다. 그러나 가난한 사람이나 어린아이들은 겉옷 한 벌 걸치기도 어려워 속옷 입는 것은 엄두도 못 냈을 것이다.

누에고치

부자나 귀족들은 누에고치에서 나온 명주를 짜서 옷을 해 입었다.

옷의 재질과 헤어스타일

당시 일반민은 대부분 삼베옷을 입었다. 반면 부자나 귀족들은 누에고치에서 나온 실을 이용해 명주를 짜서 그 명주옷을 입었다. 그리고 더 높은 귀족들은 비단옷을 입기도 했다. 명주옷은 명주실로 무늬 없이 얇게 짠 피륙이

고구려 안악 3호분 고분벽
화에서는 고구려 귀족 여
인의 화려한 옷과 머리 모
양을 볼 수 있다.

고, 윤이 나게 화려하게 짠 직물이 비단
이다. 또 겨울철에는 짐승의 가죽을 이용
해 옷을 만들어 입기도 했다.

그럼 고대인은 이런 옷들을 입으면서
머리는 어떻게 했을까? 헤어스타일 말이
다. 물론 자르지는 않았다. 그 이후도 마
찬가지지만 우리나라 남자들의 전통적
인 헤어스타일은 상투였다. 위만이 동이
족으로 올 때도 상투를 틀고 왔다는 기록
이 있고, 앞에 고구려 고분벽화에서 수박
희하는 남자들도 분명히 머리가 묶여 있
었다.

여자들은 조금 다양한 모습을 보인다. 백제의 경우 결혼하지 않은 처녀
아이들은 머리를 뒤로 따서 그냥 늘어뜨리고 부인들은 두 갈래로 따서 틀
어 올렸다는 기록이 있다. 고구려 고분벽화를 보면 부인들이 머리를 위로
올려놓은 모습을 많이 볼 수 있다. 또 어떤 고구려 부인은 요즘 최첨단의
헤어스타일처럼 옆머리를 말아 올려 한껏 멋을 낸 모습이 벽화에 보인다.

주거 생활

마지막으로 주거 생활에 대해 살펴보자. 지금은 서구화가 돼서 침대를 사
용하는 경우도 많지만 우리의 기본 생활공간의 전통적인 특징은 온돌이라
고 할 수 있다.

이 온돌은 삼국 시대 초기부터 등장하는데, 그것이 일반민들의 주거
생활에 보편적으로 사용된 것은 훨씬 뒤의 일이었다. 삼국 시대 중반까
지도 움집이나 귀틀집 같은 데서 살았다. 그러다가 추운 고구려 지역에서

부터 온돌이 서서히 보급되었다. 고구려의 경우도 지금처럼 온돌을 사시사철 설치해 사용한 것이 아니라 주로 추운 겨울철에 한정해서 부분적으로 온돌을 사용했다. 중국 사서에 보면, 고구려에 가난한 자가 많았는데, 이들은 겨울에 방에 긴 굴을 만들고 불을 때서 그 위에 난방을 하면서 지냈다는 기록이 있어 이런 사실을 뒷받침해 주고 있다. 방바닥 전체에 구들을 깐 전면적인 온돌이 전국적으로 사용된 것은 조선 후기에 들어와서였다.

생활의 차이

지금까지 여러 분야에서 귀족들과 평민들의 생활을 살펴보았는데, 이들의 전반적인 생활의 차이는 어땠을까?

한 기록을 보면 문무왕의 동생은 손님을 대접하는 데 50가지 반찬이 있는 밥상을 내놓았다고 한다. 이에 비해 평민들은 반찬이라는 것이 얼마나 있었을까? 아마 아주 단출한 식단을 가졌을 것이다. 통일신라 흥덕

경기도 구리시 고구려대장간마을 드라마 세트장에 재현된 고구려 쪽구들

왕 때 교서에 보이듯이, 옷도 같은 삼베옷을 입더라도 가난한 평민들은 굵은 실로 짠 삼베옷을 입었으며, 귀족들은 아주 가는 실로 짜서 촉감이 좋은 고운 삼베옷을 입었다. 나아가 귀족들은 명주옷이나 비단옷을 입기도 했다.

또한 귀족이나 부자들은 계절에 따라 그리고 장소에 따라 다양하게 옷을 바꿔 입었다. 반면 일반민들은 옷이 넉넉지 않았기 때문에 그렇게 다양하게 옷을 입지는 못했을 것이다. 아마 겨울에 좀 더 끼워 입는 경우는 있었을 것이다.

물론 이런 차이가 고대 사회에만 국한해서 나타나는 현상은 아니다. 지금은 오히려 그 차이가 더 크다. 예전에는 물질의 발달이 한계가 있어서 부자의 사치라 하더라도 지금에 비하면 사치라 할 수 없을 정도였을 것이다. 지금은 그 한도를 잴 수 없을 만큼 부익부 빈익빈의 차이가 크다. 그럴수록

더욱 요구되는 것이 이른바 노블레스 오블리주Noblesse Oblige, 즉 사회 고위
층 인사에게 요구되는 높은 수준의 도덕적 의무가 아닐까?

Korea

HISTORY OF KOREA

제2장 | 삼국의 성립에서
통일까지

1 '한'민족과 삼한, 그리고 가야

'한'이란 호칭은 기원 전후하여 한반도 남쪽에 자리 잡았던 마한·진한·변한이라는 부족 이름에서 나왔다. 한반도의 북부 지방과 만주 지역에는 예맥족濊貊族이 있었다. 예맥족은 예족과 맥족으로 구분하여 부르기도 하는데, 뒤에 부여·고구려 등의 나라를 세웠다.

대한민국과 한

세계의 여러 나라들 이름에는 각각 고유한 명칭이 들어 있다. 중국中國은 말 그대로는 '가운데 나라'라는 뜻이지만 '중화中華'의 의미가 들어 있다. 영어로 'China'라고 할 때에는 진시왕의 '진秦'나라를 의미한다. 진나라를 영어로 Chin이라고 하니까. 미국은 'United States of America(U.S.A.)'라고 부르는데, 이 경우 고유한 부분은 'America'이다. 우리나라의 공식명칭은 잘 알다시피 '대한민국大韓民國'이다. 대한민국에서 '대'라든가 '민국'은 모두 보통명사이고 고유한 부분은 '한韓'이란 말이다. 우리 민족을 '한민족'이라고 부르는 것도 이 '한'에서 나온 것이다. 이 '한'이라는 말은 어디서 유래한 것일까?

'한'이란 호칭은 기원 전후하여 한반도 남쪽에 자리 잡았던 마한·진한·변한이라는 부족들의 이름에서 나온 것이다. 물론 당시 한반도에는 한족韓族만 있었던 것은 아니다. 한반도의 북부 지방과 만주 지역에는 역시 우리의 조상들이지만 한족과는 조금 차이가 나는 다른 종족이 있었다. 예맥족濊貊族이 바로 그들이다. 예맥족은 예족과 맥족으로 구분하여 부르기도 하는데, 뒤에 부여·고구려 등의 나라를 세웠다.

이렇게 '한' 외에도 '예'니 '맥'이니 하는 말들이 있었는데, '예'나 '맥'이 아니고 '한'이라는 말이 우리를 대표하는 명칭으로 남게 된 이유는 뭘까? 물론 삼국을 고구려가 아니라 신라가 통일했기 때문이다. 신라 사람들은 본래 한족에서 출발했기 때문에 자기 나름의 경험에 의해 고구려·백제·신라의 통일을 '삼국의 통일'이 아니라 오히려 '삼한의 통일'로 인식하였던 것이다. 이런 인식이 고려에도 전해지고 조선을 거쳐서 오늘날까지 이어졌던 것이다. 조선 후기 실학자 성호 이익李瀷이 내세운 삼한정통론도 우리 역사의 정통을 삼한에 두는 것이다.

'한'이라는 말은 중국에서 '한족漢族'이라고 할 때의 '한漢'과는 다른 것으로 '크다' 또는 '밝다'의 뜻이다. 어떤 사람은 '한'은 순수한 우리말 '흔'이라고 주장하기도 한다. 어떻든 '한족'이라는 명칭은 '큰 종족', '밝은 종족'을 뜻한다고 할 수 있다.

진국과 삼한

한반도 남쪽 지방에는 삼한이 있기 전에 진국辰國이라 불리는 소국들로 이루어진 나라가 있었다. 물론 관련 기록이 수록되어 있는 중국의 역사책들에는 진국뿐만 아니라 무리 중衆 자를 쓰는 중국衆國이라는 명칭도 더러 나와 어느 것이 맞는가 문제가 되고 있기도 하다. 어쨌든 고조선이 북쪽에 있을 때 남쪽에도 고조선보다는 뒤떨어지지만 그와 비슷한 정도의 발전 단계에 있으면서 중국과 교역도 하고 고조선과 교류도 하는 그런 집단이 있었다는 것이다.

북쪽과 남쪽에 서로 다른 집단이 있어 약간의 차이를 느꼈을 수가 있다.

그러나 말이 전혀 안 통한다거나 서로 적대감을 느낄 만한 사이는 아니었다고 생각한다. 그렇기 때문에 고조선 사회가 변동하면서 고조선 유민들이 한반도 남쪽 지역으로 대거 남하하여 진국 사람들과 쉽게 결합하고, 이후 보다 구체적인 정치 세력으로 성장해 가는 가운데 마한·진한·변한이라는 삼한 사회가 건설되었던 것이다. 그래서 지금 학자들은 고조선 사람들과 삼한 사람들이 상당히 가까운 종족 또는 같은 종족일 가능성이 있는 것으로도 보고 있다.

마한과 진한·변한의 위치에 대해서는 일찍이 조선 시기 실학자인 한백겸의 《동국지리지》에서 그 위치가 밝혀진 바 있다. 그 뒤에도 약간의 이설들은 있지만 대개는 한백겸이 정한 위치가 지금까지도 통용되고 있다. 즉 마한은 지금의 경기도·충청도·전라도의 서해안 지역이고, 진한은 지금의 경상북도이며, 변한은 낙동강 지역이라는 것이다.

삼한 사회는 대체로 기원후 1~3세기에 크게 번성했다. 《삼국지》〈위지〉 동이전에 의하면, 처음에는 큰 세력을 가진 족장이 작은 세력을 가진 족장을 존중해 주는 병렬적인 관계를 갖고 있었지만, 서서히 족장들의 세력 차이가 드러나면서 가장 큰 족장들이 더러는 자신을 왕처럼 생각하는 단계까지도 접근했다고 한다. 사회 발전 단계로 보면 연맹 왕국에 해당된다고 할까.

소도와 솟대

《삼국지》〈위지〉 동이전을 보면 소도라는 말이 나온다. 이 소도는 삼한 사회에 있었던 독특한 문화 형태의 하나다. 소도에는 제사장이 특별히 제사를 지냈다. 죄를 짓고 도망쳐 온 사람이 일단 그 안에 들어가면 잡지 못했다고 한다. 일종의 치외법권 구역이었던 셈이다. 이걸 보고 중국 사람들은 "삼한에서는 많은 사람들이 죄짓기를 좋아한다."라는 말까지 했다고 하

지만 이것은 사실과 전혀 다르다. 그렇다면 소도는 어떤 기능을 했던 것일까?

소도는 정치와 제사가 일치되던 제정일치 단계를 벗어나면서 종교적인 제사장이 정치로부터 분리되어 가는 사정을 반영한다. 이런 상황에서 철기 문화가 들어오면서 이전 단계에는 없었던 사회적인 문제점들이 드러났다. 많은 주민들이 모여 사니까 사람들 간의 관계가 복잡해지는 것이다. 그러다 보니까 전에는 죄가 안 되었던 것들이 이제는 죄가 되어 처벌해야 하는 일들이 생기고, 또 반대로 전에는 죄가 되었던 것이지만 이제는 합리적으로 감안해서 용서해 주어야 할 필요도 생기게 되었던 것이다. 이런 과도기적 상황에서 이전에는 죄였지만 이제는 죄가 아닌 일들을 범한 사람들을 소도에 받아들여서 보호했던 것이다. 사회적인 변화 속에서 새로운 갈등 요소들이 증폭되고 있을 때 소도가 그것을 늦추어 주는 완충지대 역할을 했던 것이다.

소도에는 큰 나무를 세워 두고 거기에 방울과 북을 달아 놨다고 한다.

이런 모습이 지금 시골에 남아 있는 솟대와 비슷하기 때문에 이 솟대가 삼한 시대의 소도와 어떤 관련이 있지 않나 궁금해하는 사람들이 많다. 관계가 분명 있는 것으로 여겨진다. 무당들이 북이나 방울을 달아 두었던 나무도 솟대라고 할 수 있다. 즉 신과의 접속, 신이 내린다든지 하는 것이 소도와 관계가 있는 것이다.

가야의 발전

철기 문화가 발전함에 따라 삼한 지역에 있었던 많은 소규모 혈연·지연적 집단들은 상호경쟁을 통하여, 또는 서로 간의 연합과 정복 과정을 통해 성장해 나갔다. 그리하여 마한에서는 백제라는 고대 국가가, 진한에서는 신라가 출현하였고, 변한 지역에서는 작은 나라들이 점차 커져서 가야라는 연맹체를 구성하였다. 특히 가야는 해상 무역에 활발한 활동을 보이며 4세기 중반까지는 이웃 진한 세력에 비해 결코 뒤지지 않는 경제적·문화적 수준을 누렸다.

그럼에도 불구하고 가야는 백제나 신라와는 달리 중앙집권적 고대 국가로 성장하지 못하였다. 그렇게 된 까닭으로는 지형적인 이유나 발전 단계의 차이 등이 이야기되고 있다. 낙동강 하류 김해 지역을 바탕으로 2~3세기경 금관가야가 출현하고, 이 금관가야를 주축으로 하여 가야인들은 나름대로 연맹체를 이루었다. 이때까지를 전기가야 시대라고 한다. 이어 가야는 주로 신라와 관계를 가지고 왜와도 관계를 맺어 오다가 4세기 말 내지 5세기경에 이르면 백제·왜와 연합해서 고구려·신라에 대항하는 형세를 띠게 된다. 그러다가 고구려의 광개토왕이 백제와 왜를 치는 과정에서 그 연맹 세력이었던 가야도 큰 타격을 입게 된다. 그 결과, 금관가야는 쇠퇴하여 532년에 망하고, 대신 훨씬 북쪽인 고령 지방에 있던 대가야가 5세기 후반 이후 연맹의 새로운 중심체가 된다. 이 시기를 후기가야 시대라고 한다. 그러나 신라가 급속하게 발전하면서 562년에 대가야도 신라에 통합됨으로써 가야의 역사는 끝나게 되는 것이다.

구지가와 가얏고

《삼국유사》〈가락국기〉 편에는 가야국의 건국 설화와 연결시켜 〈구지가龜旨歌〉라는 거북 노래가 다음과 같이 전해지고 있다.

거북아 거북아 머리를 내놓아라. 내놓지 않으면 구워서 먹으리라.

랩송이 유행하는 지금에서 본다면 유치하기 짝이 없는 가사라고 할지 모르겠지만 이 짧은 가사 속에서 많은 사실들을 알아내려고 역사학자들은 갖은 생각을 다해 왔다. 이 〈구지가〉는 종래에는 6가야 연맹설과 연관지어 설명하여 왔다. 그러나 지금은 이 노래가 김해 금관가야의 성립 과정을 반영한 것이지, 6가야 연맹과는 관계가 없다고 한다. 6가야 연맹설 자체가 허구로 밝혀지고 있기 때문이다. 6가야는 시기적으로나 지역적으로나 차이가 커서 실제로 연맹을 이루기에는 시간적으로나 공간적으로 모두 불가능하다는 것이다. 그래서 한때 저명한 가야 여섯을 모아서 6가야라고 부른 적이 있지만, 그것이 정치적인 공동체로서의 연맹을 이룬 사실은 없다고 이야기한다.

한편 가야의 문화를 대표하는 것이 가얏고다. 지금은 가야금이라는 한자어를 더 많이 사용하는데, 가얏고가 원래 말이다. 《삼국사기》에 의하면 가얏고는 가야국의 가실왕이 만들었고 가실왕은 우륵에게 명령해서 12곡을 짓게 했는데, 가야가 어지러워지자 우륵은 가야금을 가지고 신라 진흥왕에게 투항했다는 것이다.

우륵은 원래 대가야 지역에서 살았던 사람인데, 그가 살았던 550년경에는 가야가 백제의 부용국으로 전락하고 신라는 날로 강성해지고 있었던 때였다. 가야는 서서히 망해 가고 있었던 것이다. 이때 가야의 대표적 지식인이었던 우륵이 신라에 투항했다는 것은 곧 대가야 멸망의 전조였다고 할 수 있다. 그는 자신의 나라가 백제의 부용국으로 전락하여 가야인으로서의 자존심을 지킬 수 없는 상황에서 결국 신라에 투항했던 것이다. 우륵뿐만 아니라 가야의 귀족들 상당수가 이렇게 되면서 가야는 결국 신라에 통합되고 말았다.

영산강 유역의 옹관고분 사회

전남 나주 신촌리 9호분에서 출토된 금동관

반남 일대에 가야 정도에 해당하는 정치체가 있었음을 뒷받침하는 유물이다.

선사 시대부터 개성을 유지하던 영산강 유역은 3~4세기 고대 사회에 와서 뚜렷한 개성, 고유성을 보여 준다. 이름하여 '옹관고분 사회'라 한다. 다른 지역에서는 토광묘가 철기 시대 지배층의 주된 묘제였고 옹관묘는 부차적인 묘제였는 데 비해, 영산강 유역에서는 토광묘보다는 옹관묘가 주요 묘제로 쓰였고 대형 옹관고분으로까지 발전되어 갔다. 다른 지역과 확연히 다른 독특한 양상을 보여 준다.

전남 지방의 옹관묘 및 옹관고분은 영산강 유역 및 서남해안 일대에 분포되어 있다. 이 중 영산강의 지류인 삼포강 연변에 접해 있는 영암군 시종면과 나주시 반남면 일대가 최고의 중심지를 이룬다. 그 중심지에는 20여국이 단일 정치권으로 결집된, 이른바 신미제국 新彌諸國이 있었을 것으로 본다. 나주 신촌리 9호분에서 출토된 금동관은 가야의 금동관에 버금가는 것으로 반남 일대에 가야 정도의 정

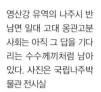

옹관묘

영산강 유역의 나주시 반
남면 일대 고대 옹관고분
사회는 아직 그 답을 기다
리는 수수께끼처럼 남아
있다. 사진은 국립나주박
물관 전시실

치체가 있었음을 뒷받침한다. 그러나 아쉽게도 백제에 복속되면서 그 실
체를 잃어버렸다.

영산강 유역 및 서남해안 일대의 옹관고분 사회는, 3~4세기경에는 영암
군 시종면이 그 중심지를 이루다가, 5세기 중반을 넘어서면서 무게 중심이
삼포강을 따라 상류 쪽으로 이동하여 나주시 반남면을 마지막 중심지로
하여 6세기 전반까지 유지되어 갔다고 본다.

영산강이 안고 있는 고대의 옹관고분 사회는 그 고유성으로 인하여 학
계의 비상한 관심을 끌고 있다. 그리고 답을 기다리는 수수께끼처럼 남아
있다.

2 삼국의 성립과 사회 구성

KOREA

고구려나 신라의 신화가 초보적인 국가 성립 단계를 전승해 주고 있다면 백제의 건국 신화는 한 단계 나아간 고대 국가 성립의 단계를 반영하고 있다. 또한 고구려와 백제의 신화를 보면 양국의 왕실이 밀접한 관계를 갖고 있었음을 유추해 볼 수 있다.

토끼와 자라

어린이들이 즐겨 읽는 명작 동화 중에 〈토끼와 자라〉라는 이야기가 있다. 바닷속 용왕의 병을 고치기 위해 토끼의 간을 얻으러 육지로 올라간 자라와 자라의 꾀에 넘어가 용궁에 갔다가 다시 꾀를 써 육지로 돌아가는 토끼의 이야기다. 조선 후기에는 《별주부전》이라는 소설로도 읽혀지고 〈수궁가〉라는 판소리로 불리기도 했다. 그러나 이 이야기가 삼국 시대에 만들어진 전래동화라는 사실을 아는 사람은 별로 없을 것이다.

《삼국사기》에 의하면, 삼국이 서로 각축할 때 김춘추가 고구려 왕에게 가서 군사력을 동원해서 백제를 칠 수 있게 해 달라고 간청을 했는데, 고구려는 그 요구를 받아들일 수 없는 상황이었다. 오히려 김춘추를 옥에 가두었다. 그때 고구려 관리였던 선도해라는 사람이 김춘추에게 〈토끼와 자라〉 이야기를 들려주었다고 한다. 토끼의 꾀를 빌려 위기에서 빠져나가라는 것이었다.

권모술수와도 같은 이런 이야기들이 이 시대에 나왔다는 것은 당시에 국가 간의 경쟁이 그만큼 치열했고, 정치인과 지식인들이 그만큼 복잡한 사회에서 나름대로 수준 높은 지혜를 겨루었다는 사실을 보여 준다. 그러므로 삼국의 마지막 시기는 비록 숱한 전쟁이 반복되는 시기였지만 고도로 발달한 고대 사회라고 할 수 있다. 여기서는 이런 삼국이 각각 어떻게 성립되었고 또 사회 구성은 어떤 특징을 갖는가에 대해 알아보도록 하겠다. 먼저 최초의 고대 국가라고 할 수 있는 고조선부터 잠깐 살피고 넘어가자.

최초의 고대 국가, 고조선

고조선은 기원전 108년에 망하고 삼국은 대체로 기원을 전후한 시기에 성립한다. 그렇기 때문에 우리는 고조선이 멸망하고 삼국이 성립하기까지 약 100여 년의 기간을 공백기처럼 생각하기 쉬우나, 사실 고조선이 있을 때도 그 주위에 부여와 진국, 고구려 등이 거의 국가 단계에 육박하는 발전을 하면서 존재하고 있었다. 비록 고조선이라는 우리 역사상 최초의 고대 국가는 망했지만 그 주변에 있었던 다른 세력들은 꾸준히 성장하고 있다가 고조선 멸망 후에 완전한 체제를 갖추면서 당당한 고대 국가로 역사에 등장했던 것이다. 지금 학계에서 국가에 관한 논쟁이 계속되고 있지만, 고조선은 말기에 가서야 엄격한 의미의 국가 단계에 도달하는 것으로 본다. 따라서 삼국 시대를 고대 국가라고 할 때는 고조선 멸망 후 과도기를 거치고 삼국이 등장해서 각각 고조선 말기의 국가 수준을 넘어서면서 발전하기 시작했다는 것을 말한다.

삼국의 건국 신화

삼국은 건국과 관련해서 각각 독자적인 신화들을 가지고 있다. 고구려의 건국 신화는 주몽 신화이다. 이 신화를 보면 다음과 같다. 하백河伯의 딸이 하늘의 태양으로부터 내려온 이상한 기운을 입고 임신을 했는데, 사람 대신 알을 낳았다. 그런데 그 알이 흉해서 마구간에 버리지만, 동물들이 입김을 불어 보호해 주고 키워서 결국 알에서 주몽이 나온다. 동부여의 왕은 주몽이 하늘의 아들인 줄 알고 그 어머니로 하여금 기르게 하였다. 그러나 주몽이 자라면서 활을 잘 쏘므로 자신의 왕위를 빼앗길까 두려워 주몽을 괴롭히고 죽이려 하였다. 그러자 주몽은 자신의 친구와 따르는 사람들을 이끌고 그곳을 떠나 압록강에 이르러서 고구려라는 나라를 세웠다고 한다.

백제의 건국 신화는 온조 신화다. 이에 의하면 고구려의 주몽이 압록강 지역에 왔을 때 현지 족장의 딸인 소서노와 결혼한다. 거기서 낳은 아들 중에 비류와 온조가 있었다. 이 두 아들에 대해서는 족장의 딸이 전 남편과의 사이에서 낳은 자식들이라는 말도 있다. 한편 주몽이 동부여에 있을 때 낳은 아들인 유리왕도 압록강 지역으로 내려온다. 이렇게 큰 아들인 유리왕이 찾아오자 비류와 온조는 다른 지역으로 이주할 수밖에 없었다. 이때 이들이 한강 유역으로 옮겨 가서 세운 나라가 바로 백제라는 것이다.

신라의 혁거세 신화는 사로국의 촌장들이 모여 있는데, 우물가에 말이 하나 울고 있어서 가 보았더니 큰 박 같은 것을 깨고 아이가 나왔다는 것이다. 그 아이가 바로 박혁거세로, 그를 신라 6촌의 왕으로 삼았다는 내용이다.

지금 살펴본 것처럼 삼국의 신화들은 신화의 구성이나 내용에서 차이가 보인다. 온조 설화는 역사적인 사실을 직접 반영하는 측면이 강하며 상대적으로 신비하거나 기이한 현상은 적다. 이에 비해 하늘의 기운에 의해서 잉태됐다는 주몽 신화나 말이 알을 놓고 갔다는 혁거세 신화는 온조 설화보다는 더 원초적인 신화의 모습을 띠고 있다. 그것은 고구려나 신라의 신화가 초보적인 국가 성립 단계를 전승해 주고 있다면 백제의 건국 신화는 그보다 한 단계 나아간 고대 국가 성립의 단계를 반영하고 있기 때문이다. 또 고구려와 백제의 신화를 보면 양국의 왕실이 상당히 밀접한 관계를 갖고 있었음을 유추해 볼 수 있다.

삼국의 성립과 사회 구성

삼국이 성립하는 과정에서 어려웠던 점은 미리 와 자리를 잡고 있는 다른 종족이나 자기와 유사한 힘을 가진 이웃 세력들의 문제였다. 그래서 이들은 연맹이나 정복 등의 방법으로 그 세력들을 자기 휘하에 놓아야 했던 것이다. 그러나 우리가 특별히 관심을 두어야 할 부분은 대외적인 측면이다. 당시 한반도와 만주 지방에는 중국의 한사군이 있었는데, 이 한사군들이 변방 종족들의 통일이나 국가의 성립을 적극 방해했다. 변방 종족들이 단일한 통일 세력을 이루면 무력도 강해지고 중국의 변방을 침략해서 많은 것을 약탈해 가거나 위협할 가능성이 있기 때문에 이들의 국가 성립을 방해했던 것이다. 《삼국지》나 《삼국사기》에는 현도군이 고구려를, 낙랑군이 백제를 훼방 놓는 기사가 구체적으로 보이고 있다. 그러므로 한사군의 방해 책동을 어떻게 분쇄하느냐 하는 것이 삼국이 국가를 형성하는 과정에서 해결해야 할 매우 큰 과제였다.

결국 삼국의 형성은 중국으로 대표되는 대외적인 압력을 극복해 가면서 가능했다. 당시 중국은 우리와 비교할 수 없을 정도로 발전하였고 인구도 대단히 많았던 제국이었다. 지금도 마찬가지겠지만 고대 사회에서도 하나의 국가를 세운다는 것은 결코 수월한 일은 아니었다. 더구나 외세에 맞서면서 당당히 하나의 국가를 세운다는 것은 커다란 역사적 의미를 지니는 일이다. 삼국 성립이 갖는 위치는 이만큼 중요한 것이다.

물론 '삼국'이라고 묶어서 부르지만 삼국은 문화나 사회 구성에서 서로

중국 길림성 환인현에
있는 오녀산성
—————
고구려 초기 수도였던 졸
본성으로 추정된다.

달랐다. 먼저 건국 과정에서 차이가 난다. 고구려의 주몽 세력은 이주민 집단이지만, 토착 세력과 결혼 관계를 맺으면서 평화롭게 결합한다. 신라의 경우는 원래부터 와 있던 육촌 세력들이 합의를 해서 새로 들어온 천신족天神族을 자처하는 박혁거세를 족장으로 옹립했던 것 같다. 그래서 이 두 나라의 시작은 비교적 순탄하다고 볼 수 있다. 그러나 백제의 경우는 온조왕이 발달한 기마병을 데리고 와서 한강 유역에서 무력으로 토착 세력들을 순식간에 압도해 버린다. 그래서 이런 차이가 세 나라의 사회나 문화의 특성에도 반영되는 면이 있다.

백제의 경우 백제 왕실에서 사용하는 언어와 일반 백성이 사용하는 언어가 늦은 시기까지도 상당히 달랐다는 기록이 있다. 왕실이 정복민으로서의 우월성을 강고하게 유지해 나갔다는 것이다. 그리고 서울 지역에 지금도 일부 남아 있는 적석총 같은 것을 보면 고구려 압록강 유역에 있었던 적석총과 같은데, 서울에 정착하고 나서도 오랜 기간 동안 이를 고집한다. 묘제에서도 종래의 토착민들의 묘제와 통합하지 않고 자신들의 우월성을 강조하는 면이 있다. 즉 백제는 고구려나 신라보다 주민들과의 결합 관계에서 적지 않은 차이를 보이고 있었다.

전제 왕권의 등장

동양 사회의 특징을 얘기할 때 우리는 흔히 전제정치라고 말한다. 그 이유는 많이 있겠지만 전제군주로서의 왕이 존재했다는 사실이 중요한 이유 중의 하나일 것이다. 삼국에서 전제군주로서의 왕이 등장하는 과정은 건국 신화에서 보았듯이 정복에 의해서 등장하는 경우와 토착민들과 원만한 관계에서 연합·연맹을 이루어서 평화롭게 등장하는 경우가 있다. 그러나 어떤 경우이든 자신의 관료들을 늘리고 그 지역에 있는 기존의 족장들을 점차 귀족관료로 만들며 왕 자신은 보다 초월적인 위치에 올라가서 왕권을 확립하는 과정을 밟게 된다.

아울러 왕이 전제 왕권을 행사하기 위해서는 자신의 명령을 따르게 할 수 있는 강제력이 필요한데, 이런 것에는 군사력은 물론, 율령제나 관료 체제, 그리고 이데올로기·경제력 등이 있었다. 지배 세력들은 자신들을 천신의 후손으로 칭하면서 이전 단계에 자신들이 이루었던 선진적인 문화 경험의 우월성을 과시했다. 그중에서도 왕은 이런 모든 것들의 위에 있었다. 그래서 왕도 아닌 '대왕'으로 불렸다.

한편 국가를 운영하기 위한 재정은 대외무역을 통해서 벌어들이기도 했지만, 보통 백성들로부터 세금을 거두어서 마련하였다. 고구려의 경우에는 구체적인 자료가 보인다. 고구려 사람들은 남자 장정을 호주라고 생각할 때 한 집에서 1년에 좁쌀 5가마와 포 5필을 걷었으며, 뒤에 가서는 집의 등급에 따라, 즉 부자냐, 중간층이냐, 가난하냐에 따라 한 집에서 7말 내지 5말을 덧붙여 거두었다고 한다. 어느 사회나 지배하기 위해서는 정당성과 주민을 설득할 만한 명분이 있어야 하기 때문에 세금을 거두는 것도 고대 사회지만 상당히 합리적으로 거두었던 것이다.

이렇게 거두어들인 돈은 우선 군사비에 사용하였다. 삼국이 치열하게 전쟁을 치렀기 때문에 군사들을 먹이고 옷을 입히고 무기를 구입하는 데에 가장 많이 사용하였다. 그 다음으로 왕이나 귀족들의 소비생활을 위해서 썼다. 당시 왕과 귀족들은 상당히 호화로운 생활을 했는데, 이들에게 국가는 충분한 재물을 주어야 했다. 그리고 제방을 쌓거나 도로를 수리하는 등 공공시설 부분에 약간의 경비가 들어갔고 조공이나 대외교역 관계에도 쓰였던 것으로 여겨진다.

　　오늘날의 국가 규모나 세련됨에서는 차이가 있겠지만 기본 구성이나 운영 원칙 등은 거의 같지 않았나 생각된다. 다만 크게 다른 점은 오늘날은 모든 주민들의 복지와 후생 등이 주목되고 강조되는 데 비해서 그 당시는 오히려 그런 면은 뒷전에 밀리고 지배층의 필요를 위해 국가재정이 운용되었다는 점이다.

3 광개토대왕비와 칠지도

임나일본부설의 근거 가운데 하나로 들고 있는 것이 광개토대왕비이다. 그러나 비문변조설을 비롯하여 해석상의 문제 등을 제기하면서 학계에서는 이를 부정하고 있다. 따라서 비문의 글자에만 머물러 있기보다는 동아시아의 국제적인 역학 관계에 폭넓게 주목하는 연구가 필요하다.

광개토대왕廣開土大王과 장수왕長壽王

광개토대왕이니 장수왕이니 하면 초등학교에 다니는 어린이들도 알 정도로 민족사의 최고 위인으로 꼽힌다. 광개토대왕은 391년에 왕위에 올라 412년에 죽었다. '광개토'라는 말 그대로 영토를 크게 넓힌 왕이었다. 영토를 크게 넓혔으니 그때야말로 고구려의 전성기였다는 뜻이다. 사실 광개토대왕과 그 아들인 장수왕, 그리고 그 손자였던 문자명왕 3대로 이어져 오는 시기는 고구려의 전성시대였을 뿐만 아니라 영토 면에서는 우리 역사 전체 속에서도 최고의 전성시대였다.

장수왕이라는 이름도 말 그대로 오래 살았다는 데서 나왔다. 394년에 태어나서 491년에 98세의 나이로 죽었다. 왕위에 오른 해가 413년이니까 왕으로만 79년 동안 있었던 셈이다. 이 정도면 아마 세계 최장수 왕이 아닐까? 장수왕이 하도 오래 살다 보니까 어이없는 일도 생겼다. 바로 장수왕의 아들에게 생겼는데, 그 아들은 왕위에 오르기를 기다리다가 아버지가 너무 오래 사는 바람에 끝내 왕위에 오르지도 못하고 아버지보다 먼저 죽었다. 그래서 그 세자의 아들, 즉 장수왕의 손자가 되는 문자명왕이 할아버지를 이어 왕위에 올랐다. 권세가 10년을 못 간다는 말이 있는데, 80년 동안이나 왕위에 있었다니 대단한 일이다. 이 장수왕이 자신이 왕위에 오른 다음 해인 414년, 아버지 광개토대왕의 업적을 기리기 위해 세운 비석이 바로 광개토대왕비였다.

광개토대왕비의 발견

광개토대왕비는 중국의 지린성吉林省 지안현集安縣 퉁거우通溝라는 데에 있다. 퉁거우는 과거 고구려의 수도였던 곳이다. 이 비는 네 면에 전부 글씨가 새겨져 있는 사면석비四面石碑인데, 응회암이라는 돌로 되어 있으며 겉면이 비교적 거칠거칠하여 오늘날의 비석처럼 매끈하지 않다. 높이는 가장 높은 쪽이 이층집보다 더 높은 6미터 39센티미터이고 무게는 37톤쯤으로 추정된다. 여기에 1,775자의 글씨가 쓰여 있는데, 그 가운데 1,412자는 마모되어서 읽을 수 없다. 현재 중국 당국에서 비각도 지어 놓고 잘 보존하고 있다.

광개토대왕비가 서 있는 지역은 발해가 멸망한 뒤에는 우리의 기억에서 사라진 곳이다. 그렇기 때문에 광개토대왕비가 있었다는 사실을 고구려 때까지는 사람들이 기억했는지 알 수 없지만, 정식으로 광개토대왕비가 다시 발견된 것은 청나라 말기인 1875~76년경 중국인들에 의해서였다. 글씨가 오랜 세월이 지나면서 이끼도 끼고 잘 안 보이고 하니까 그 주위에 살았던 주민들조차도 다만 큰 돌이라고만 보았을 뿐, 비석이라고는 생각하지 못했던 것 같다. 조선 시기에는 우리나라 학자들에 의해 만주족 황제의 비석으로 이해되기도 하였다.

어쨌든 1875~76년경 그 지역의 중국 관리에 의해 이것이 비석이라는 것이 밝혀지면서 사람들이 모여들었다. 특히 청나라는 고증학이 발달했기 때문에 금석학자들이 탁본을 해 가고 글씨를 해독해가는 과정에서 광개토대왕비라는 사실이 알려지게 되었던 것이다.

이 광개토대왕비를 일본인들이 본격적으로 연구한 것은 1878년에 세워진 일본 참모본부에서였다. 일본의 한국사 연구는 이처럼 군대에서 처음 시작하였다. 1879년부터 참모본부는 역사학에 조예가 있었던 첩자들을 한반도를 비롯하여 시베리아·만주·중국·몽고까지 파견해 현지 조사를 시켰다. 그런 가운데 1883년경에 사코우 카게아키酒勾景信이라는 첩자가

광개토대왕비를 발견하고 그 비문을 탁본하여 참모본부에 가져갔다. 그때부터 일본 참모본부 군인들을 중심으로 해독작업이 시작됐다. 역사 연구 자체가 이미 제국주의 침략에 기반하여 시작됐기 때문에 역사를 변조할 소지를 처음부터 안고 있었던 것이다. 일본인의 한국사 왜곡은 이렇게 시작하고 있었다.

광개토대왕비문 탁본(부분)

전성기 고구려 모습을 담은 거대 비석의 탁본으로 고대사에 대한 국제적 논쟁의 초점이 되고 있다.

임나일본부설의 허구

임나일본부설은 일본의 야마토大和 조정이 4세기 후반에 한반도 남부 지역에 진출하여 6세기 중엽까지 백제·신라·가야를 지배하였고 특히 가야에는 일본부라는 기관을 두어 직접 지배했다는 주장이다. 그런데 이런 주장의 중요한 근거의 하나로 들고 있는 것이 바로 광개토대왕비이다.

광개토대왕비에는 지금 일본의 조상이라고 여겨지는 왜라는 존재가 처음 나온다. 소위 신묘년辛卯年 기사라는 것을 보면, 백제와 신라가 옛날부터 고구려의 속민으로 조공을 해 왔는데, '왜가 신묘년에 바다를 건너와서 백제와 신라 등을 격파하고 신민으로 삼았다倭以辛卯年 來渡海 破百殘 □□ 新羅 以爲臣民.'라는 구절이 나온다. 이 구절이 일본 사람들의 입장에서 볼 때에는 일본, 즉 왜가 한반도 이남의 백제와 신라를 지배했다고 하는 소위 임나일본부설의 가장 구체적인 증거라는 것이다. 더욱이 이 비문이 한반도에 있었던 고구려인들의 손에 의해 직접 쓰였기 때문에 일본인들을 더욱 흥분시켰던 것이다.

일본의 이런 주장에 대해 우리나라 학자들 가운데 정인보 선생은 이미 1930년대에 비문 해석상의 문제를 제기하면서 '왜가 (백제와 신라 등을 도우려고) 신묘년에 왔다. 그러자 (고구려는) 바다(즉 서해)를 건너가 백제와 신라 등을 쳐부수어 신민으로 삼았다倭以辛卯年來 渡海破百殘 □□ 新羅 以爲臣民'라고 해석하여 일본이 백제·신라를 정복한 것이 아니라 고구려가 왜를 격파한 것으로 다르게 해석하였다. 그 후 1972년 제일교포 사학자인 이진희가 광개토대왕비문들의 탁본들이 시기에 따라서 차이가 나는 현상을 지적하며 비문변조설, 즉 석회를 비에 발라서 글자를 고쳤다는 석회도부설이라는 것을 제시해 당시 학계에 큰 반응을 불러일으켰다. 탁본은 오래된 것일수록 글자가 선명하고 후대로 갈수록 흐려지는 것이 상식인데, 일본인들이 가지고 있는 탁본들은 뒤에 탁본한 것이 더 선명하니 변조가 아니냐는 주장이었다.

비문변조설은 얼마 전에 중국에서 1870년대 이전에 중국인들이 한 탁본들이 발견되어 신빙성을 더해 가고 있다. 이 탁본에는 일본인들이 가지고 있는 탁본에서 선명히 나타나 있는 바다를 건너왔다는 '래도해來渡海'라는 글자가 무슨 글자인지 알아볼 수 없을 정도로 되어 있다. 결국 일본인들이 '래도해來度海'라는 글자를 조작했다는 것이다.

비문변조설에 대해서는 왕건군이라는 중국학자가 밝혀낸 바도 있지만 아직도 여전히 논쟁 중에 있다. 즉 현장에 있던 중국인들이 탁본을 해서 비싸게 팔았는데, 그 돌이 거칠거칠하니까 손쉽게 탁본을 해서 팔려고 비문에 석회를 발랐다는 사실이다. 이 논쟁에 대한 현명한 답을 구하기 위해서도 비문이 변조되었느냐, 아니냐에 국한해 논쟁을 반복하기보다는 당시 동아시아의 국제적인 역학 관계가 어떠했는가에 주목해야 할 것으로 생각한다. 그러면 오히려 그 기사 자체에 대해서도 진실에 가까운 해석을 해낼 수 있지 않을까.

백제의 근초고왕이 평양성을 함락하면서 광개토대왕의 할아버지인 고국원왕을 화살로 쏘아 죽임으로써 고구려와 백제는 하늘을 함께할 수 없는 불구대천의 원수가 되었다. 그러므로 광개토대왕비문에서도 백제라는 좋은 표현을 쓰지 않고 아주 잔인하고 사납다는 뜻을 가진 백잔百殘이라는 나쁜 표현을 골라 썼다. 이것은 그 글이 백제에 대한 경멸의 뜻을 담고 있다는 것을 보이기 위한 것이었다. 그만큼 고구려의 입장에서는 적대적 감정을 가지고 있었기 때문에 백제에 대한 기술에서는 그 내용을 과장하거나 또는 왜곡할 수 있는 분위기였다. 그래서 백제가 주도해 왜를 용병처럼 끌어들였더라도, 이를 왜곡해서 백제가 왜의 식민지가 됐다고 썼을 수도 있다는 것이다. 이런 사정이 있기 때문에 너무 지나치게 비문의 글자에만 머물러 있으면 오히려 바른 해석을 얻기 어렵다는 것이다. 따라서 동아시아의 국제적인 역학 관계에 폭넓게 주목하는 연구가 필요하다.

칠지도七支刀

칠지도

가지가 일곱 개 뻗은 칼이라 하여 칠지도라는 이름이 붙었다. 앞면과 뒷면에 새겨진 글자로 백제와 왜의 관계를 유추해 볼 수 있어 일찍부터 주목을 받아왔다.

광개토대왕비와 함께 임나일본부설의 근거로 드는 또 하나가 칠지도이다. 곧은 칼날의 좌우로 가지칼이 3개씩 뻗어 모두 7개의 칼날을 이루고 있기 때문에 칠지도라고 부른다. 이 칠지도는 지금 일본 나라현奈良県 덴리시天理市의 이소노카미신궁石上神宮이란 곳에 보관되어 있다. 앞·뒷면에 약 60여 자의 글자가 상감象嵌되어 있는데, 그 기록 중에 당시 백제와 왜가 어떤 관계였는가를 보여 주는 내용이 있어 일찍이 주목되어 왔다.

60여 자의 글자 중에는 마모되어서 보이지 않는 글자가 상당수 있다. 따라서 해석상에 적지 않은 어려움이 있다. 특히 뒷면의 글자들이 문제가 되고 있는데, '선세先世 이래로 아직 칼이 없었던 바 백제의 왕세자 기생성음奇生聖音이 왜왕지倭王旨를 위하여 만들었으니 후세에 전하라.'라고 쓰여 있다. 이 내용은 분명히 백제왕의 왕세자가 일본왕에게 주면서 그것을 '후세에 전하라.'라고 했던 것이다. '후세에 전하라.'라는 말은 신분이 낮은 사람이 높은 사람에게 할 수는 없다. 그러므로 백제가 우월감을 가지고 왜왕에게 주면서 후세에 전하라고 썼던 것이다.

그런데 일본인 학자들은 이와 달리 백제가 왜왕에게 바친 것으로 주장하고 있다. 일본 역사책인《일본서기》신공왕후 52년 조에 보면 백제가 칠지도를 바쳤다는 기록도 있어, 일본 사람들은 광개토대왕비와 더불어 자기들이 한반도 남쪽을 지배했다는 좋은 근거로 들고 있는 것이다.

한문을 아는 사람이 보면 어떻게 그렇게 해석할 수 있을까 하고 의아해할 정도로 일본인 학자들은 자신들의 입장을 합리화시키기 위해 여러 가지 구차한 이야기들을 한다. 역사에서 구차스러운 말이 많다는 것은 그만큼 진실과 거리가 멀다는 뜻이다. 물론 일본인 학자라고 해서 다 그렇게 말하는 것은 아니다. 칠지도는 백제에서 왜왕에게 내린 것이라는 우리측 주장과 같은 견해를 가진 학자도 있다.

어쨌든 당시의 고대 한일 관계사는 문화의 대세라는 상식적인 논리로도 충분히 설명이 가능하리라고 생각한다. 당시의 대세는 누가 뭐래도 백제가 자신의 문화와 중국으로부터 받은 문화를 왜에게 전해 주는 그런 흐름이었다. 그 당시 왜는 군사력이란 점에서 볼 때, 왜구 수준에서의 침입은 있을 수 있었겠지만, 문화의 수준에서는 확실히 삼국에 비해 크게 뒤떨어져 있었다. 이런 객관적 조건에서 보면 한반도의 문화가 흘러서 일본에 가는 것이지, 거꾸로 자신들의 나라조차 세우지 못한 왜왕에게 이미 수준 높은 고대 문화를 누리고 있던 백제가 칠지도를 바쳤다든가 혹은 왜가 바다를 건너 한반도에 들어와서 임나일본부를 설치해 통치를 했다는 것은 말이 되지 않는 주장이다. '종種의 기원'을 거꾸로 해석하려는 억지에 지나지 않을 뿐이다.

4 밖으로 열린 문화, 백제

고대 사회에서 한강 유역은 여러 문화와 주민들이 빈번하게 교차하는 곳이었다. 이에 일찍부터 농경문화를 중심으로 한 포용적이고 개방적인 문화가 형성되었다. 한강을 기반으로 해서 최초로 국가를 세웠던 나라가 바로 백제이다.

한강의 백제 유적

서울은 그 풍성한 역사나 문화 못지않게 우수한 자연경관으로도 유명하다. 이런 서울의 자연경관을 이루는 지리적 상징물은 산으로는 북한산, 강으로는 한강을 들 수 있다. 옛날에 한강은 서울의 경계 밖 남쪽을 흐르는 강이었지만, 지금은 강남의 대개발로 서울의 중심부를 흐르는 강이 되었다. 이 한강은 서울의 젖줄일 뿐만 아니라 우리 역사가 시작된 이래 민족의 삶 하나하나를 빼놓지 않고 지켜본 한국사의 산 증인인 셈이다.

고대 사회에서 한강 유역은 그 지리적 위치 때문에 민족이 이동하다가 한 번씩 거쳐 가게 마련이었다. 따라서 여러 문화와 주민들이 빈번하게 교차하는 곳이었다. 많은 사람들이 움직이고 다른 문화들이 유입되었기 때문에 일찍부터 농경문화를 중심으로 한 포용적이고 개방적인 문화가 있었던, 어떻게 보면 민족의 고향이기도 하다.

이 한강을 기반으로 해서 최초로 국가를 세웠던 나라가 바로 백제이다.

대체로 지금의 서울 강동구 일대에서 경기도 광주까지가 위례성이라고 불리던 백제의 수도 지역이었다. 잠실에서 송파 쪽으로 가다 보면 '백제고분로'라는 길이 있는데, 바로 이 길 주변에 돌을 쌓아서 만든 무덤인 적석총, 즉 돌무지무덤들이 많이 있었다. 이 무덤들은 온조왕과 더불어 내려온 고구려계 주민들의 다수가 한강 유역에 수도를 정하고 약 460~470여 년간 있었는데, 그때 지배했던 왕들의 무덤이라고 볼 수 있다. 이 무덤들은 요즈음의 무덤에 비하면 규모가 대단히 큰데 그 원형은 고구려가 있었던 압록강 유역에 있다.

  얼마 전에는 하남시 미사리 올림픽 조정경기장에서 세계적인 관심을 불러일으켰던 고대의 밭이 발견되었다. 고랑과 이랑이 있는 밭이 원형 그대로 발견되었던 것이다. 이것은 고대 사회의 농경 수준을 사실적으로 보여주는 매우 중요하고 놀라운 유적이다. 지금까지 중국이나 일본에서도 논의 흔적이 발견된 적은 있었지만 밭이 발견된 경우는 없었기 때문이다.

백제 초기의 돌무지무덤이 모여 있는 서울 송파구 석촌동 고분군

다양한 모습을 한 여덟 개의 무덤 가운데 눈여겨봐야 할 것은 3호분이다. 한 변의 길이가 50미터에 이르는 아주 큰 무덤이다.

공주로, 다시 부여로

지금까지 알려진 백제 유적지로는 한강변보다는 공주나 부여가 더 중요하다. 수학여행이나 답사를 가도 거의 빼놓지 않고 들르는 곳이 바로 이곳들이다. 백마강이 흐르는 공주와 부여의 백제 유적지는 지금 우리에게는 더없이 소중한 문화유산이다. 그러나 이런 문화유산들은 아이러니하게도 백제의 연속되는 고난의 역사가 후세에 남겨 준 선물이었던 셈이다.

4세기 후반에 백제는 근초고왕이라는 영웅이 있어 평양 일대까지 치고 올라가 고구려 남부의 영토를 많이 차지했었다. 그러나 곧바로 고구려의 왕들이 체제를 정비한 뒤, 특히 광개토대왕과 장수왕 때에는 백제를 집중 공략하였다. 당시 장수왕은 중국과 평화 관계를 유지하고 남하 정책을 적극적으로 폈다. 그래서 한반도 이남 지역에서 가장 강력한 세력을 지니고 고구려와 계속 적대 관계를 가지고 있었던 백제가 공격의 제일 목표가 됐던 것이다.

결국 백제는 고구려의 공격에 밀려 지금의 공주인 웅진으로 갔다. 그러나 웅진은 지역이 협소하고 강이 옆에 있기는 하지만 방어상으로도 그리 좋은 곳은 아니었다. 그래서 보다 안정된 수도를 찾아 다시 옮긴 곳이 부여였다. 이후에도 수도를 더 남쪽인 오늘날의 전라북도 익산 지역으로 옮기려던 계획도 있었다고 한다. 이 계획은 실행되지 않았고 잘 알다시피 낙화암 삼천궁녀의 전설과 함께 660년에 의자왕을 마지막으로 백제는 역사의 무대에서 사라졌다.

요서 경략

백제는 고구려의 침략에 의해 수도를 여러 번 옮기는 고난의 역사를 갖기도 했지만, 다른 한편 대외적으로는 상당히 활발한 활동을 하였다. 수군을 증강시켜서 중국의 요서遼西 지방에 진출하기도 하고, 산둥山東 지방과 일본에까지 진출하는 등 대외 활동에서는 고구려나 신라를 능가하는 역사를 가지고 있었다.

이렇게 백제가 밖으로 열린 관계를 갖게 되는 계기는 낙랑군과 대방군의 붕괴였다. 낙랑군과 대방군은 중국 측을 대표해서 당시 우리나라 남부 지역에 있던 여러 소국들과 관계를 유지하고 있었다. 그런데 이 두 세력이 고구려의 공격으로 망하였다. 그리고 이때 그곳에 있던 다수의 중국인들은 백제로 투항해 왔다. 따라서 중국은 자연히 백제에 우호적인 인상을 갖게 되었다. 한편 낙랑·대방 두 군의 붕괴로 중국은 한반도 및 왜와 연결할 수 있는 중개 세력을 상실하였다. 따라서 이런저런 사정으로 인하여 중국은 백제를 국제 교류 상의 중개지로 삼게 되었던 것이다. 그 결과, 백제의 문화는 고구려나 신라에 비해 상대적으로 외향적 성격을 많이 지니게 되었다.

또한 백제인들은 국제무역을 하면서 중국 해안 지방에 서서히 거점을 마련해 갔다. 중국에서 남북조 간의 대립이 심화되어 혼란한 상태가 되자 백제인들 가운데 무력을 갖고 있던 귀족들이 요서 지방에 가서 그곳을 거점으로 무역이나 군사 활동을 하면서 중국 남조의 정통 왕조들을 도와 북조 왕조들과 대결하였다. 이를 '요서 경략'이라고 한다. 이 내용은 우리가 주장한 것이 아니라 중국의 사서인 《송서》나 《남제서》 등에 기록되어 있다. 즉 중국인들 스스로 백제가 이 지역을 차지하고 백제군 또는 진평현이라는 군현을 설치해 다스렸다고 기록해 두었던 것이다. 그러니까 백제는 한편으로는 고구려로부터 압박을 받고 있었지만, 그러면서도 다른 한편에서는 요서 지역의 거점을 잃지 않고 있었으며 상당히 늦은 시기까지도 이를 유지하고 있었던 것이다. 물론 일본과의 연결도 계속하고 있었다.

구다라나이 (くだらない)

백제는 고구려 때문에 중국으로 가는 길 중 육로는 막혀 있었다. 북쪽 길이 막혀 있는 이런 지리적 여건 때문에 백제는 중국의 북조 왕조보다는 남조 왕조들과 교류를 갖게 되었다. 그 교류를 통해 남조 왕조의 문화를 받아들이고 그 문화는 다시 바다 건너 왜에 전해졌다. 근구수왕 때 일본에 논어와 천자문을 전해 준 전라남도 영암 사람 왕인의 이야기는 그 대표적인 예라 할 수 있다. 백제는 황해 지역을 중심으로 일찍부터 해상무역들을 하면서 중국과 왜를 연결해 주는 중개무역 기지의 역할을 했고, 왜 역시 해안을 따라 해적이나 상인으로 활동했기 때문에 양국의 교류는 자연스럽게, 그리고 활발히 이루어졌던 것이다.

이렇게 교류가 진행되면서 백제 주민들은 개인적으로 또는 국가 차원에서 자신의 일가친척들을 데리고 일본에 가서 그곳에서 자기 세력들을 확보하고 일본 사람들과 한데 어울리면서 일본 사회를 구성하는 일부가 되어 갔다. 어느 시대나 새로운 세계를 갈망하고 진출하려는 사람들은 있기 마련이니까.

이런 과정을 통해 일본은 백제로부터 선진 문화를 전달받았다. 당시 일본은 우리나라의 삼한처럼 여러 소국들이 존재하면서 서서히 하나의 중심 세력이 솟아오르는 단계에 있었다. 그래서 대개 6세기경에는 고대 국가를 세우게 된다. 이 고대 국가가 성립하는 단계에서 백제 문화는 훌륭한 밑거름이 되었던 것이다.

일본말에 '구다라나이(くだらない)'라는 것이 있다. '구다라'는 '백제'라는 뜻이고 '나이'는 '아니다'라는 뜻이다. 그러니까 '구다라나이'라고 하면 "백제 것이 아니다."라는 뜻이다. '구다라나이'란 말은 지금 일본어 사전에도 있는데, 그 뜻은 '시시하다', '재미없다', '가치가 없다'라고 되어 있다. 이는 결국 해석하자면 백제 것이 아니면 '시시하다', '재미없다', '가치가 없다'가 되

는 것이다. 그건 그만큼 백제 것은 좋다는 뜻이다. 곧 선진 문화였다는 것이다. 이런 말이 일본말 속에 아직도 남아 있다는 것은 옛 일본인에게 심어주었던 백제의 인상이 어땠는가를 잘 알 수 있게 한다.

세련된 백제 문화

백제 문화의 특징을 한마디로 이야기하면 세련성이다. 한국 고고학계 최대의 발굴이라고 할 만큼 많은 유물들이 발굴된 무령왕릉과 한국 최고의 탑이라고 할 수 있는 미륵사지탑, 그리고 서산 마애삼존불상으로 흔히 알려진 서산 용현리 마애여래삼존상 등은 전체적으로 대단히 안정되고 세련되고 균형 잡힌, 한마디로 말해서 귀족적인 맛을 느끼게 한다. 1993년 부여 능산리에서 발굴되어 학계에 큰 충격을 주었던 백제 금동대향로도 마찬가지이다. 이 향로는 중국의 박산로博山爐보다 훨씬 세련되어 백제의 세공기술이 중국보다 뛰어났다는 사실을 보여 주고 있다.

삼국이 신라에 의해 통일됨으로 인해 백제의 역사는 이후 역사서술의 중심에서 벗어난다. 백제 문화는 백제가 있던 서남부 지역과 함께 중심무대에서 소외되어 버리면서 상당 부분 왜소해진 채 전해 내려오고 있다. 물론 사라지지는 않았다. 문화라는 것은 지배자가 바뀌었다고 해서 쉽게 사라져 버리는 것은 아니기 때문이다. 다만 왜소해졌다는 느낌만은 지울 수 없다.

백제인들이 중국 문화를 가져와서 자기 나름대로 소화해 내고 그것을 신라나 일본에 전파했던 이런 세련성과 국제성은 오늘날과 같은 국제 사회에서 우리가 다른 문화를 흡수하고 동시에 외부의 문화 침투에 어떻게 대응할 것인가에 대해서 시사를 주는 측면이 많이 있다.

백제 금동대향로

1993년 10월, 부여 능산리의 절터에서 1300여 년의 긴 잠을 깨고 나와 백제의 예술세계를 다시 쓰게 하였다. 국립부여박물관 소장

5 고구려의 영웅, 고구려의 멸망

고구려의 멸망은 지배층들이 통치의 명분을 상실할 때 국민들의 지지를 받기 어렵고, 결국 외세의 침입에 능동적으로 대응하지 못하게 되어 끝내는 망하고 만다는 교훈을 우리에게 주고 있다.

바보온달과 평강공주

고구려 하면 떠오르는 설화 중의 하나가 아이들이 좋아하는 바보온달과 평강공주 설화이다. 《삼국사기》〈온달전〉에 실려 있는 이 이야기는, 미천한 온달이 눈먼 어머니를 모시고 살면서 사람들로부터 바보로 불리다가 평강공주와 가정을 이룬 뒤에 무술을 익혀서 벼슬에 등용되고 외적과의 싸움에서 커다란 공을 세우고 결국은 영웅적 최후를 맞이한다는 내용이다.

이런 설화는 6세기 고구려의 상황을 두 가지 측면에서 반영하고 있다. 우선 바보와 공주의 결혼이다. 당시 고구려 사회는 엄격한 신분 사회로 공주와 거지나 다름없는 온달이 결혼을 한다는 것은 매우 비정상적인 일이었다. 그럼에도 불구하고 이런 일을 상상하고 이야기했다는 것은 흥미로운, 그래서 의미 있는 일이다. 어떻게 그런 이야기가 나올 수 있었을까? 그건 물론 당시 사회에서 극히 예외적이지만 그런 일이 있을 수 있었다는 것이다. 신분을 상승해 보려는 욕구가 있었고, 그래서 정상적인 것, 즉 기존

의 질서를 타파해 보려는 의식이 생겼다는 것이다. 바보온달과 평강공주의 설화는 6세기 말~7세기 초 고구려의 그런 상황을 반영하는 이야기였던 것이다. 이는 언뜻 보면 고구려 사회의 동요나 혼란으로 보이기 때문에 부정적 현상으로 치부해 버릴지도 모른다. 우리는 흔히 동요나 혼란을 잘못된 것으로만 생각하기 쉬운데, 역사에서는 발전이나 진보를 위해서 기존에 정해진 것들이 동요하고 해체하는 과정이 있게 마련이다.

다음으로 온달의 이야기는 고구려 사람들의 용맹성과 애국심을 보여 주고 있다. 온달이 평강공주와 결혼한 뒤 북주北周 등과 싸워 큰 공을 이루고, 마지막으로 신라에게 빼앗겼던 한강 유역을 찾으려고 싸우다가 죽는다는 사실에서 우리는 고구려인들의 용맹성과 애국심을 느낄 수가 있다. 서서히 쇠락해 갔던 고구려 사회는 옛 영화를 재현할 영웅의 출현을 매우 갈망했으며, 바로 이런 바람이 온달 이야기로 형상화되었던 것이다.

충북 단양에 있는 온달 산성

남한강이 내려다보이는 해발 427미터 높이에 돌로 쌓은 성이다. 고구려 평원왕의 사위인 온달 장군은 신라에게 빼앗긴 죽령 이북을 되찾기 위해 이곳까지 내려왔다가 결국 전사했다.

을지문덕과 살수대첩

비극적 최후를 마친 온달과는 달리 을지문덕은 우리가 잘 알다시피 612년 살수대첩에서 수나라의 백만 대군을 물리친 명장이다. 한말에 단재 신채호는 《을지문덕전》이라는 전기까지 써서 을지문덕 같은 영웅이 다시 출현해 쓰러져 가는 민족을 구해 줄 것을 기원하기까지 했던 것이다.

신통한 계책은 천문을 헤아리며
묘한 꾀는 지리를 꿰뚫는구나
싸움마다 이겨 공이 이미 높았으니
족할 줄 알아서 그만둠이 어떠하리

이 시는 을지문덕이 고구려를 침략해 온 수나라의 장수 우중문에게 주었다는 시이다. 이 시는 《삼국사기》에 실려 있지만, 본래는 중국 역사서인 《수서》의 우중문에 관한 기록 속에 들어 있었다. 을지문덕이 이런 희롱조의 시를 보낼 수 있었다는 것은 고구려가 적어도 국가 방위에서는 수나라에 대해 자신감을 가지고 있었다고 할 수 있다. 사실 수나라는 변방의 오랑캐인 선비족에서 출발했기 때문에 고구려가 높이 대우해 주지 않았던 것이다. 물론 이 시는 실력에 근거한 고구려 사람들의 대륙적인 기질, 호탕한 면을 보여 주기도 한다.

최근에 학계에서는 을지문덕은 고구려 사람이 아니고 중국의 선비족이었는데 고구려에 귀화했다는 견해가 나오기도 했지만 받아들이기는 어렵다. 고구려는 본래 고구려족만 있었던 것이 아니라 거란족·말갈족·선비족계통에서도 많은 사람들이 투항해 왔다. 밖으로 팽창해 가는, 그래서 다종족 국가가 되는 경우 귀화인이란 늘 있게 마련인 것이다. 따라서 을지문덕이 귀화인일 가능성이 전혀 없다는 것은 아니다. 그러나 귀화인이라고 보아야 할 분명한 증거도 없다. 우선 상식적으로 생각해 볼 때, 과연 국가의 존망을 다투는 전쟁이라는 큰 위기 앞에서 귀화인에게 군사 지휘권을 맡길 수 있었을까? 그렇게 고구려에 믿을 만한 장수가 없었을까? 답은 '노'이다.

우리는 을지문덕의 '을지'를 성姓으로, '문덕'을 이름으로 생각하기 쉬운데, 이는 중국의 기록을 그대로 따라가다 보니까 생긴 오해라고 할 수 있다. 《자치통감》에는 '위지문덕尉支文德'이라고 나오기도 한다.

'을지'라는 성에 대해서는 고구려 관등명의 하나인 우태于台와 같이 연장자, 가부장을 뜻한다는 해석이 있다. 또 다른 관등명인 울절鬱折을 중국식으로 표현한 말이라고 보기도 한다.

포용적인 문화

고구려는 하나의 제국이었다. 여러 종족으로 구성된 복합적인 사회였기 때문에 문화의 포용성이 컸다. 동시에 넓은 영토를 가지고 있었고, 동이족에 대해서 일종의 종주권을 행사하고 있었기 때문에 대단히 자신감이 있었으

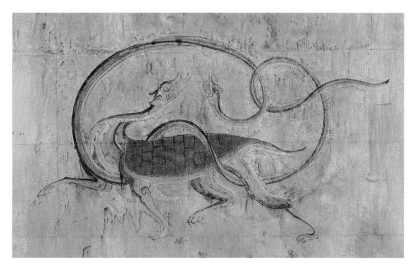

평안남도 강서군 강서대묘에 그려진 현무도

강서대묘 안벽에 그려졌으며 서쪽으로 나아가는 자세이다. 웅혼한 기상과 생동감이 느껴지는 걸작으로 평가받는다.

고구려 무용총 수렵도

말 탄 무사들이 산과 들을
달리며 활을 쏘아 호랑이,
사슴, 토끼 등을 사냥하는
모습을 생동감 있고 힘차
게 그렸다. 활 잘 쏘는 기마
민족의 활달한 기상을 담
고 있다.

며 강건하고 소박한 맛을 지녔다. 우리나라 사람들이 가슴속 깊은 곳으로
부터 우러나서 좋아하게 되는 그런 특성을 많이 가지고 있었던, 한마디로
매력 있는 나라였다.

고구려의 문화적 특성 가운데는 도교적인 면모도 많이 보인다. 이는 도
교적인 그림들이 그려져 있는 고분벽화를 보면 잘 알 수 있다. 고구려 문
화에 보이는 도교적인 요소를 예로부터 내려오는 우리 자체의 문화전통으
로 설명하기도 하는데, 그것보다는 중국에서 들어온 도교적인 문화 요소
가 고구려인들에게 널리 퍼지고, 특히 후반에 가서 국가 차원에서 그것을
공식적으로 권장해서 일반인들의 신앙 속에도 영향을 미치지 않았나 생
각된다.

고구려의 대표적인 문화유적을 들라고 하면 바로 고분벽화일 것이다. 고구려의 수도였던 퉁거우에만도 1만 2,000기의 고분이 있으며, 100기에 가까운 고분에 벽화가 그려져 있다. 우리가 초등학교 시절부터 잘 아는 춤추는 그림과 말 타고 사냥하는 그림이 나오는 무용총 벽화, 씨름하는 그림이 있는 각저총 벽화, 서역의 영향을 받은 쌍영총 벽화, 세 발 달린 까마귀三足鳥가 해를 상징하고 두꺼비가 달을 상징하고 있는 오회분 4호묘 벽화 등 신라·백제와는 비교도 할 수 없는 많은 벽화들이 천년이 지난 지금도 살아 숨 쉬고 있다. 고구려의 고분벽화들은 바로 고구려인의 세계관이나 종족성을 잘 반영하고 있는 것이다.

고구려의 멸망과 연개소문

광대하고 웅장했던 고구려도 668년에 결국 망하고 만다. 그 이유는 무엇이었을까? 아무리 안정되고 확고해 보이는 사회 체제도 흐르는 시간 앞에서는 장사가 없다. 흘러가는 시간과 더불어 많은 문제들이 생기게 된다. 고구려 역시 광개토대왕이나 장수왕, 문자명왕 때의 안정된 기간을 오래 거치면서 내부적인 갈등이나 모순이 생기게 된다. 특히 귀족들 간에 갈등이 격화되면서 자기가 후원하는 왕자를 왕으로 삼기 위해서 서로 죽이고 죽는 일이 몇 차례 있었다. 대외적으로는 돌궐족 등이 침략하였고 그 후에는 수와 당이 중국을 통일하고서 고구려를 위협하였다.

이러한 상황에서 귀족들은 서로 간의 싸움을 그치고 귀족연합적인 정치 체제를 이끌어 나갔다. 자신들 가운데서 '대대로大對盧'라는 수상을 협의해서 뽑아, 그가 거의 왕을 대신해서 정치를 담당하게 하는 그런 운영 방식이었다. 그러나 그것이 국가의 모순을 근본적으로 해결하고 진보된 새로운 체제를 만들어 내는 데까지는 이르지 못하였다. 대신 종래 자기들이 가지고 있었던 기득권을 보호하는 데 그쳤다. 이처럼 당면한 문제해결에 실패했기 때문에 고구려는 망할 수밖에 없었던 것이다.

고구려 멸망기의 마지막 영웅이 연개소문이다. 연개소문은 어떤 사람이었을까? 그는 자신의 아버지가 대대로를 역임한, 전통적인 귀족 가문 출신의 실력자였다. 그런데 당시 영류왕이 즉위하여 새로이 왕권을 강화하면서 연개소문과 대립하게 되자, 642년에 연개소문은 쿠데타를 일으켜서 영류왕과 100여 명의 귀족을 죽이고 권력을 장악하여 왕 이상의 권한을 휘둘렀다.

그럼에도 불구하고 고구려가 귀족연립적인 성격을 너무 오래 유지해 왔기 때문에 연개소문이 완전히 정권을 장악했다고는 할 수 없다. 또한 문제가 되었던 것은 중국이 통일되면서 당이 고구려에 대해서 신하의 예를 갖추도록 강력하게 요구했던 점이다. 이 경우 연개소문이라는 존재가 문제가 되었다. 분명히 왕이 있는데 신하인 연개소문이 왕 위에 군림하고 있었기 때문이다. 결국 당나라에서 요구하는 신하 관계를 받아들이려면 연개소문은 사실 왕 위에 군림하는 존재로는 있을 수 없었다. 그래서 당나라는 자꾸 연개소문에 대해서 왕을 시해한 반역자라고 하면서 고구려에 압력을 가했던 것이다. 반면 연개소문은 스스로 권좌에서 물러나는 것이 싫었으며 현실적으로 자신의 추종 세력도 있었기 때문에 물러나지 않고 버텼던 것이다.

결국 고구려와 당나라 간에는 평화롭게 교섭을 타결할 수도 없었고, 다른 한편으로는 전면 전쟁을 통해서 긴장 상태를 끝내 버리지도 못하는,

연개소문유적비

강화도에는 연개소문이 고려산 북쪽 시루미산에서 태어났다는 전설이 전해온다. 또한 그가 물을 마셨다는 오정(우물), 군사들을 훈련시켰다는 치마대, 말에게 물을 먹였다는 연못 등이 남아 있다. 인천 강화군 하점면 소재

시간만 질질 끄는 상태가 계속되었다. 그러나 연개소문이 죽자 곧바로 신라와 당나라의 연합 세력은 고구려를 침략하게 된다. 그리고 연개소문의 아들들 사이의 분란은 고구려의 멸망을 더욱 재촉하였다. 주민들 모두가 연개소문 아들들에게 적극적으로 동조할 분위기도 아니었다. 그리하여 고구려는 결국 망하고 만다. 이처럼 고구려의 멸망은 지배층들이 통치의 명분을 상실할 때 국민들의 지지를 받기 어렵고, 결국 외세의 침입에 능동적으로 대응하지 못하게 되어 끝내는 망하고 만다는 교훈을 우리에게 주고 있다.

6 삼국의 통일

삼국의 주민들이 한데 어울려 당나라 군사를 물리치는 데 고난을 함께함으로써 진실한 의미의 통일에 돌입하는 역사적 진전이 있었다. 신라의 통일은 불완전하나마 백제와 고구려 멸망 이후 삼국의 주민이 결합하여 외세를 물리침으로써 최초로 민족의 통일을 완성시켰다.

고구려가 통일을 했더라면

우리나라 사람이라면 한 번쯤은 삼국 가운데 고구려가 통일을 했으면 참 좋았을 텐데 하는 생각을 해 보았을 것이다. 역사에서 가정이란 무의미한 것이지만 광대한 영토를 가졌던 과거에 대한 아쉬움이라고나 할까. 지금의 좁은 영토에 대한 답답함 때문이라고나 할까. 우리의 처지가 왜소하게 보이고 주변 강대국들에게 당당하게 대하지 못할 때 고구려가 통일을 했으면 하는 생각이 더욱 드는 것 같다.

그러나 역사라는 것은 이루어진 일을 분석해서 그 인과관계를 따지는 학문이다. 아쉬움이나 가정도 이루어진 일을 설명하는 방편으로 하는 것이지, 그것에 집착해서 헛된 과대망상이나 지나친 국수주의로 흐른다면 어리석은 일이 아닐 수 없다. 역사가 그렇게 전개된 데에는 다 그럴 만한 이유가 있으니까.

'통일'이라는 말처럼 지금 우리 민족에게 무겁게 다가오는 말은 없을 것이다. 지난 1994년, 북한의 김일성 주석이 갑자기 죽는 바람에 예정되었던 남북정상회담이 아쉽게도 무산되고 말았다. 그 후 2000년 6월, 김대중 대통령과 김정일 위원장이 평양에서 만나 제1차 정상회담을 개최하여 '6·15 공동선언'에 합의했고, 2007년 10월, 노무현 대통령과 역시 김정일 위원장이 제2차 정상회담을 개최, '10·4 선언'에 합의했다. 그러나 정상회담은 더 이상 이어지지 못하고 멈춰 있다. 북한의 핵 문제는 물론, 천안함 피격 사건이나 연평도 포격 도발 사건 등에서 보듯이 통일이 그렇게 쉬운 것만은 아니다. 하지만 남북이 통일을 이룬다는 것은 마치 잃어버린 반쪽을 찾는 일처럼 절실한 과제라고 할 수 있다. 비록 지금과는 현저한 차이가 있겠지만, 고대 삼국의 통일 문제를 다루면서 오늘날의 통일 문제를 해결하는 데 필요한 역사적 교훈을 얻을 수 있기를 바란다.

삼국 전쟁

앞으로 우리가 통일을 이루고자 할 때 그 방법은 평화적 수단에 의한 통일이어야 할 것이다. 그러나 고대에는 평화적인 방법보다는 전쟁에 의해서 통일이 되었다. 삼국은 본래부터 하나의 나라였다거나 하나의 민족이었던 것은 아니었다. 오늘날 우리가 남북으로 갈라져 있는 상황과는 운명이 다르다. 따라서 삼국이 전쟁을 할 때 그 목적이 민족을 통일한다는 그런 거창한 데 있었던 것은 아니다. 각각 성장하는 속에서 스스로의 생존을 위해서 서로 싸우다 보니까 결국 한 나라가 이기는 그런 과정을 밟았던 것이다. 그것이 오늘날과 크게 다른 점이다.

삼국은 서로 무수히 많은 전쟁을 치렀다. 이들이 왜 이렇게 수없이 많은 전쟁을 했는가를 알아보려면 우선 지배층의 성격부터 살펴볼 필요가 있다. 삼국의 지배층들은 기본적으로 과거의 족장에서 성장해서 국가의 중심을 이룬 세력들이었다. 그러므로 국가를 경영해서 거기에서 나오는 경제적인 부를 보다 많이 누리기 원했으며 부의 창출을 위해서 일찍부터 전쟁을 했다. 힘이 약한 자의 것을 빼앗아 자신의 부로 삼아 왔던 것이다. 그러다가 삼국이 어느 정도 성장하여 국경이 거의 맞닿는 상황이 되고 서로 상대방의 것을 빼앗고 빼앗기는 과정에서 전쟁의 횟수가 많아지게 되었다. 이 시기의 전쟁은 어떻게 보면 국가를 경영하는 하나의 수단이었다고도 볼 수 있다.

삼국의 전쟁 과정을 좀 더 자세히 살펴보면, 우선 삼국이 국가 체제를 정비한 4세기 후반 고구려에는 걸출한 영웅 광개토대왕(391~413)이 즉위하여 팽창 정책을 취하면서 남으로 백제를 압박하였다. 삼국 간의 전쟁은 이때부터 본격화되는데, 이처럼 처음에는 고구려가 주도하고 백제가 신라와 연맹을 맺어 이에 대응하는 양상을 이루었다.

그러다가 6세기에 들어와 고구려에 내분이 일어나고 수나라 등의 공격을 받는 등 내우외환이 겹치는 틈에 신라가 새로운 강자로 부상하여 한강 유역에 진출하였다. 그리고는 중국과 연결해서 오히려 고구려에 압박을 가하는 정도에까지 이른다. 이때 백제도 다시 국력을 회복해서 신라와 전쟁

을 벌여 나갔다. 백제의 이런 반격에 위협을 느낀 신라는 당과의 연합을 공고히 하면서 전쟁의 주도권을 잡아 나갔다. 이와 같이 삼국의 전쟁은 중국이 끼어들면서 7세기에 들어오면서 국제전의 양상을 띤다. 이런 전쟁에서 676년에 이르러 신라가 마지막 승자가 됨으로써 3세기에 걸친 긴 전쟁이 끝난다.

삼각형의 세 변

여기서 우리는 왜 삼국 간의 전쟁이 3세기에 걸쳐서 오랫동안 지속되었을까, 왜 짧은 기간에 승부를 내지 못했을까 하는 의문이 들 수 있다. 삼각형을 한번 생각해 보자. 삼각형의 한 변은 다른 두 변의 합보다 클 수가 없다. 삼국의 경우도 마찬가지였다. 어느 한 나라가 아무리 강대하다 하더라도 다른 두 나라가 연합하면 이길 수가 없었던 것이다.

고구려가 강해질 때 백제와 신라는 연합해서 고구려에 대항하는, 이런 식이었다. 즉 한 나라와 다른 나라가 싸울 때 나머지 한 나라는 어느 쪽 편을 들어야 할까, 어느 편을 견제해야 할까를 생각해야 했다. 자신도 생존해야 하니까. 그래서 삼국이 연합하고 분리하는 상황이 되풀이되었고 또한 전쟁이 오래 계속되는 동안 서로 국력을 키우려고 노력했기 때문에 쉽게 끝나지 못했던 것이다.

삼국이 전쟁을 지속하게 된 또 하나의 요인은 대외적인 측면이다. 고구려는 국력이 있었음에도 불구하고 돌궐족이라는 더 강한 적을 막기 위해 신경을 쓰다 보니까 한강 유역을 신라·백제의 연합군에게 내줄 수밖에 없었다.

물론 당시의 전쟁은 오늘날의 전쟁처럼 일시에 집중적으로, 또는 끊임없이 벌이는 것은 아니었다. 국경에서의 국지전적인 양상이 많았다. 《삼국사기》에 보면 항상 싸우는 것이 아니라 농사는 지었다. 농사짓는 기간에는 서로 싸움을 피하다가 가을의 추수기를 전후해서 주로 겨울에 싸우는 경우가 많았다. 한편으로는 농사를 지어 힘을 기르고, 다른 한편으로는 싸움도 하는 그런 식이었다.

따라서 삼국은 서로 전쟁에서 승리하기 위해 나름대로의 노력을 하였다. 전쟁을 수행하기 위한 군사를 효율적으로 동원하기 위해서는 일사분란한 지휘 체계가 필요했으며, 이를 위해 왕은 강력한 지휘력과 통솔력을 구축하고자 하였다. 삼국 모두 지방통치 체제에 군사적 성격이 강했던 것도 이 때문이다. 상위의 행정 단위인 고구려의 부部, 백제의 방方, 신라의 주州가 모두 군관구軍管區로서 기능한 것이나, 성城이 지방의 기초 단위 역할을 한 것이나, 지방관을 군주軍主, 당주幢主, 군장郡將 등으로 불렀던 것 등이 그 예들이다. 행정이 곧 군정이었다.

한편 전쟁을 수행하기 위해서는 막대한 비용과 군수물자가 필요했는데, 이를 위해 국가는 농업 기반시설을 마련하고 농업기술을 보급하는 데에도 적극적이었다. 당시 고구려나 백제는 신라보다 먼저 중국 문물을 받아들여 어느 정도 발전 단계를 거쳤기 때문에 농업기술도 많이 발전해 있었지만, 신라의 경우 특히 변한·진한 지역에서는 소·말을 타는 방법이나 달구지를 매서 사용하는 방법도 몰랐다고 한다. 그러다가 5~6세기 초에 이런 기술들을 국가적으로 보급해 나갔다. 대표적인 예가 6세기 초 지증왕 때 순장을 금지하고 농경에 소를 이용하는 방법을 보급한 것이다. 소를 이용하면 논밭을 깊게 갈 수 있고, 제초도 쉬워지기 때문에 노동력도 덜 들고 보다 쉽게 농사를 지을 수 있었다.

결국 이런 농업기술의 발전이 국가재정 확보에 큰 도움이 되고, 사람들의 생활을 향상시키는 요소가 되었다. 당시의 전쟁은 단기간에 파괴적으로 끝나는 오늘날의 현대전과는 달리, 국지전·장기전이었기 때문에 어떤 점에서는 사회 발전을 촉진시키는 면도 있었던 것이다.

신라가 삼국을 통일할 수 있었던 이유

어쨌든 3세기에 걸친 장기간의 전쟁에서 신라가 최후의 승자가 되었다. 그 결과, 민족의 활동 영역은 한반도 안으로 축소되었다. 어찌 보면 불운이라고 볼 수 있겠지만 역사란 냉정한 것이다. 고구려와 백제는 멸망하고 신라만이 살아 삼국의 역사를 이었다는 것은 돌이킬 수 없는 사실이다. 그러면 신라가 최후의 승자가 될 수 있었던 이유는 어디에 있었을까?

역사에서는 대내적으로나 대외적으로나 때가 중요하다. 영웅도 시대를 잘 만나야 한다고 하지 않는가? 조금 역설적이기는 하지만 신라의 발전이 늦게 시작된 점이 오히려 신라에게는 도움이 되었다. 왜냐하면 고구려와 백제는 고대 국가 단계에 일찍 돌입했기 때문에 국가 체제 자체가 이미 모순을 드러내고 있었으나, 신라는 고대 국가로 성립된 지 얼마 되지 않아서 국가 자체가 성장하는 과정에 있었다. 이 때문에 국민들이 국가 발전에 대해서 보다 헌신적이었다. 《삼국사기》에 당시 신라의 어린 화랑들이나 화랑이 아닌 이름 없는 인물들, 심지어 노비들까지도 국가를 위해 스스로 죽는 모습들이 나타나는 것도 이런 상황에서 가능했던 것이다.

신라가 통일을 이루게 된 또 하나의 결정적인 배경은 중국의 통일이었다. 수·당이 중국을 통일하고 나서 고구려와 백제를 적극 치려고 할 때 신라가 그 속에 끼어 들어가 중국 세력을 효과적으로 이용해서 실리를 획득했던 것이다.

또한 신라의 통일과 관련시켜 많이 언급되는 것이 세속오계이다. 세속오계는 말 그대로 세속에서 지켜야 할 다섯 가지 계율로 화랑도의 낭도들뿐만 아니라 당시 신라인들, 특히 남자들에게는 상당히 일반화되어 있었을 것으로 생각한다. 그러므로 세속오계는 신라인들이 국토를 방위하고 외적을 물리치며 사회 구성원 간에 신의를 지키고 단결을 이루어 내는 데, 즉 국민적 통합을 이루는 데 상당한 역할을 했던 것이다.

　물론 신라의 통일은 고구려와 백제의 멸망으로 완성되었던 것은 아니다. 통일 전쟁에 당의 세력을 끌어들였기 때문이다. 잘 알다시피 당은 내심 백제·고구려 영토와 더불어 신라 지역까지 자신의 영토로 하려고 하였다. 그리하여 신라왕을 계림대도독에 임명하여 신라를 당나라의 지방 단위로 편제하려 했던 것이다.

　이런 당의 침략 의도를 신라의 문무왕이 간파하고 적극 대항해 싸우게 되는데, 여기에 신라의 삼국 통일이 지니는 의미를 긍정적으로 평가할 수 있는 점이 있다. 더욱이 당과의 싸움에 고구려와 백제 유민이 힘껏 도왔기 때문에 더욱 그렇다. 물론 백제인들 가운데 일부는 당나라에 기생한 사람도 있었지만 그건 정치적인 일이고, 대다수의 주민들은 신라에 적극 협조해 같이 싸웠다.

　과거의 세 나라 주민들이 한데 어울려서 자기들보다는 더 다른 종족인 당나라 군사들을 물리치는 데 고난을 함께함으로써 진실한 의미의 통일에 돌입하는 역사적 진전이 있었던 것이다. 그러므로 신라의 통일은 불완전하

나마 백제와 고구려가 멸망한 이후 삼국의 주민이 결합하여 외세를 물리
침으로써 최초로 민족의 통일을 완성시켰다고 할 수 있다.

Korea

HISTORY OF KOREA

제3장 | 신라, 천년의 역사

1 골품제의 운명

골품제는 경주의 왕경인王京人들을 대상으로 한 제도였다. 때문에 나라 사람 모두를 대상으로 하는 조선 시기의 신분제와는 달랐다. 그렇다고 해서 일반 평민들이 차별을 받지 않았다는 것은 아니다.

골제와 두품제

전근대 사회와 근대 사회를 비교할 때 가장 두드러진 차이가 신분제이다. 신분제는 어떤 핏줄에서 태어났는가에 따라 특권이 주어지거나 제약이 가해지는 사회 제도이다. 부모가 누구냐가 단번에 그 사람의 운명을 정하는 것이다. 인도의 카스트 제도 같은 것이 세계적으로 유명한 예이다.

우리나라에서 신분제의 대표를 꼽으라면 첫손에 골품제가 꼽힐 것이다. 골품제는 신라의 가장 특징적인 제도로 사로국이 진한 지역을 통합하여 고대 국가로 발전하는 과정에서 자리 잡았다. 무엇보다 사로국 지배 세력의 특권 유지를 우선하였고 아울러 병합한 성읍국가 또는 연맹왕국의 족장 세력을 신라의 지배 체제 속에 편입할 때에 그 등급을 정하기 위한 기준으로 제정하였다.

골품제는 대체로 골제骨制와 두품제頭品制 두 개로 이루어져 있다. 처음에는 모두 8등급이었는데 나중에 4등급으로 줄었다. 골제는 왕족을 중심으로 형성된 제도로 다시 성골과 진골로 나뉘었는데, 그중에서 왕이 될 수 있는 것은 처음에는 성골뿐이었다. 그러나 성골은 삼국 통일 이전에 사라지고 통일 이후에는 진골이 중앙귀족이 되고 다시 그 안에서 왕이 나오는 과정을 겪게 된다. 어쨌든 왕이 되기 위해서는 적어도 진골의 범주에서 벗어나서는 안 되었다. 따라서 통일신라의 왕족들은 서로 왕이 되기 위해서 상대 계보와 혼인하지 않고 자기들끼리 혼인을 해야 했다. 그러다 보니 이종·고종 간에 근친혼을 하는 예들이 기록에 간간이 보인다.

한편 두품제는 경주에 살고 있었던 일반 귀족이나 평민들을 대상으로 구분했다. 원래는 1두품에서 6두품까지 6개의 두품이 있었지만, 그중 1두품에서 3두품까지는 평민화되어 두품으로서의 의미를 잃어버렸고, 4·5·6두품은 의연히 높은 신분을 유지할 수 있었다. 이 중에서 6두품은 얻기가 어렵다하여 득난得難이란 별칭으로 불릴 만큼 높은 신분이었다.

골품제는 본래 경주를 중심으로 출발했던 왕경인王京人들을 대상으로 한 제도였기 때문에 나라 사람 모두를 대상으로 하는 조선 시기의 신분제와는 달랐다. 그렇다고 해서 일반 평민들이 차별을 받지 않았다는 것은 아니다.

골품제의 운영

신라의 관제는 모두 17관등으로 이루어져 있었다. 지금으로 말하면 몇 급 공무원 하는 식일 것이다. 그런데 이 관등에는 골품마다 올라갈 수 있는 상한선이 규정되어 있었다. 진골의 경우에는 최고위 관등인 이벌찬까지 올라갈 수 있지만 6두품의 경우에는 제6관등인 아찬까지, 5두품은 제10관등인 대나마까지, 4두품은 제12관등인 대사까지 올라갈 수 있었다.

그러므로 어느 정도 올라가다 보면 상한선에 걸려서 더 이상 올라가지 못하는 경우가 생기게 되는데, 이런 경우에는 그 관등을 다시 나누어 몇 중, 몇 중 하는 식으로 구분한 중위重位 제도라는 것을 만들었다. 특진 제도라고도 할 수 있는 것이다. 그래서 아찬의 경우에는 본래의 아찬에다 중아찬, 삼중아찬, 사중아찬 등이 덧붙여져서 4등급으로 나뉘어졌고, 5두품이 올라갈 수 있는 최고 관등인 대나마는 대나마에서부터 구중대나마까지 9등급으로 다시 나뉘어졌다. 골품제에 대한 불만을 부분적으로나마 해소해 보려는 신라 사회의 독특한 관직 운영 체계라고 할 수 있다.

골품제는 정치적인 측면뿐만 아니라 가옥의 규모나 복색 등 생활의 모든 면에 대하여 차별을 규정하였다. 《삼국사기》 〈잡지雜志〉의 기록에 의하면, 834년(흥덕왕 9)에 골품제에 의해 옷이나 집, 수레, 말 장식, 심지어는 그릇까지도 신분에 따른 상한선을 정했다고 되어 있다. 그릇에 대한 규정을 예로 들어 본다면 진골의 경우에는 금이나 은그릇, 또는 금이나 은을 도금한 그릇을 사용할 수 있는데, 그 밑의 계층은 금지되어 있었다. 한편 집에 대해서는 진골이라 하더라도 길이나 넓이가 24척을 넘지 못하며 중국식 기와를 덮지 못하고 또한 하늘을 나는 듯한 처마를 하지 못하게 되어

국립경주박물관 월지관

월지, 즉 동궁이 있었던 임해전 터에서 발견된 3만여 점의 유물 가운데 약 7백여 점이 전시되어 있다. 건물 장식에 쓰인 나무 부재들과 문고리, 옷걸이 등 금속 장식 등 신라 사람들의 생활상이 담긴 유물을 볼 수 있다.

있었다. 이것은 왕만이 할 수 있는 것이었다. 6두품의 경우에는 길이나 넓이가 21척을 넘지 못하게 하였다.

재미있는 사실은 흥덕왕 9년에 이런 규정을 정하게 되었던 계기가 일반 백성들이 국산품을 애용하지 않고 외제품을 선호하고 사치와 호화를 다투어서 했기 때문이라는 것이다. 《삼국사기》를 보면 외제 사치품에 대한 기록이 상당히 많이 나온다. 공작의 꼬리라든지 비취털·슬슬瑟瑟·대모玳瑁·자단紫檀 등이 이런 것들인데, 공작꼬리 같은 것은 인도나 동남아시아에서 나는 물건이고 비취털이라는 것은 캄푸치아에서 나는 물건이다. 그리고 슬슬이라는 것은 아랍 쪽에서 나는 에메랄드, 대모는 거북 껍질이 아닌가 추정된다. 요새와 다를 바가 없었다.

사치 풍조의 유행은 신라가 대외무역을 활발히 하여 돈을 많이 벌어들였다는 것을 반영하고 있기도 하다. 그러나 전근대 사회에서의 사치는 신분제와 밀접한 연관을 지니고 있기 때문에 신분에 따라서 규정을 엄격하게 정하고 금했던 것이다.

민족의식의 성장

삼국 시대에는 고구려나 백제에도 신라의 골품제와 비슷한 신분 제도가 있었던 것으로 추정하지만 정확히 드러나지는 않는다. 단지 신라만이 삼국을 통일한 뒤에 고구려와 백제 사람들이 모여들었기 때문에 골품제를 중심으로 한 신분 제도를 더욱 강화했던 것이 아닌가 하는 생각이 든다.

물론 통일 이후 신라 사회는 신분제뿐만 아니라 여러 측면에서 변하였다. 그러므로 남북이 분단되어 있는, 통일이 절실히 요청되는 오늘날의 상황에서 신라의 삼국 통일을 전후해서 나타나는 변화상을 살펴보는 것도 필요할 것이다. 통일 전쟁 이후 신라는 영토가 확대되었을 뿐만 아니라 고구려와 백제의 문화를 융합하여 문화의 폭이 훨씬 넓어졌다. 그리고 하나의 국가 체제 아래에서 삼국민들이 살게 됨으로써 하나의 공동체를 형성하고 점차로 하나의 민족이라는 의식을 형성해 나갔던 것이다.

이는 《삼국사기》와 《삼국유사》가 시기를 다르게 나누고 신라의 전성기를 보는 기준도 다르지만 똑같이 삼국 통일을 전후해서 시대가 바뀐다는 생각을 갖고 있었던 데에서도 잘 나타난다. 즉 《삼국사기》에서는 상대上代와 중대中代를 나누는 기준이, 《삼국유사》에서는 중고中古와 하고下古를 나누는 기준이 바로 삼국 통일이었다.

그리고 통일 직후에 만들어진 비문을 보면 삼한을 통일했다는 기록이 나온다. 여기서 삼한이라는 것은 마한·진한·변한이 아니라 고구려·백제·신라를 말한다. 아울러 한인韓人의 집단으로서 세 개가 있었는데, 결국 하나로 통일했다는 기록도 나오고 있다. 이런 기록들은 신라인들이 통일에 대해 상당한 자부심을 가지고 있었음을 보여 주는 것이라고 할 수 있다.

또한 신라는 지방 제도로 9주 5소경 제도를 시행하였다. 9주는 9개의 주로, 그 가운데 3개는 옛 고구려 땅에, 3개는 옛 백제 땅에, 그리고 3개는 옛 신라 땅에 두었다. 5소경은 5개의 작은 서울이란 뜻으로, 2개는 옛 고구려 땅에, 2개는 옛 백제 땅에, 1개는 옛 신라 땅에 설치하였다. 이것은 신라가 고구려와 백제를 이민족의 정복으로 본 것이 아니었으며, 백제와 고구려를 신라와 동등하게 포섭하려고 했다는 것을 의미한다.

군사 제도로서는 신라의 왕경을 수비하는 군대인 9서당을 만드는데, 여기에는 신라인뿐만 아니라 고구려인과 백제인, 심지어 말갈인까지도 포함하고 있다. 왕을 호위하고 왕경을 수비하는 군인에 이들을 임명했다는 것은 상당한 동질의식을 가지고 무마하려고 했다는 사실, 그리고 믿을 수 있었다는 사실을 나타내고 있지 않나 여겨진다. 그리고 이런 여러 가지 민족 융합 정책을 통해 하나의 민족으로서 형성될 수 있었던 것이다.

임신서기석 壬申誓記石

통일 이전의 신라 사회는 불교를 중심으로 한 통치 질서를 유지하고 있었으나 통일 이후에는 정치이념으로서 유교가 점차 성장하였고 또한 유교를 진흥시키려는 여러 정책들이 나타났다. 그 단적인 예가 왕의 이름이다. 통일 이전 법흥왕부터 진덕왕까지는 불교 왕명 시대라고 해서 왕의 이름을 불교식으로 했다. 법흥왕이라 한 것은 불법을 흥하게 하는 왕이라는 뜻에서였다. 그러나 통일 이후에는 태종무열왕 또는 문무왕처럼 유교적인 덕목에서 따온 왕의 이름이 나온다. 왕의 이름이 불교식에서 유교식 이름으로 바뀌고 있는 것이다. 그 밖에도 귀족 자제들에게 유학을 가르치기 위해 국학을 세우거나 시험을 봄으로써 관리를 채 용하는 독서삼품과가 설치되는 데서도 우리는 통일 이후 유학이 점차 강조되고 있었음을 알 수 있다.

이런 변화가 일반인들의 생활에 어떠한 영향을 미쳤는가를 엿볼 수 있는 좋은 자료가 임신서기석이다. 말 그대로 신라 중고기 후반 임신년에 서약한 것을 기록한 비석이다.

> 임신년 6월 16일에 두 사람이 함께 맹세하여 기록한다. 하느님 앞에 맹세하기를, 지금부터 3년 동안 충성스럽고 과실이 없기를 맹세한다. 만일 이 서약을 어기면 하늘에 큰 죄를 짓는 것이라고 맹세한다. 만일 나라가 편안치 않고 크게 세상이 어지러우면 충성을 다할 것을 맹세한다. 또한 따로 앞서 신미년 7월 22일에 크게 맹세하였으니 시경·삼서·예기·춘추좌씨전을 3년 동안 차례로 습득하기를 맹세한다.

이 글은 대체로 진평왕 때에 두 친구가 공부와 나라에 대한 충성을 맹세한 서약서와 같은 것이다. 여기에서 우리는 신라가 유교라는 새로운 사상을 통해서 통일 이후의 사회를 이끌어 가려고 했다는 사실을 알 수 있다.

그럼에도 불구하고 신라 하대에 가면 경주 내에서 6두품 세력이 성장해 진골에 대항하고 지방에서는 독자적인 세력으로서 호족이 성장하여 경주에 대항함으로써 골품제는 서서히 붕괴되어 나갔다. 골품제의 붕괴 과정은 곧 경주를 중심으로 한 신라 사회가 붕괴되어 나가는 과정이었던 것이다.

2 촌락문서에 나타난 신라 사회

KOREA

포장지라는 전혀 다른 용도로 사용되었던 촌락문서가 천여 년의 세월을 두고 다시 제 용도를 찾아 훌륭한 정보를 전해 주고 있는 것은 다행이다. 천년의 만남이란 영화 속에만 있는 것은 아닌가 보다.

촌락문서란 무엇인가

촌락문서는 민정문서라고도 부르는데, 일종의 호구 조사서로서 가구나 인구의 수, 토지의 면적, 소나 말의 수 등을 적은 기록이다. 물론 당시에는 비교적 흔한 기록이었겠지만 지금은 거의 유일한 기록이 되고 말았다. 우리가 보통 촌락문서라고 할 때에는 바로 현재 남아 있는 통일신라 시대 서원경(오늘날의 청주) 부근 4개 촌을 조사한 문서를 지칭하는 것이다. 세월의 흐름에 따라 어느덧 고유명사가 되어 버려서 '신라촌락문서', '신라장적', '정창원 신라장적' 등의 이름으로 불리고 있다.

촌락문서는 신라의 문서임에도 불구하고, 안타까운 일이지만, 우리나라에서 발견되지도, 또 지금 우리나라에 있지도 않다. 촌락문서는 일본의 여러 가지 국보급 유물들을 보관하고 있는 도다이지東大寺라는 큰 절의 부속 건물인 쇼소인正倉院에서 1933년에 발견되었다. 아쉽게도 우리나라에는 이런 문서들이 하나도 남아 있지 않다. 일본에만 몇몇 남아 있을 뿐이다. 그러면 왜 그야말로 신라만의 필요에 의해 작성한 호구 조사서 같은 촌락문서가 일본에 가서 남게 되었을까? 도대체 일본에 건너간 사연은 무엇일까? 거기에는 정말 천여 년 후의 만남을 기다리게 한 우연한 사연이 담겨 있다.

종이가 흔하지 않던 당시 신라에서는 이른바 보존 기한이 지난 촌락문서들을 폐기할 때 그 종이를 그냥 버리지 않고 다른 데 활용했었다. 그 다른 데라는 게 포장지였다. 일본으로 보내는 귀한 물건들을 포장하는 용도로 사용했던 것이다. 한지가 지금도 그렇듯이 귀중품을 포장하기에는 안성맞춤이었다. 그래서 귀중품과 함께 촌락문서는 그 포장지가 되어 일본으로 건너갔다. 일단 귀중품이 도착하면 대개 포장지는 벗겨 버리고 그 귀중품만을 보관한다. 그런데 일본도 종이가 귀한 것은 마찬가지여서, 포장한 종이를 버리지 않고 《화엄경론》의 책갑 내부의 포심布心에 덧붙여 두었던 것이다. 또 다른 포장지로 재활용되었던 것이다.

이 촌락문서는 그로부터 천여 년이 지난 1933년에 그 《화엄경론》의 책갑을 수리하는 과정에서 발견하였다. 책을 수리하려면 아무래도 덕지덕지 붙어 있는 것들을 떼었다가 다시 정리해서 붙이게 되는데, 이때 그 떼어낸 종이 중의 하나가 바로 촌락문서였던 것이다. 소중한 서책을 보호하기 위해 포장 용도로 사용했던 종이 중의 하나였던 것이다. 촌락문서는 안타깝게도 책의 수리가 끝난 뒤에 다시 원래대로 그 책에 붙어서 쇼소인으로 들어갔기 때문에 지금은 당시 촬영한 문서의 사진밖에는 볼 수 없는 상황이다.

어쨌든 포장지라는 전혀 다른 용도로 사용되었던 촌락문서가 이렇게 해서 천여 년의 세월을 두고 다시 제 용도를 찾아 훌륭한 정보를 지금 우리들

좌파리가반문서

일본 도다이지 쇼소인에서 유기 그릇의 일종인 좌파리가반 사이에서 발견된 통일신라 시대의 공문서 2장을 말한다. 공물과 녹봉에 관한 내용이 기록되어 있다.

에게 전해 주고 있는 것은 그나마 다행이다. 천년의 만남이란 영화 속에만 있는 것은 아닌가 보다.

이런 유형의 문서로 좌파리가반문서라는 것도 있다. 이는 같은 해 쇼소인에서 유기 그릇의 일종인 좌파리가반을 조사·정리하던 중 겹쳐진 그릇 사이에서 발견된 2장의 공문서였다. 여기에는 신라의 지방관청에서 곡물을 징수하던 내용이 담겨져 있다. 이 문서 역시 그릇을 보호하기 위한 포장재 용도로 재활용되었던 것으로 추측한다. 우리 역사의 기록을 우리가 마음대로 볼 수 없다는 것은 안타까운 일이지만 이런 것을 통해서 우리 문화가 일본에 전파됐다는 사실을 분명히 할 수 있다는 데에서 조금은 위안을 삼을 수 있을 것 같다.

촌락문서의 내용

촌락문서가 언제 작성되었는지는 확실하지 않다. 을미년이라고 간지干支만 기록되어 있어서 작성 시기를 특정하기가 어려운데, 695년(효소왕 4)이라는 주장이 신빙성 있게 받아들여지고 있다.

촌락문서에는 4개의 촌락이 나온다. 각 촌락의 지리적인 범위와 호구조사 내용, 나아가 소와 말의 수, 전답의 면적, 그리고 뽕나무·잣나무·호두나무 등의 수가 3년 단위로 상세히 기록되어 있다. 예를 들어 뽕나무의 기록을 보면, 뽕나무가 모두 1,235그루인데, 3년 사이에 더 심은 것이 69그루이고, 전부터 심었던 것이 1,169그루라는 식이다.

이렇게 여러 분야에 걸쳐 자세히 기록했던 이유는 무엇이었을까? 요즘 말로 표현하면 세금을 잘 거두어들이기 위해서였다고 생각된다. 세금을 잘 거두기 위해서는 세원을 잘 파악해야 했기 때문에 뽕나무의 그루 수 하나까지도 완전히 파악하려고 했던 것이다. 이는 그만큼 신라의 중앙정부가 지방의 농민들을 지배하는 힘이 컸다는 것을 의미하기도 한다.

두 장밖에 되지 않는 문서이지만 우리는 촌락문서를 통해서 통일신라 사회의 여러 모습을 살펴볼 수 있다. 신라의 지방 사회는 맨 밑에 농민들이 있고, 그들이 모여 자연촌락을 형성한다. 그리고 이런 자연촌락이 몇 개 합쳐져 행정 단위의 촌을 형성한다. 이 행정 단위 촌의 대표자를 촌주라고 부른다. 그리고 중앙으로부터 관리가 파견되어서 이들을 관리·감독하는 것이다.

촌락문서에는 주민들이 가족을 이끌고 다른 데로 이사 가거나 이사 오는 것도 기록되어 있다. 심지어 도망갔다는 내용도 보인다. 그럼에도 불구하고 문서에 이름은 하나도 나오지 않고 노공老公·노모老母에서 소자小子·소녀자小女子까지 남녀 각각 나이에 따라 여섯 등급으로 기록하고 있다. 사람을 하나의 개별적인 인격체로 파악하지 않고 나이와 성별을 기준으로 노동력 징발의 원천으로만 파악하고 있는 것이다.

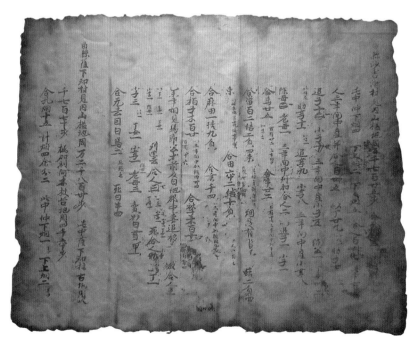

755년경에 작성된 신라 촌락문서

일본 도다이지 쇼소인에서 발견된 것으로, 지금의 청주 부근 4개 촌락의 면적, 인구수, 농경지 규모, 과실수, 가축 수 등을 기록해 놓았다.

또한 촌락문서를 보면 촌주위답村主位畓이나 연수유답煙受有畓과 같은 이름의 토지들이 많이 나온다. 촌주위답은 촌주에게, 연수유답은 촌민들에게 지급되었던 토지이다. 그밖에 국가의 소유인 관모답官謨畓 과 마전麻田, 내시령의 소유인 내시령답內視令畓 등이 존재했던 것을 알 수 있다. 이런 다양한 토지들을 농민들이 경작했던 것이다. 하나 참고할 점은 답畓 이 우리나라에만 있는 글자라는 사실이다. 중국이나 일본에서는 수전水田이라고 한다.

이 시기의 토지 소유 관계는 왕토사상王土思想이라고 해서 관념적으로는 모두 왕의 소유였으나 실제 운영상으로는 개인적인 소유도 적지 않았던 것 같다. 고구려의 경우 《삼국사기》〈온달전〉에 보면, 온달이 자기 부인의 금팔찌를 팔아서 토지와 집·노비 등을 산 기록이 나오고, 신라도 〈숭복사 비문〉에 보면 왕릉의 묘역을 조성하기 위해 그 주위에 있는 200여 결의 땅을 후한 가격에 샀다는 기록이 보이고 있다. 모든 땅이 왕의 소유라면 굳이 국가에서 따로 땅의 값을 매겨 살 필요가 없는 것이다. 촌락문서에 나오는 연수유답도 농민의 소유지였을 것으로 여겨진다.

효녀 지은과 강남녀

지금도 그렇지만 당시에도 제일 문제가 되었던 것은 소유의 불평등이었다. 점차 사원이나 귀족에게 토지와 부가 집중되는 현상이 벌어지고 있었다. 그래서 흔한 말로 "있는 사람은 천맥阡陌(남북과 동서로 통하는 밭두둑 길)의 땅이 연이어 있고, 없는 사람은 송곳 꽂을 땅도 없다."라는 이야기가 많이 나온다. 당시 기록을 보면, 개인이 토지를 사원에 기부하는 예도 많이 나오고, 해인사의 경우처럼 여러 차례에 걸쳐 토지를 매입하기도 한다. 귀족들도 많은 전장田莊을 소유하고 있었으며, 재상의 집에는 노비로 보이는 노동奴僮이 3,000 명이나 되고 비슷한 수의 무기와 소·말·돼지가 있었다고 한다. 또한 섬에서 목축을 하고 평민들이 곡식을 꾸어서 갚지 못하면 노비로 삼았다는 기록도 나온다. 당시의 귀족들이 얼마나 부를 축적해서 사치한 생활을 했는지 알 수 있다.

반대로 평민들은 여러 가지 불리한 조건 속에서 살아야 했다. 살기가 어려우니까 고리대를 빌리거나 곡식을 꾼 다음에 그것을 갚지 못해서 노비로 전락하는 경우도 있었고, 국가의 군역이나 부역의 고통을 이기지 못해서 도망하는 일들도 나타났다. 이런 평민들의 고통스러운 모습을 살펴볼 수 있는 것이 《삼국사기》에 나오는 효녀 지은에 관한 이야기이다.

효녀 지은은 한기군의 백성인 연권의 딸이었다. 천성이 지극히 효성스러워 어렸을 때 아버지를 여의고 혼자서 그 어머니를 봉양하면서 나이 32세가 되도록 시집을 가지 않고 조석으로 보살피며 곁을 떠나지 않았다. 그런데 봉양할 거리가 없어 혹은 품팔이도 하고 혹은 구걸도 하여 밥을 얻어다 봉양하기를 오래 하니 피곤함을 이길 수가 없었다. 그리하여 부잣집에 가서 자청하여 몸을 팔아 노비가 되고 쌀 10여 석을 받았다. 종일토록 그 집에서 일을 하고 날이 저물어야 밥을 지어 가지고 돌아와 봉양했는데, 이렇게 하기를 3~4일 동안 하였다. 그 어머니가 딸에게 이르기를 "전에는 밥이 거칠어도 맛이 좋았는데, 지금은 밥이 좋아도 맛은 전과 같지 않고 속을 칼로 에는 것과 같으니 웬일이냐." 하였다. 딸이 사실대로 고하매 어머니가 "나 때문에 네가 종이 되었다니 빨리 죽느니만 같지 못하다." 하며 소리를 내어 크게 울고 딸 또한 울어서 그 슬픈 정상이 길가는 사람을 감동케 하였다.

이 이야기는 한편으로는 효녀 지은의 효성스러운 모습을 보여 주고 있지만, 다른 한편으로는 무너져 가는 통일신라의 사회 모습을 보여 주고 있다.

부모님 한 사람을 봉양하기 위해 스스로 몸을 팔 수밖에 없었던 상황, 백성들이 이런 고통을 이겨내지 못하면 결국 중앙정부나 관청에 항거하고 심지어는 도망해서 도적이 되어 대항했던 것이다.

> 강남풍속이 얄궂어
> 딸자식을 응석으로 키우누나.
> 바느질은 천하다 손끝에도 안 대고
> 날마다 분 바르고 거문고만 뜯는다네.
> 배운 바가 본래 맑은 노래가 아니라
> 봄바람에 들떠서 녹아난다네.
> 꽃다운 제 얼굴 뽐내면서
> 길이길이 젊은 줄만 안다오.
> 그는 오히려 이웃집 처녀를 비웃는다.
> 온종일 베틀에 앉아 수고로이 비단을 짜도
> 비단옷은 너에게 돌아가지 않으리.

이 글은 《동문선》에 실려 있는 최치원의 〈강남녀〉라는 시이다. 이 시에는 한 집의 여자는 바느질이 천하다고 손끝에도 안 대고, 또 한 집의 여자는 하루 종일 베를 짜지만 결국 그 옷은 바느질을 손끝에도 안 대는 여자의 차지가 되어 버리고 마는 그런 모순된 사회의 모습을 그리고 있다. 이런 사회 모순들이 쌓이면서 신라는 무너져 내릴 수밖에 없었던 것이다.

3 장보고와 해상왕국

KOREA

장보고는 산둥반도와 완도의 청해진을 근거지로 삼고 이 두 곳을 축으로 해서 당시 동아시아 바다를 장악하고 국제무역을 주도해 나갔다.

바이킹과 장보고

장보고, 청해진, 해상왕국……. 듣기만 해도 우리의 가슴을 설레게 하는 말들이다. 삼면이 바다로 둘러싸여 있으면서도 바다라고 하면 해수욕하는 곳으로만 생각하는 왜소해진 우리들에게 동아시아의 바다를 주름잡았던 장보고의 모습은 이국적이고 신선하기까지 할 것이다. 그래서 그런지 해양 영웅으로 장보고를 추앙하는 일들이 점점 잦아지고 있다. 〈해신〉이란 드라마가 공전의 히트를 쳤던 것도, 촬영지였던 완도에 관광객이 몰렸던 것도 이 시대에 필요한 해양영웅의 탄생을 바라는 국민적 염원이 있었기 때문이라고 생각한다.

한편 장보고가 청해진을 건설한 9세기 초반은 서양에서는 바이킹이 한참 활동하던 때이다. 바이킹은 노르웨이의 노르만인을 가리키는데, 779년에 최초로 잉글랜드에 침입하였고, 830년경에는 브리타니아를 공격하였다. 이때를 전후해 200여 년간 노르만인이 각지로 퍼져 나간다. 장보고와

168

비슷한 시기에 서양에서도 해상 세력으로서의 바이킹의 활동이 두드러졌다는 점은 대단히 재미있는 현상이라고 할 수 있다.

이런 현상을 일본이나 서양의 학자들은 기후와 연결시켜 보기도 한다. 대체로 지구가 온난기에 해당하는 시기에는 해수면이 높아져 해상 세력의 활동이 활발해지고 문화도 꽃피는 반면에, 날씨가 추워지는 시기에는 기근이라든가 질병이 많이 일어난다고 한다. 통일신라 때가 바로 지구의 온난기에 해당하는 시기로, 당나라에서는 성당盛唐 문화가 꽃피고, 일본에서도 헤이안平安 문화가 발달하며, 유럽에서도 노르만인이 활발히 활동했다는 것이다. 어떻게 보면 역사의 흐름이 세계사적으로 상당히 유사한 과정을 거치고 있다는 하나의 예이기도 하다.

청해진의 건설

장보고에 관한 기록은 생각보다 많지 않다. 장보고가 많은 활약을 했음에도 불구하고 결국은 반역자로 암살당했기 때문에 그에 관한 기록들이 대부분 없어지지 않았나 생각된다. 어쨌든 《삼국사기》의 〈장보고전〉 등 지금 남아 있는 기록들에 의하면, 장보고의 본래 이름은 궁복弓福으로, 확실하지는 않지만 한미한 신분이었으며 완도가 고향이었던 것으로 여겨진다. 장보고는 일찍이 정년鄭年과 함께 당나라에 들어가 무녕군武寧軍의 소장小將이 되어 무공武功을 떨쳤다. 그 후 신라로 돌아와서 왕에게 말하기를 "중국 어디를 가 보나 우리나라 사람들을 노비로 삼고 있다. 청해에 진을 설치하여 해적들이 사람을 잡아서 서쪽으로 데려가지 못하게 하기 바랍니다."라 하였다. 그러자 왕이 장보고에게 만 명의 군사를 주었고 그 후로는 해상에서 우리나라 사람들을 파는 자가 없었다고 한다. 이렇게 해서 남해와 황해바다의 해상권을 장악했던 것이다. 우리가 흔히 '해상왕 장보고'라고 부르는 것도 이 때문이다.

이후 세력이 커지면서 중앙정치에까지 관여를 하여 신무왕이 왕이 되는데 결정적인 역할을 하기도 한다. 마침내는 자신의 딸을 문성왕의 왕비로 들여보내려다가 중앙귀족들과 반목하게 되고 결국 그들이 보낸 자객에 의해 피살되고 만다.

장보고 세력의 근거지였던 청해진은 대체로 9세기 초반에 건설되었다. 정확히 828년이라고 하기도 한다. 청해진은 지금의 어디쯤에 있었을까? 전라남도 서남쪽으로 내려가면 완도가 나온다. 이 완도 옆에 장도將島라는 작은 섬이 있다. 이 섬은 조수가 밀려오면 섬이 되었다가 조수가 밀려 나가면 완도와 붙는 곳인데, 여기가 바로 청해진 터로 알려져 있다. 근래에 발굴되었다. 이 섬 주위를 걷다 보면 당시에 박았던 목책 자리가 그대로 남아 있음을 볼 수가 있다. 이 지역은 청해진의 본래 자리일 뿐만 아니라 그 후대까지도 중국과 일본을 연결하는 길목이었다.

중국 원나라의 도자기를 싣고 일본으로 가다 침몰한 배가 여러 해 전인 1976년에, 선체는 물론 많은 유물들과 함께 신안 앞바다에서 발견되어 세

전남 완도 청해진 터

완도 옆에 붙은 작은 섬 장도가 바로 청해진 터로 알려진 곳이다. 섬 주변에는 당시에 박았던 목책 자리가 그대로 남아 있다.

간의 주목을 끌었다. 선체와 유물들은 오랜 보존처리 과정을 거쳐 목포의 국립해양문화재연구소 내에 전시·보관되어 있다. 이 배는 물론 그 밖의 많은 자료들이 증명하듯이 서남해안 지역은 당시 국제교통과 무역의 요지였다. 이런 곳이 해상왕의 근거지였다는 것은 상당히 그럴듯한 의미가 있다.

중국 산둥성 영성시 적산 법화원

장보고의 활동지에 세워진 유적이다.

장보고의 활동

장보고의 활동에 대해 비교적 생생하게 알 수 있는 기록은 《입당구법순례행기入唐求法巡禮行記》라는 책이다. 이 책은 일본 승려였던 엔닌圓仁이 장보고의 배를 타고 당나라에 들어가 불교 유적지를 순례하는 과정에서 기록한 여행기이다. 그 안에 장보고의 활동을 소개하고 있다. 중·고등학교 교과서를 보면, 신라 사람들이 당나라에 들어가서 주로 산둥반도 지역에 거주지인 신라방을 만들고 행정관청인 신라소, 사원인 신라원 등을 설치했다고 나오는데, 바로 이 책에 나오는 내용들이다. 이 지역은 신라 사람들의 거류지였을 뿐만 아니라 발해 사람들의 거류지이기도 했다. 그러므로 발해와 신라 사람들이 서로 거리를 맞대고서 묵었던 모습도 보이고 있다.

　장보고가 주로 해상에서 활동한 근거지는 산둥반도의 등주 지역이었다. 이곳은 신라인, 발해인뿐만 아니라 일본인들의 집결지이기도 했다. 특히 장보고가 세운 법화원 절터도 현재 남아 있다. 일본 사람들이 먼저 중국에 진출하면서 엔닌을 기념하여 이곳을 자신들의 유적지로 만들었다. 이 때문에 그 후 우리 손으로 장보고를 기리는 유적으로 만들려는 노력들이 이

법화원이 있는 중국 적산 풍경명승구 내 장보고전 기관에 우뚝 서 있는 장보고 상

어졌다. 지금은 오히려 중국이 나서서 대대적으로 관광지화하면서 크게 변모되었다. 어쨌든 그곳은 국제적으로 여러 나라 사람들이 거류했던 지역이기 때문에 오늘날의 홍콩과 비슷하다고 할 수 있다.

산둥반도는 당나라 후기에 이정기 세력이 활동했던 지역이기도 하다. 이정기는 고구려가 멸망한 뒤 중국으로 끌려갔던 고구려인의 후예로 60여 년간 이곳에서 독자적인 세력을 구축하였다. 결국 고구려 계통의 사람들도 이 지역에서 세력을 떨치면서 발해·신라와의 무역 관계에서 이권을 차지했던 것이다.

또한 산둥 지역은 그곳의 개가 짖거나 닭이 울면 우리나라에까지 그 소리가 들린다는 말이 있을 정도로 매우 가까운 데 있기 때문에 일찍부터 무역 통로가 되었다. 예성강 하구의 벽란도에서 산둥반도로 이어지는 해로가 대중국 주요 교역로였다. 훗날 이 통로를 장악했던 왕건도 신라 말기에 해상 세력을 바탕으로 성장해서 고려 건국의 기반을 다져 나갔다.

벽란도에서 중국으로 가는 해로 선상에 백령도가 있다. 백령도는 심청전의 무대가 된 곳이기도 하다. 근처 물살이 센 장산곶 지역이 임당수로 전해져 오고 있고, 심청이가 연꽃으로 피어났다는 지역도 있다. 이를 보면 아마도 중국과의 교역 관계에서 나타난 하나의 전설이 소설화되면서 조선 후기에 심청전으로 정착된 것이 아닌가 생각된다. 장보고는 이런 산둥반도와 완도의 청해진을 근거지로 삼고 이 두 곳을 축으로 해서 당시 동아시아 바다를 장악하고 국제무역을 주도해 나갔던 것이다.

활발한 국제교류

당은 우리가 선진문물을 수입하는 나라였기 때문에 해상활동을 통한 경제적 교류뿐만 아니라 인적 교류도 활발했다. 대표적인 예가 당나라에 건너간 유학생들의 활동이다. 당시 당에는 외국인만을 대상으로 따로 시험을 치르는 빈공과賓貢科라는 과거 시험이 있었는데, 신라의 유학생들이 이 시험에 많이 합격했다. 장원급제하는 경우도 가끔 나왔는데, 최치원이 대표적인 예이다.

그런데 재미있는 사실은 빈공과에 어느 나라 사람이 수석을 하는가가 상당히 정치적이었다는 것이다. 신라에서 1등을 하는 경우도 있었고 발해에서 1등을 하는 경우도 있었는데, 신라에서 1등을 하면 발해가 항의를 하고 발해에서 1등을 하면 신라가 항의했다고 한다. 신라와 발해의 경쟁 관계는 과거 시험뿐만 아니라 사신들의 순위 다툼에서도 보이는데, 양국의 사신들이 서로 윗자리를 차지하려고 다투기도 하였다. 양국 간의 경쟁을 유도하는 이런 식의 관계를 만들었던 데에는 주변국에 대한 당의 정치적인 의도와 지배 방식이 반영되어 있다.

당에 유학 가는 사람들은 주로 귀족층들이었고, 그중에서도 6두품들이 많았다. 이들은 당에서 선진적인 문물을 접하고 선진학문인 유학을 공부하고 돌아왔다. 그러나 신라는 아직도 골품제가 존재하여 출세에 제약이 많았기 때문에 불만이 쌓일 수밖에 없었다. 결국 이들이 신라 하대에 개혁 세력으로 등장하였던 것이다 .

신라와 당의 관계가 활발했던 데 반하여 통일 이후 신라와 일본의 관계는 소원해졌다. 일본은 자기 나름대로 천왕제적인 질서를 유지하고 신라를 종속국가로 간주하려는 오만한 모습을 드러냈다. 그러므로 신라로서는 도저히 용납할 수 없어 일본에서 보낸 사신을 쫓아 버린 적도 있었다. 그러나 신라와 일본 간의 교류가 아주 끊긴 것은 아니었다. 일본 사신들은 지금 울산 지역쯤 되는 곳에서 배를 내려 모화를 거쳐 경주로 들어왔던 것 같다. 지금 모화 부근에 관문성이 있는데, 평지에 성이 있고 문이 복원되었다. 아마 그곳이 국경을 넘어오는 어떤 의식을 행하는 지역이었던 곳으로 여겨진다.

또한 일본과의 교역 통로와 관련지어 재미있는 것이 《삼국유사》〈수이전〉에 나오는 연오랑과 세오녀에 관한 전설이다. 연오랑과 세오녀는 서로 부부였는데, 하루는 연오랑이 바닷가에서 해초를 채취하다가 바위가 움직여서 일본으로 가 왕이 되었으며, 세오녀가 연오랑을 찾다가 그 바위에 오르니 역시 바위가 움직여 일본으로 실어 가 왕비가 되었다는 이야기이다. 당시 일본과 신라 사이에 개인적인 왕래가 빈번했으며 그 통로가 실제로 어디에 있었는가를 짐작하게 하는 것이다. 이 연오랑과 세오녀 전설과 관련된 지역이 바로 '태양을 맞이한다'는 이름을 가진 포항 영일만이다. 실제로 이곳 영일군 동해면에 가면 연오랑사당이 있다. 이처럼 9세기경 동아시아의 국가들은 서로 간에 활발한 교류를 하였는데, 신라의 장보고가 그런 국제교류를 주도해 나가고 있었던 것이다.

원래 중국과 일본에 대한 교역은 사신을 통한 공적 교역만이 허용되었다. 그러나 8세기 중엽 이후 신라의 중앙귀족과 서남해안 지대의 지방 세력가들이 해상교역에 적극 나서면서 국가 주도의 대외교역이 후퇴하고 상업적 이익을 추구하는 민간교역이 성행하기 시작하였다. 장보고는 이런 달라진 환경에서 성장할 수 있었다.

바다의 날

5월 31일은 '바다의 날'로 법정기념일이다. 이런 날이 있다는 것조차 아는 사람이 많지 않다. 이는 그만큼 바다가 우리들에게는 먼 관심 밖의 대상일 뿐이라는 증거이기도 하다.

그렇게 된 데에는 동아시아의 역사 속에서 보편적으로 발견되는 중륙경해重陸輕海, 즉 육지를 중시하고 바다를 경시하는 경향 때문이었다. 이를 고착화시킨 요인의 하나로 해금정책海禁政策을 꼽는다. 이 때문에 진취적 해양문화를 이루지 못하였다. 그렇지만 해상왕 장보고의 존재는 진취적 해양문화 발현의 가능성을 여실히 보여 준다.

섬과 바다는 인류가 남겨 놓은 마지막 자원의 보고이다. 그렇기 때문에 지금 세계 곳곳에서 해양관할권 분쟁, 중심항만 경쟁, 해양과학기술 개발 경쟁 등 해양력 강화를 위한 경쟁이 날로 치열해지고 있다. 특히 1994년 유엔해양법협약UNCLOS, United Nations Convention on the Law of the Sea의 발효로 새로운 해양질서가 등장하였다. 즉 '해양 자유이용 시대'에서 '해양 분할경쟁 시대'로 바뀌게 되었다. 독도를 둘러싼 한·일 간의 갈등도 그렇지만 남중국해를 둘러싼 국제적 갈등이 고조되는 까닭도 여기에 있다. 이에 따라 해양력은 드디어 국가 존립을 위한 필수 조건의 하나가 되었다. 우리나라도 1996년 이 협약을 비준하여 그 대열에 들어섰다. 이런 국제 환경에 능동적으로 대처하고, 21세기 해양의 시대를 맞아 세계 해양 강국으로 부상하기 위해 '바다의 날'을 법정기념일로 제정하였고 해양수산부도 창설하였다.

그런데 왜 바다의 날이 5월 31일이 되었을까? 바로 장보고 대사가 청해진을 설치한 날을 기념하기 위해서였다. 바다의 가치가 중요해지는 만큼 해상왕 장보고가 만든 역사의 가치 또한 중요해지고 있다.

4 신라의 여왕, 신라의 문화

신라는 우리가 상상하는 것보다 훨씬 활발히 국제 교류를 했다. 로마 지역과도 교류를 했으며, 아랍 지역에서도 신라의 존재를 알고 있었는데, 그들은 신라를 금이 많이 나는 섬나라로 보았다.

선덕여왕과 진덕여왕

시바의 여왕, 이집트의 클레오파트라, 영국의 엘리자베스 여왕……. 여왕이라는 말은 듣기만 해도 뭔가 신비하고 매력적인 느낌을 주는 것 같다. 긴 역사를 돌이켜 보아도 여왕이 통치한 경우는 그리 흔치 않으니까. 우리나라의 경우에도 여왕은 오직 신라에만 있었다. 고구려와 백제는 물론 그 이후 고려나 조선에도 여왕은 없었다. 그러면 왜 신라에만 독특하게 여왕이란 것이 있었을까?

이는 신라만이 가지고 있던 골품제라는 제도 때문이었다. 골품제에서는 한정된 신분만이 왕이 될 수 있다고 규정하고 있었기 때문에 여자만 남게 되면 여자가 왕이 될 수밖에 없었던 것이다. 실제 진덕여왕은 결혼을 하지 않았는데 왕실 안에 성골 신분의 남성이 없었기 때문에 그렇게 되지 않았는가 하는 견해도 있다. 그런데 여성만 남았다고 해도 여성이 왕이 될 수 있었다는 것은 신라 사회에 여성에 대한 차별이 없거나 적었기 때문이다.

지혜로운 여왕으로 평가받는 선덕여왕은 모란꽃 그림에 나비가 없는 것을 보고 꽃에 향기가 없다는 사실을 밝혀냈다.

조선이었다면 여성이 왕이 되기보다는 성골이란 벽이 먼저 무너졌을 것이다. 신라의 여왕은 세 사람이 있었다. 삼국 통일 이전의 27대 선덕여왕과 28대 진덕여왕, 신라 말의 51대 진성여왕이 그들이다.

먼저 선덕여왕에 대해 알아보자. 그녀의 이름은 덕만德曼이었는데, 세 가지 사실을 미리 알았다고 해서 선견지명이 있는 지혜로운 여왕으로 평가되고 있다. 첫째는 당태종이 모란꽃 그림을 보냈는데, 이 그림에 나비가 그려져 있지 않은 것을 보고서 꽃은 아름답지만 향기가 없다는 사실을 밝혀냈다고 한다. 둘째는 영묘사靈廟寺 옥문지玉門池라는 곳에 겨울철인데도 개구리가 잔뜩 모여 들어서 며칠 동안 울어 대는 것을 보고서 여근곡女根谷이라는 곳에 백제 군사 500명이 매복해 있는 것을 미리 알았다는 것이다. 이것은 성적인 해석과도 연관되는 고사이다. 마지막은 자기가 죽을 날을 미리 알았다고 한다. 실제로 자기가 언제 죽을 것이라는 이야기를 하고서 그날 사망한 것으로 기록에 나오고 있다.

진덕여왕은 성골의 마지막 왕으로, 스스로 태평을 노래하는 태평가를 지었으며 그 노래로 무늬를 놓은 비단을 짜서 승려 법민法敏으로 하여금 당나라에 갖다 바치게 했다고 한다. 이 태평가는 신라의 태평이 아니라 당의 태평을 노래한 것이라고 할 수 있다.

진성여왕과 왕거인, 최치원

앞의 선덕·진덕여왕과는 달리 진성여왕이 재위했던 때는 신라 사회가 붕괴되어 가는 시기였다. 더욱이 진성여왕 스스로가 숙부인 각간角干 위홍魏弘과 결혼하고, 그가 사망하고 나서는 두세 명의 미소년들과 놀아났다고 되어 있다. 그래서 진성여왕 3년인 889년에는 세금 독촉에 반대하는 농민들의 난이 전국에 걸쳐 일어나기도 했다. 이때 누군가 길가에다 이런 어지러운 정치 상황에 대해 비판하는 글을 써 붙였다. 그런데 나라에서는 뚜렷한 증거도 없이 평소에 불평분자로 지목받던 왕거인王巨人이라는 사람에게 혐의를 뒤집어 씌워 잡아갔다. 물론 왕거인은 억울했을 것이다. 왕거인이 자신의 이런 억울한 심정을 노래한 시가 남아 있다.

연단에 슬픈 울음에 무지개가 해를 뚫고
추연히 품은 슬픔, 여름에 서리 내리다.
이제 내 불우함이 그들과 같은데
하늘은 어째서 징조를 보이지 않는가.

왕거인에 대해서는 자세히 나와 있지 않고 단지 자기의 뜻을 펴지 못하고 지금의 합천 지방인 대야주에 은거했던 문인으로만 나와 있다. 신분이 어떠했는가도 확실하지 않다. 재미있는 사실은 왕거인이 이 시를 지으니까 저녁 때 구름 안개가 끼면서 천둥 번개가 치기 시작하고 우박이 쏟아졌다는 것이다. 그러자 나라에서는 놀라고 두려운 나머지 그를 석방했다는 것이다.

　왕거인처럼 뜻을 펴지 못하고 불우하게 지낸 대표적인 인물이 최치원이다. 그는 경주 사람으로 12세인 868년 당나라에 유학을 가서 17세에 당나라 과거 시험인 빈공과에 합격한다. 이후 17년 동안 당에 머무는데, 문장이 뛰어나 〈토황소격討黃巢檄〉이라는 유명한 격문을 쓰기도 한다. 885년 귀국해 황룡사 남쪽에 살면서 자신의 뜻을 펴려고 했으나 결국 시국이 혼란해져 받아들여지지 않자 관직을 그만두고 해인사에 은거하다가 세상을 뜬다. 해인사 부근 암벽에는 그가 새겼다는 시가 지금도 남아 있다. 최치원은 많은 문장을 남기는데 그 가운데 사산비명四山碑銘이 대표적이다. 이것은 쌍계사·성주사·숭복사·봉암사 네 절에 있는 비명들을 가리키는 것으로 고대사를 연구하는 사람들에게 매우 중요한 역사적 자료이다.

신라 고분에서 발견된 로만 글라스

1500여 년 전 신라가 서역과 교역한 흔적을 나타내는 유물들이다. 국립중앙박물관 소장

신라 문화의 국제성

신라는 천년 동안 지속된 왕조였기 때문에 문화유산들도 상당히 많이 남아 있다. 아마 경주에 가면 수많은 고분과 절을 볼 수 있을 것이다. 불교문화가 대단히 융성했던 것을 알 수 있다. 또한 최치원의 예에서 볼 수 있듯이 유학도 나름대로 발전했던 시기였다. 그러나 무엇보다 중요한 것은 이 시기 신라가 우리가 상상하는 것보다는 훨씬 활발히 국제 교류를 했다는 사실이다. 국립경주박물관에 가면 '로만 글라스'라고 해서 로마 쪽으로부터 들어온 유리잔이 전시되어 있는 것을 볼 수 있다. 로마 지역과 서로 교류했다는 것을 알 수 있다.

또한 괘릉掛陵이라는 곳에 가면 능 앞에 무인상이나 석상 같은 것들이 있는데, 무인상을 보면 우리나라 사람과는 전혀 다른 형태의 모습을 한 상이 있다. 상당히 이국적인데 어떤 학자는 서역인의 모습이라고 한다. 그 나라 사람들의 체격이 크니까 우리나라에 들어와서 용병이나 호위병 같은 역할을 하지 않았나 하고 생각하는 것이다. 그밖에 아랍 지역에서도 8~9세기쯤 되면 신라의 존재를 알게 되는데, 신라를 금이 많이 나는 섬나라로 보았다고 한다.

천마도가 발견되어 유명해졌던 천마총은 적석목곽분積石木槨墳으로, 시베리아의 고분과 비슷하고 출토된 금관도 시베리아 고분에서 발견되는 금관과 상당히 비슷하다고 한다. 아마도 신라 문화의 일부분이 시베리아에 기원을 두고 있지 않나 여겨진다.

이밖에 일본과 교류했던 흔적들도 많이 남아 있다. 촌락문서와 좌파리가반문서를 비롯해서 각종 불상과 그림, 심지어는 숟가락·젓가락 등이 일본에 있다. 반가사유상半跏思惟像 같은 문화재급에 해당되는 유물들도 상당히 많다. 우리나라에 반가사유상이 여럿 있는데, 그 가운데 어린아이같이 깨끗한 표정을 하고 있는 것이 국보 제83호인 금동미륵보살반가사유상이다. 이것과 거의 모양이 흡사한 것으로 나무로 만들어진 반가사유상이 '광륭사목반가사유상'인데 바로 일본의 국보 제1호이다. 우리나라 문화가 신라 시대 때 일본에 어떻게 전해졌고 어떤 영향을 주었는가를 단적으로 보여 주는 자료이다.

이와 더불어 신라 사람이 외국에서 활동한 기록도 많이 남아 있는데 대표적인 것이 혜초의《왕오천축국전》이다. 이 책은 중국 돈황 지역에서 발견됐는데 지금 프랑스에 있다. 얼마 전에 경부고속전철 수주 과정에서 프랑스가 우리의 환심을 사려고 신미양요 때 약탈해 간 강화도 외규장각 도서를 반환한다고 할 때 같이 입에 올랐던 책이기도 하다. 프랑스는 외규장각 도서의 획득과 경우가 다르다고 하는 이유를 들어서 거절해 우리가 김칫국만 먹었던 책이다. 어쨌든 이 책은 5,000쪽이나 되는 방대한 분

금동미륵보살반가상(국보 제83호)

삼국 시대 금동불상을 대표하는 걸작품이다. 미소를 머금은 얼굴에서 한국인의 얼굴을 발견한다. 국립중앙박물관 소장

량으로 혜초가 인도에 있었던 5개의 나라들을 돌아보고 적은 일기체의 기록이다. 이 책을 보면 당시 인도 사람들이 신라를 '구구탁국'이라고 불렀다고 한다. 꼬꼬댁의 나라, 계림鷄林의 나라라는 의미이다.

경주 여행

경주 답사에서 빠지지 않는 유적, 첨성대

동양에서 가장 오래된 천문대로, 국보 제31호로 지정되어 있다.

백문이 불여일견이라고 신라 문화를 이해하려면 신라의 천년고도인 경주를 직접 가보는 것 이상의 좋은 방법은 없을 것이다. 그러나 전문가가 아닌 바에야 짧은 시간 안에 제대로 살펴보는 것은 어려운 일이다. 보통 경주에

가면 불국사도 가고 월지(안압지)도 가고 첨성대도 보면서 이곳저곳을 왔다 갔다 하지만 여러 곳을 따로따로 보게 되니까 신라 전체 모습을 보기가 상당히 어렵다. 신라 문화나 신라인들의 생활 모습을 생생하게 상상하는 것은 더욱 어렵다.

이렇게 하면 어떨까. 우선 경주에 가면 당시 사람들이 이곳에서 어떻게 생활했을까를 상상하면서 서로 연관 지어 생각하는 것이 필요하다고 생각된다. 그렇게 해야 신라 문화를 훨씬 생동감 있게 느낄 수 있으니까.

예를 들면 월성에 왕이 살고 있었다고 치자. 아마 귀족들도 그 부근에 살았을 것이다. 또한 월지가 바로 옆에 있으니까 왕이 행차해서 그곳에서 잔치를 베풀고 때로는 일본이나 발해에서 오는

사신들을 접견하면서 잔치를 베풀기도 했을 것이다. 왕이 가까이 있는 불국사에 나가서 예불하는 것도 생각해 볼 수 있다. 그러다가 월성 바로 옆에 있는 첨성대에서 자연의 이상한 현상을 발견하고서 왕에게 보고를 하고 조정에서는 왜 그러한 일이 일어났는지 논의하는 것도 상상해 볼 수 있다. 이런 식으로 신라인들의 행동 반경을 그려 볼 수 있는 것이다. 과거 조상들이 살았던 삶 속으로 들어가 보는 답사, 오늘날의 입장이 아니라 그 당시의 입장에서 그들을 이해해 보는 답사가 진정한 답사가 아닐까?

5 금석문과 목간

고고학이란 발굴에 따라 얼마든지 새로운 주장을 제기할 수 있고 학계의 검증을 통해 고대사 연구를 한 단계 진전시키기도 한다.

금석문이란

금석문金石文은 말 그대로 쇠金라든가 돌石 또는 토기 등에 새겨진 글銘文을 말한다. 그밖에 나무나 뼈에 쓰거나 새긴 것도 넓은 의미에서 금석문에 포함한다. 최근에는 목간과 같은 문자 자료가 다수 출토되어 고대사 연구에 새 바람을 일으키고 있다. 그래도 금석문 하면 무엇보다 먼저 돌에 새겨진 글을 꼽는다.

금석문은 특히 고대사를 연구하는 사람들에게는 대단히 소중한 자료이다. 고대사는 다른 시대보다도 종이에 기록된 문헌 자료가 아주 드물다. 그래서 금석문은 그 드문 문헌 자료들을 엮어서 역사의 사실로 안내해 주는 살아 있는 증거가 된다. 또 문헌 자료는 원본이 아닌 사본만이 전래되어 오는 것도 많고 당시가 아닌 훗날 기록한 것이 대부분이다. 그럴 경우 그 기록에 간혹 의도적인 왜곡이 가해질 수 있다. 그렇지만 금석문은 당시에 만들어진 상태 그대로 보존되어 내려오기 때문에 신빙성이 높다. 그러므로 문헌 기록과 금석문이 서로 다른 경우가 있으면 금석문을 더 믿을 수 있는 자료로 삼게 된다. 금석문은 그야말로 '오래된 현재'라고나 할까.

우연 아닌 우연

가끔 언론 매체들을 통해서 어떤 비를 새롭게 발견했다고 떠들썩하게 논의가 일어나는 것을 본다. 이런 비들은 아주 오래전에 만들어졌고 여전히 그 자리에 있었을 텐데 왜 지금에야 발견하는 걸까?

금석문은 정말 우연히 발견하는 경우가 많다. 충주 고구려비高句麗碑는 본래 소를 매 놓는 말목과 새마을기의 깃대를 고정시키는 돌 등으로 사용하고 있었다. 나중에 충주 지방의 '예성동우회'라는 아마추어 학술단체가 우연히 여기에 글자가 새겨진 것을 발견하여 전문가들에게 의뢰하였던 것이다. 그때까지만 해도 그렇게 중요한 것이리라고는 생각하지 못했다. 그런데 전문가들이 분석해 보니까 아, 글쎄, 그것이 지금까지 그 자리에 있으리라고는 전혀 예상치 못했던 고구려의 비라는 사실을 알게 되었다. 그러니까 이 비는 남한 땅에서 발견한 유일한 고구려비인 것이다.

또 삼국 통일 직후에 만들어진 청주의 운천동雲泉洞 신라사적비事蹟碑도 발견될 때까지 어이없는 시련을 겪었다. 돌이 크고 좋으니까 처음에는 도살장에서 사용했던 모양이다. 그러다가 용도가 다했던지 시냇가에 버려져서 아줌마들이 널찍한 빨래판으로 잘 사용하고 있었다. 아마 글씨가 새겨져 있으니까 오돌도돌해서 빨래판으로는 적격이었던 모양이다. 그러다 보니 한쪽은 완전히 마모되어서 도저

사택지적비

백제의 대좌평을 지낸 사택지적이 부처를 모시는 금당과 탑을 세운 까닭, 인생의 무상함을 시로 표현한 비석이다.

히 읽을 수가 없고 바닥으로 눕혀져 있던 다른 한쪽만 읽을 수 있었다.

조치원에서 발견한 비상碑像들은 개울의 징검다리로 쓰이다가 우연히 학자의 눈에 띄어서 확인할 수 있었던 것이다. 말 그대로 사람들이 건너다니던 징검다리가 역사의 징검다리가 되는 우연을 맞은 것이다.

사택지적비砂宅智積碑는 백제 사회를 아는 데 매우 중요한 비이다. 이 비의 돌은 또 발견할 때 계단돌로 사용하고 있었다. 계단돌로 사용하다 보니까 계단의 크기에 맞게 잘려져 있어 전체 문장이 이어지지 않는다. 게다가 계단돌로 사용한 것이 비의 일부분이기 때문에 글의 내용을 충분히 이해하는 데 애로가 되고 있다. 나머지 부분을 발견할 가능성이 전혀 없는 것은 아니다. 물론 대단히 어렵겠지만 말이다. 전모의 확인은 그때를 기약해야 하겠다.

1970년대 후반에 발견해서 세상을 떠들썩하게 했던 단양丹陽 신라적성비赤城碑는 적성을 답사했던 어떤 학자가 발견하였다. 봄이 되어서 눈이 녹으니까 등산하던 신발에 흙이 잔뜩 묻었다. 그래서 적당한 모양의 돌을 찾아 신발의 흙을 털게 되었다. 그러다가 우연히 뾰족 나온 모서리에 글자가 새겨져 있는 것을 보았다. 그래서 혹시나 하고 조금 더 파다가 적성비라는 보물을 찾아냈던 것이다. 적성비는 그 비의 내용과 더불어 이 발견 과정도 유명한 이야기가 되어 버렸다

물론 이런 우연도 관심이 없거나 그 분야에 지식이 없는 사람에게는 생기지 않는다. 뉴튼이 사과나무 밑에서 만유인력의 법칙을 발견하는 것처럼 과학에서의 위대한 발견도 세런디퍼티Serendipity, 즉 '과학에서의 우연한 발견'이

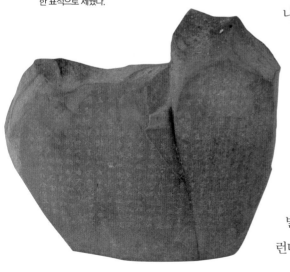

단양 신라적성비

1978년 단국대학교 박물관 조사단이 온달 관련 유적지를 찾던 중 단양군 하방리 적성에서 우연히 발견하였다. 진흥왕 때 신리가 단양 일대의 고구려 영토를 차지하여 이곳을 다스렸다는 것을 알리기 위한 표적으로 세웠다.

라고 한다. 그러나 여기에도 따지고 보면 다 단서가 붙는다. "그러나 그것은 결코 우연이 아니었다."라고 말이다. 여러분들도 주변에 커다란 돌이 있으면 혹시 글자가 있지 않나 들여다보고, 거기에 글자 같은 것이 쓰여 있으면 곧바로 문화재청 같은 데로 연락하기 바란다. 누구라도 역사적으로 중요한 금석문을 발견하지 말란 법은 없으니까.

울진 봉평리鳳坪里 신라비와 냉수리비冷水里碑

최근에 발견한 금석문 가운데 대표적인 것은 울진군 죽변면 봉평리에서 발견한 봉평비와 경주 근처의 영일군 신량면 냉수리에서 발견한 냉수리비이다. 이 비들은 만들어진 시기 등을 둘러싸고 학계에서 숱한 논란이 있었지만, 신라 초기 사회를 이해하는 데 커다란 기여를 했다. 비문을 둘러싸고 많은 논쟁들이 일어나는 까닭은 무엇보다도 거기에 쓰인 글자가 오랜 세월이 지나면서 깎이고 닳아서 잘 보이지 않기 때문에 생기는 경우가 많다.

경주에서 조금 북쪽으로 가다 보면 동해로 가는 길이 나온다. 약간 산지로 변해 가는 곳인데, 이 부근의 과수원에서 냉수리비가 우연히 발견되었다. 어떤 비가 학계에 알려지게 되면 가서 맨 먼저 하는 작업이 탁본이다. 한지를 대고 먹물을 두드려 글자를 확인하는 탁본 과정을 거치면 그 다음에는 판독한 글자들을 가지고 그 내용이 무엇인가를 밝혀내야 하는데, 여기서 여러 가지 해석이 나올 수 있다. 냉수리비의 경우도 마찬가지였다.

이 비는 재물이라는 의미의 재財를 둘러싸고 여러 대에 걸쳐서 분쟁을 일으키고, 그 분쟁이 해결되지 않으니까 경주에 있었던 왕실까지 동원해서 분쟁을 해결하는 내용을 기록한 것이다. 문제는 당시에 재財라고 했던 것이 과연 무엇이었는가, 논밭이었는가, 아니면 동산 종류였는가하는 점이다. 바로 이 점을 해석하는 데 사람마다 자신의 역사 관심 방향이나 인식의 차이에 따라 서로 다른 주장을 하게 되는 것이다.

금석학

이처럼 비문의 글자를 확인하고, 그 글자를 가지고 비문의 내용을 알아보는 작업이 금석문의 해독 작업이고 그런 분야를 금석학이라고 한다. 금석학은 조선 후기에 이르러 관심의 대상이 되었다. 그 이전에도 금석문에 대한 관심은 분명히 있었다. 그러나 그 관심은 대부분 글자체를 공부하기 위한 대상으로서의 관심이었기 때문에 문장의 내용에 대해서는 별로 관심이 없었다. 말하자면 붓글씨의 모델로만 생각했던 것이다. 서울대 규장각奎章閣에 가 보면 여러 탁본집들이 있는데, 문장이 전혀 이어지지 않는 탁본집들이 많다. 제대로 잘 남은 멋있는 글자들만 모으다 보니까 이런 현상들이 나타난 것이다.

단순한 '글자'에서 '내용'으로 관심의 전환을 이루게 한 인물이 추사 김정희이다. 특히 그는 북한산의 비를 판독하고 내용을 확인하여 그것이 진흥왕의 순수비라는 사실을 밝혀내기도 했다. 이 비는 지금 보존 문제 때문에 북한산 본래 자리에서 국립중앙박물관으로 옮겨 보관되어 있다. 어쨌든 종전 같으면 거기에 쓰인 글자체가 어떤 것이냐 하는 데에만 관심을 가졌을 텐데, 김정희 단계에 와서 그 내용을 확인하고 해석을 통해 새로운 사실들을 밝혀낼 수 있었다. 이 때문에 김정희를 금석학의 선구자로 평가하고 있는 것이다.

새 사실의 확인과 오류의 수정

이런 금석문의 해독 과정을 통해 새로운 사실이 밝혀지기도 하고 의심쩍은 부분이 확인되기도 한다. 진흥왕 순수비도 그런 예 중의 하나다. 진흥왕 순수비가 북한산뿐만 아니라 원산 북쪽 황초령 지역에서도 발견되었기 때문에 신라 영토가 상당히 북쪽까지 올라간 것을 확인할 수 있다. 이것은 문헌에 나와 있는 것과 거의 일치하고 있어 문헌 기록의 신빙성을 더해 주었다. 우리가 중·고등학교 역사부도를 보면 진흥왕 때 신라 영토가 동해안 쪽으로 쭉 올라가게 그려져 있는 것은 바로 이 때문이다. 순수비와 같은 금석문이 발견됨으로써 문헌 자료를 보강하는 것이다.

광개토대왕비도 마찬가지이다. 광개토대왕비문을 보면 고구려가 북쪽으로 부여와 숙신을 정복하고 남쪽으로 가야와 경주까지도 내려오는 등 상당히 넓은 영역을 개척했다는 것을 알 수 있다. 이는 소략한 문헌 기록을 보충해 준다. 역사부도를 보면 고구려의 영토가 아산만에서 영일만까지 이어지는 선으로 내려오게 되는 것도 바로 광개토대왕비 때문이다.

한편 국립중앙박물관에 가면 청동호우青銅壺杅라고 하는 청동 그릇이 있다. 이것은 1946년 경주에서 처음 고분을 발굴할 때 나온 것으로, 광개토대왕 무덤의 제기로 사용했던 것이다. 청동에 글씨가 쓰여 있어서 알 수 있었다. 이것이 어떻게 해서 경주에 있던 사람의 무덤에 묻히게 되었을까 한번 상상해 보는 것도 재미있을 것 같다. 어쨌든 우리는 이 유물을 통하여 고구려와 신라 사이에 문화적 교류가 있었다는 것을 확인할 수 있다. 이밖에도 우리가 알 수 있는 사실은 이 무덤이 적어도 광개토대왕 무덤보다는 늦은 시기에 만들어졌다는 것이다. 무덤의 기록이 별로 나오지 않는 신라

신라의 수도에서 발견된 고구려의 청동호우

광개토대왕이 죽은 지 1년 후에 제작된 그릇으로 고구려와 신라의 문화 교류 사실을 알 수 있다. 국립중앙박물관 소장

무덤들의 경우 이런 유물들은 연대를 확정하는 하나의 기준이 될 수 있다. 단순히 유물만 있으면 그 시기를 몇 십 년 단위로 파악하기란 거의 불가능할 텐데 거기에 글씨가 쓰여 있으면 확실하게 시기를 추정할 수 있는 근거가 되는 것이다.

지금까지는 금석문을 토대로 새로운 사실이 확인되는 것을 알아보았는데, 기존에 알고 있던 사실들이 금석문을 새로 발견함에 따라서 뒤집어지는 경우도 있다. 울진 봉평비와 영일 냉수리비가 바로 그러한 예이다.

원래 신라의 모태가 된 것은 6개의 촌락이 있었던 6촌인데 이것이 정치체제로 바뀌면서 6부로 변한다. 그리하여 6촌 단계에서는 양산촌이라든가 고어촌으로 이름이 쓰이다가, 6부로 변하면서 양부라든가 사량부 같은 이름으로 바뀌게 되었던 것이다. 바로 이런 6부가 언제 형성되었는가를 둘러싸고 일본 학자들의 경우 《삼국사기》의 기록을 별로 신빙하지 않아 《삼국사기》에 기록되어 있는 것보다 후대로 보았다. 또한 법흥왕 때에 국가 체제의 완성이라고 할 수 있는 율령이 반포된 것도 나중에 만들어진 것을 시기를 끌어올린 것이 아닌가 하는 식으로 생각했던 것이다.

그런데 이 비들이 발견됨으로써 6부가 보다 이른 시기에 형성되었고 법흥왕 때 율령을 반포하였다는 것도 사실로 밝혀졌다. 결과적으로 《삼국사기》나 《삼국유사》의 기록이 생각보다 상당히 신빙성이 높다는 것을 금석문이 증명해 준 셈이다. 나아가 일본 학자들의 식민사관을 극복하는 데도 금석문은 중요한 기여를 한 것이다.

목간

목간은 넓은 의미에서는 금석문에 포함하기도 하는데, 특히 최근에 다수가 출토되어 한국 고대사를 새로 쓰게 하고 있다. 목간은 땅에서 출토되기 때문에 고고 자료이면서 동시에 문자가 기록되어 있는 역사 자료이다. 그런 점에서 사료적 가치는 매우 크다. 목간은 종이가 없거나 귀한 옛날에 나무나 대나무를 좁고 길게 다듬어 만든 나무 조각이며 그 위에 글을 쓰거나 그림을 그렸다. 지금까지 출토된 목간은 경주 월성 해자, 경주 월지, 부여 궁남지 등 삼국 도성 소재지 주변, 부여 능산리 사지 등 불교 유적, 함안 성산산성을 비롯하여 하남 이성산성, 인천 계양산성, 창녕 화왕산성 등 성곽유적 내 주로 저수지 내부 및 뻘층에서 출토되고 있다. 태안군의 대섬과 마도 등 해저의 침몰선에서는 고려 시대 목간이 출토되었다.

이 중에서 1992년 최초 확인 후 지금까지 300여 점 이상 출토되어 우리나라 목간의 절반 이상을 차지하고 있는 경남 함안의 성산산성 목간이 주목된다. 6세기 중반에 작성된 신라 목간으로 대부분 세금을 바칠 때 짐에 부착한 꼬리표로, 어느 지역의 누가 세금 얼마를 바쳤는지 기록하고 있다. 예를 들면, '급벌성 문시이 패일석及伐城 文尸伊 稗一石'이라 적힌 목간이 있는데, 이는 "급벌성에 사는 문시이라는 사람이 피 한 섬을 바친다."는 내용이다.

또 백제 도성이었던 부여에서는 좌관대식기佐官貸食記라는 목간이 발견되었다. 대식이란 봄·여름 두 차례에 걸쳐 농민에게 곡식을 빌려 주고 추수기에 돌려받는 것을 뜻하는데, 이 목간에는 좌관이 총 9명에게 빌려 준 곡식의 양, 갚은 양, 아직 갚지 못한 양 등을 적어 놓았다. 그 내용에 따르면 당시 이자율이 30~50%에 달할 정도로 높았음을 알 수 있다.

2007년 이후 수중 발굴조사를 통해 고려 시대 난파선 태안선에서 화물 꼬리표에 해당하는 목간을 다수 발견하였다. 대섬에서 나온 목간 중 하나에는 앞면에 '탐진현재경대정인수호부사기팔십 耽津縣在京隊正仁守戶付沙器八十'이, 뒷면에는 '차지재선 次知載船 장長 수결'이라고 적혀 있다. 이는 '탐진현(현재 전남 강진)에서 개경에 있는 대정(하급 무반) 인수 집에 도자기 80개를 보낸다.'는 내용이며, 뒷면은 '맡아서 배에 실음. 장(지방 향리). 서명'이라고 해석된다. 다른 목간에도 비슷한 내용이 적혀 있었다. 보낸 사람은 탐진현 향리였고 받는 사람은 모두 개경에 있는 '대정 인수'와 '안영' 등 작은 관청의 우두머리들이었다. 이를 통해 이 목간 역시 짐에 부착한 꼬리표였음을 알 수 있다.

한편, 최근에 우리나라의 대표적 목간 출토지인 성산산성을 새로 조사하면서 거기서 발견된 목간이 쓰레기더미에서 퍼온 것으로, 산성과 직접적인 관련이 없으며 시기도 7세기 전반 경으로 추정된다는 주장이 나와 한바탕 논란이 되고 있다. 지금까지는 성 쌓기 공사에 인력과 식량, 물자를 대기 위한 소통용 문서이거나 조달 물품 표찰이라는 해석을 당연시해 왔다. 행정문서로 용도를 다한 뒤 성안에 점차 폐기한 것으로 이해하였었다. 이제 검증이 시작된 셈이라 어떤 결론이 날지는 모르겠다. 고고학이란 이렇듯 발굴에 따라 얼마든지 새로운 주장을 제기할 수 있고 학계의 검증을 통해 고대사 연구를 한 단계 진전시키기도 한다.

6 호족과 6두품의 대두

지방 세력인 호족이 무력을 바탕으로 한 세력이었다고 한다면 6두품은 중앙에서 지식을 바탕으로 한 세력이었다. 6두품 세력이 무력을 가진 호족 세력과 연대해서 새로운 사회를 건설하고자 했고 이는 결국 고려의 건국으로 이어졌다.

동아시아의 전환기

통일신라 250여 년간은 크게 두 시기로 나눌 수 있다. 앞의 100여 년간을 중대 사회, 뒤의 150여 년간을 하대 사회라고 한다. 중대 사회가 통일의 여세를 타고 체제를 정비시켜 안정을 이루었던 사회라면, 하대 사회는 신라 체제의 한계가 드러나면서 점차 멸망의 길로 빠져 들어가는 과정이라고 할 수 있다. 하대인 9세기에 들어오면 도적과 농민들의 봉기가 나타나고 후삼국이 정립하면서 신라의 체제는 무너지기 시작한다. 여기서 하나 생각해 보고 넘어갈 것은 신라 사회가 무너진다고 해서 우리 역사 자체가 무너지는 것은 아니라는 점이다. 오히려 무너지는 그 자리에 새로운 사회의 싹이 트는 것이다. 그렇기 때문에 어떤 한 사회가 무너지기 시작한다는 것은 역사의 전환기에 들어서고 있다는 뜻이 된다.

당시 이런 전환기의 현상은 우리나라뿐만 아니라 주변국에서도 비슷하게 나타났다. 중국의 당나라도 경국지색傾國之色(임금이 가까이 하면 홀딱 반하여 나라를 뒤집어엎을 만한 절세의 미인) 양귀비가 얽혀 있는 안록산의 난을 계기로 해서 점차 멸망의 길로 들어선다. 그때가 대체로 신라 중대에서 하대로 넘어가는 시기인데, 지방 세력인 군진軍鎭 세력이 활발해지고 이를 중앙에서 통제하기가 어렵게 되자 당나라는 결국 907년에 망하고 만다. 뿐만 아니라 신라가 망하는 비슷한 시기에 발해도 거란족에 의해 망한다. 926년이다. 일본의 경우도 고대 사회에서 중세 사회로 넘어가는 때가 대체로 이때다. 그러므로 통일신라에서 고려 시기로 넘어가는 때는 우리나라뿐만 아니라 동아시아 전체가 커다란 변화를 겪는 전환의 시기라 할 수 있다.

신라 하대 모순의 확대

천년의 세월을 지켜 오던 신라는 하대 사회에 들어서 과연 어떤 문제점들을 드러내고 있었을까? 왕위 계승을 둘러싼 진골귀족 내부의 분쟁이 겉으로 드러나는 것이 가장 큰 문제였다. 골품에 따르지 않고 서로 힘에 의한 세력 다툼을 통해서 왕이 되었기 때문에 골품제는 별 의미가 없어졌다. 이것은 신라 하대 155년 동안 20명의 왕이 교체되는 데서도 잘 알 수 있다. 이들의 평균 재임연한을 따지면 7.5년 정도가 되는데, 요즈음의 대통령 임기와 비교하면 길지만 당시 왕의 임기로 보면 매우 짧은 것이다. 제명에 살지 못하고 피살된 왕들이 많았기 때문이다.

아울러 지방에서 호족과 군진 등 독자적인 세력들이 성장함에 따라 경주를 중심으로 한 국가 운영 체제도 무너지기 시작한다. 그런데 이런 사정에도 아랑곳없이 경주의 귀족들은 토지 소유를 확대한다든가, 농민들을 상대로 고리대를 한다든가 해서 자신들의 기반을 유지 또는 확대시켜 나가려고 하였다. 그러다 보니 일반 평민들은 노비로 전락하거나 아예 농토를 떠나버리는 구차한 지경에 처하게 되었다. 사회계층 간의 갈등이 심화되었던 것이다.

이렇게 되자 농민들도 그대로 앉아서 당할 수만은 없었다. 그래서 농민들의 저항이 나타나기 시작한다. 신라 하대에는 농민들이 생업을 포기하고 땅을 떠나는 유망이나 도적뿐만 아니라 적극적 저항인 농민 항쟁까지도 일어났다. 9세기 중엽 이후에는 대규모 농민 항쟁이 전국적으로 확대되어 갔다. 이런 농민 항쟁은 신라 사회의 붕괴를 재촉했던 것이다.

궁예와 견훤

이런 소용돌이 속에서 후고구려와 후백제가 신라 영토 내에서 분립하면서 이른바 후삼국이 정립한다. 박종화의 《삼국풍류》라는 소설이 바로 후삼국을 다룬 역사소설이다. 먼저 후고구려를 세운 궁예에 대해서 살펴보자.

궁예는 언제 태어났는지 확실하지 않다. 그는 본래 신라 47대 헌안왕의 아들이었다고 한다. 48대 경문왕의 아들이었다고 보는 사람도 있다.

궁예는 왕족으로 태어났지만 얼마 안 되어 죽을 고비를 맞는다. 어느 날 일관日官이 왕에게 말하기를, "궁예는 5월 5일에 태어났고 나면서부터 이가 나 있었으므로 장차 나라에 해가 될 것이다."라고 했던가 보다. 이런 말을 들은 왕은 너그럽게 그를 수용할 수 없었던지 죽이라는 명령을 내린다. 그런데 마치 꾸며낸 얘기처럼 유모가 홀연 나타나 극적으로 궁예를 구한다. 그래서 궁예는 유모를 자신의 친어머니로 알고 자란다. 이런 이유로 궁예는 신라왕에 대해 강한 적개심을 갖고 있었다.

왕족이었음에도 불구하고 세달사世達寺라는 절에 은거해 승려가 되었다. 이를 보면 권력 투쟁에서 밀려난 인물이었던 것으로 보인다. 승려가 되어서는 우연히 부석사에 갔다가 거기에 걸려 있는 신라 왕의 그림을 보고 검으로 내리쳤다는 이야기도 있다. 이것은 권력에서 소외된 자기 자신의 처지를 한탄하며, 거기에서 분노를 느껴 나타난 행위라고 할 수 있겠다. 따라서 901년에 세운 후고구려는 신라에 대한 강한 적대감을 바탕으로 운영되었다. 또한 후고구려는 초적草賊이라는 도적의 무리를 중심으로 나라를 세웠기 때문에 도둑과 같은 약탈적 성격도 나타났다.

이렇듯 후고구려는 생산적인 체계를 갖추지 못하였다. 즉흥적이고 신비적인 운영 패턴에 의존하였다. 911년 국호를 태봉泰封으로 고치고, 연호를 수덕만세水德萬歲라 하였다. 이때부터 궁예는 스스로를 미륵불이라 칭하고 아들은 보살이라고 칭하면서 사람들을 미혹하는 일에 빠져 들었다. 918년에 왕위에서 쫓겨나 도망하다가 평강에서 한 백성에 의하여 피살되었다. 이런 점들에서 알 수 있듯이 궁예는 새로운 세계를 여는 인물은 될 수 없었다. 다만 과거 세계를 파괴하는 정도의 역할밖에 하지 못했던 것이다.

한편 후백제를 세운 견훤은 상주 사람이다. 상주는 지금의 문경 지역에 해당한다. 성은 본래 이씨였는데 나중에 견씨로 바꿨다. 견훤의 출생에 관한 고사를 보면, 그가 아직 강보에 싸여 있을 때 농부였던 아버지는 농사를 짓고, 어머니는 새참을 준비하느라고 다른 데서 식사 준비를 하는데 마침 호랑이가 와서 나무 아래 둔 견훤에게 젖을 먹였다고 한다. 견훤의 비범

견훤이 아들 신검에 의해 갇혔다가 탈출한 금산사

함을 나타내 주는 재미있는 고사라고 할 수 있겠다.

이후 그는 신라의 변방 비장裨將이 되었으며 진성여왕 때 신라에 반기를 들고 무진주(지금의 광주)를 중심으로 세력을 펴 나갔다. 그리고 900년에 완산주(지금의 전주)에 도읍을 정하고 나라를 세웠다. 나라 이름을 후백제라고 하였다. 후백제라고 이름한 까닭은 백제 유민들을 겨냥해서 자기 세력으로 규합하고자 했기 때문이다. 후백제를 세운 뒤 견훤은 경주에 쳐들어가서 마침 포석정에서 연회하고 있던 경애왕을 죽이기까지 한다.

그러나 견훤 역시 새로운 사회를 이끌어 나갈 만한 국가 운영 체계를 만들어 내지 못하였다. 그는 어이없게도 아들끼리 정권 쟁탈을 벌이던 중 맏아들인 신검에 의해서 지금의 금산사에 갇혔다가 탈출해서 왕건에게 투항하고 만다. 비록 중국·일본 등과 외교 관계를 맺는 등 후고구려보다는 폭이 넓은 국가 운영을 하지만 역시 고려의 태조에게 멸망당하는 비운을 맞았다.

호족과 6두품의 대두

후고구려를 세운 궁예와 후백제를 세운 견훤은 모두 호족 출신이다. 이들은 고려의 건국과 관련해서 매우 중요한 의미를 갖는 세력들이다. 호족은 본래는 일반 명사이다. '호豪'란 호걸豪傑 '호' 자로서 '호족'은 '세력이 있는 족속 또는 사람'이라는 뜻이다. 그러나 우리 역사에서는 통일신라 말기에 나오는 지방 세력가라는 의미로 거의 고정해서 사용하고 있다. 요즈음에는 호족이란 말은 일반 용어이기 때문에 신라 하대의 지방 세력가를 의미하는 용어로 사용하기에는 부적절하다고 하면서 다른 용어를 제시하는 견해도 있다. 조선 시기의 토호土豪도 비슷한 경우라고 할 수 있다.

신라 하대에 중앙에 반기를 드는 호족들의 구성을 보면 다양하다. 궁예의 경우는 도둑 세력을 기반으로 하여 성장한 호족이다. 도둑이라는 것도 따지고 보면 도망한 농민들로 이루어지기 때문에 저항적 농민 세력의 범주에 넣을 수 있겠지만 아무래도 순수한 농민과는 다르다. 그밖에 지방의 군사를 배경으로 한 호족도 있었고, 바다의 해상 세력을 바탕으로 한 호족도 있었다. 이들은 스스로 성주나 장군, 심지어는 왕을 칭하기까지 하였다. 왕건도 바로 해상 세력을 바탕으로 성장한 호족 세력 가운데 하나였다.

호족과 더불어 중요한 정치 세력을 이루었던 층이 6두품이었다. 지방 세력인 호족이 무력을 바탕으로 한 세력이었다고 한다면 6두품은 중앙에서 지식을 바탕으로 한 세력이었다. 이들은 상당수가 중국에 유학을 갔다 오는 등 실력은 있었지만 진골이 아니라는 신분적인 제약 때문에 제5관등인 대아찬 이상의 관직에는 올라가지 못했다. 따라서 자연히 신라에 비판적인 불만 세력을 이루었다. 이런 6두품 세력이 무력을 가진 호족 세력과 연대해서 새로운 사회를 건설하고자 했고 거기서 고려가 건국하게 되었던 것이다. 지식 계층인 신흥사대부와 무인 계층인 신흥무장 세력이 결합해서 조선을 건국하는 것도 이와 비슷한 경우라고 할 수 있다.

한편 호족과 6두품이 서로 결합해서 신라를 부정하고 새로운 국가를 건설할 수 있었던 정신적인 기반이 되었던 것은 교종을 대신해서 등장한 선종이었다. 선종 사찰과 교종 사찰을 서로 비교해 보면, 교종 사찰이 주로 경주를 중심으로 한 지역에 있어서 경주 귀족들과 직접적인 연계를 맺은 반면, 선종 사찰은 지방에 퍼져 있어 대체로 그 지방의 호족 세력과 연계를 맺으면서 그들의 정신적인 지주 역할을 했다. 어려운 경전을 공부해서가 아니라 개인적인 수련을 통해서 도를 깨우칠 수 있다는 선종은 당시 호족뿐만 아니라 일반민에게도 상당히 호응이 컸다.

호족 세력의 또 하나의 정신적인 기반이 되었던 것이 풍수지리설이었다. 고려의 건국과 체제 정비 과정에서도 풍수지리설은 큰 영향을 미쳤다. 명당이 경주에만 있는 것이 아니라 다른 곳에도 있을 수 있다고 생각하게 되

면서 사람들은 비로소 경주 중심의 지리의식에 벗어날 수 있었다. 이 시기 풍수지리설은 음양오행설과 결합한 풍수도참설의 성격을 띠고 있기도 한다. 풍수도참설하면 도선道詵이 떠오른다. 뒤에 고려를 세운 왕건도 〈훈요 십조〉에서 도선이 정한 자리를 마음대로 바꾸지 말 것을 강조하고 있다.

Korea

제4장 | 신라의 불교

1 이차돈의 순교

문화의 발전 단계에서 신라는 다른 나라들보다 한 단계 뒤지고 있으면서 동시에 전통적인 자기만의 독특한 문화를 가지고 있었다. 골품 제도와 화랑도 등에서 볼 수 있듯 자기 전통의 문화를 가지고 있었기 때문에 외래문화를 수용하는 데도 갈등이 있었다.

법흥왕과 이차돈의 밀약설

새로운 사상을 수용한다는 것은 혁명적인 일이다. 이차돈의 순교를 계기로 신라가 불교를 공인하게 되었던 상황도 바로 그런 혁명적인 사건이었다.

이차돈의 순교에 대해 학계에서는 친위 쿠데타로 보기도 한다. 법흥왕과 이차돈의 밀약설이 바로 그것이다. 사실 당시 법흥왕이 불교를 일으키려고 했다는 것은 여러 기록에서 나타나고 있다. 그러나 당시 도교나 샤머니즘을 믿었던 귀족들은 이에 대해 심한 반발을 보인다. 그러자 이차돈은 왕에게 자신이 죽을 때 반드시 기적이 일어나 만인이 반대하지 못하고 굴복할 것이라고 하며 자신의 목을 베어 줄 것을 건의한다. 왕은 처음에는 망설이지만 결국 이차돈과 밀약을 맺게 된다. 그리하여 이차돈은 왕이 절을 지으라고 했다고 거짓으로 꾸며서 절을 지었으며, 이에 대해 법흥왕은 노해서 이차돈을 참수하게 된다.

문제는 여기에서 끝난 것이 아니라 그의 목을 베었을 때 목에서 흰 젖이 수십 장(丈)이나 솟고 머리는 날아서 경주 북쪽 소금강산에 떨어졌다고 한다. 어떻게 그렇게 되었는지는 모르겠지만, 그야말로 '기적'이 일어났다. 이런 기적을 보고도 불교를 믿지 않을 고대인은 별로 없었을 것이다. 그래서 이를 계기로 신하들도 불교를 포교하는 데에 반대하지 않았다. 이때가 법흥왕 14년, 527년이었다.

불교의 수용

《삼국유사》에 의하면 5세기 전반 눌지왕 때 고구려로부터 아도(阿道)가 내려와 일선군의 모례(毛禮)라고 하는 사람 집에 와서 몰래 포교를 했다고 한다. 아도는 바로 374년 고구려에 들어와 활약했던 묵호자(墨胡子)이며, 일선군은 지금의 경상북도 선산 지방으로 고구려에서 신라의 경주로 가는 중요한 통로였다고 한다. 또한 《삼국유사》에는 5세기 후반 소지왕 때에 이미 궁중에 향을 사르는 승려가 있었다는 설화가 전해지고 있다. 이를 보면 신라 사회에는 이미 5세기 초부터 불교가 여러 통로로 들어왔으며, 1세기 동안의 긴 수용 과정을 거쳐 527년에 이차돈의 순교라는 극적인 사건을 계기로 공인되었음을 알 수가 있다.

순교까지 있었던 신라와는 달리 고구려와 백제에서는 순조롭게 불교가 수용되었다. 물론 고구려에도 불교가 일찍부터 들어와 있었겠지만 구체적으로 공인해서 수용하는 것은 372년(소수림왕 2)이고 백제는 384년(침류왕 1)이다. 대체로 시기가 비슷하다. 이에 비하면 신라는 상당히 늦은 편이다. 또한 고구려와 백제는 대개 왕실을 중심으로 순조롭게, 더구나 외교적인 통로를 통해 불교가 쉽게 받아들여졌다.

이차돈순교비

신라는 이차돈의 순교라는 극적인 사건을 계기로 불교를 공인했다.

이렇게 고구려·백제와 신라가 불교를 수용하는 데 서로 다른 모습을 보이는 것은 문화의 발전 단계에서 신라가 다른 나라들보다 한 단계 뒤지고 있으면서 동시에 전통적인 자기만의 독특한 문화를 가지고 있었기 때문인 것 같다. 골품 제도와 화랑도 등에서 볼 수 있듯이, 확실히 자기 전통의 문화를 가지고 있었기 때문에 외래문화를 수용하는 데도 갈등이 있었던 것이다.

신라가 불교를 수용하는 데 남다른 갈등을 겪었던 만큼, 일단 불교를 공인한 이후에는 이를 철저히 정치에 적용시켰다. 신라에 불교 정착과 관련해서 다른 나라에서는 볼 수 없는 불교 왕명 시대라는 특이한 시기가 있었던 것도 그 예의 하나이다. 불교 왕명 시대란 불교가 공인된 법흥왕 때부터 진덕여왕까지인데, 《삼국유사》에서는 이 시기를 중고기中古期로 부르기도 한다. 나아가 이 왕들의 이름에는 진흥왕·진지왕·진평왕·진덕왕이니해서 모두 '진眞'이라는 글자가 들어간다. 이런 것은 진종설眞種說을 반영하는 것으로서 신라 왕실이 인도의 석가모니를 탄생시킨 왕실과 같다는 일종의 신성의식을 표현하고 있는 것이다. 그중에서도 진평왕의 경우가 그 예에 아주 부합한다. 진평왕은 그 원래 이름이 백정白淨이다. 백정이란 이름은 석가모니 아버지의 이름을 딴 것이다. 또 진평왕 부인의 이름은 마야부인摩耶夫人데, 이는 석가모니 어머니의 이름에서 따온 것이다. 그러니까 진평왕의 자식은 석가모니 아버지와 어머니의 자식이니 곧 석가모니가 되는셈이다. 그 결과, 딸 선덕여왕은 석가와 같은 위치로 비견되었다. 또 진덕왕은 그 원래 이름이 승만勝鬘인데, 이것은 불교 경전의 하나인《승만경勝鬘經》에서 유래한 것이다.

부처님의 권위에 의탁해서 왕실의 권위를 높이려고 했던 의식이 이와 같이 왕의 이름들에 불교와 관련된 것에서 이름을 따와 붙이게 한 것이다. 불교 왕명 시대는 그런 풍조의 상징인 것이다. 이 때문에 성골이라고 하는 골품이 불교의 수용과 더불어 생겨났다고 보는 학자들도 있다.

불교계의 구성과 국가불교

불교가 수용되어서 뿌리를 내려가는 과정에서 절들이 먼저 생겨났다. 신라의 경우 경주를 중심으로 해서 흥륜사·황룡사·분황사 등의 유명한 절들이 세워졌다. 그 다음에는 혜량·원광·자장 같은 고승들이 배출되었고, 사찰에서는 백고좌회百高座會 ·팔관회·점찰법회占察法會 등의 불교의식을 거행하였다. 국가에서는 이런 불교계를 관장하는 제도를 만들었다. 이것을 승관제僧官制라고 하는데, 진흥왕 때 혜량이 국통에 임명된 것이 그 시초였다. 사찰, 고승, 불교의식, 승관제 등이 바로 불교계를 형성하는 기초 구성요소였다.

신라의 초기 불교와 관련해서 학계에서는 '국가불교'라는 말을 쓰고 있다. 당시 불교의 성격이 그렇다는 것이다. 왜냐하면 불교계의 입장에서는 초기 정착 단계에서 어떻게 하면 불교 이념을 펴는 데 국가로부터 도움을 얻을 수 있을까 하는 의도에서 국가와 손을 잡으려 했고, 또 국가의 입장에서는 국가의 권력을 안정시키는 데 새로운 이념인 불교를 어떻게 활용할 수 있을까 하는 생각을 갖고 불교에 손을 내밀었다. 이렇게 불교계와 국가, 서로가 서로를 필요로 하는 그런 사정이 맞아 떨어져서 불교는 국가의 입장과 밀착되어 나타나게 되었다. 여러 법회 의식, 원광의 세속오계, 진종 설화 등에서 그런 모습들을 구체적으로 찾을 수 있다.

무려 182센티미터에 이르는 황룡사 치미

건물 자체의 크기를 짐작해 볼 수 있는 어머어마한 크기의 치미. 신라 불교는 국가와 밀착되어 성장해 나갔다.

그러나 불교가 언제나 국가 목적에만 봉사했다고 해석하는 것은 곤란하다. 오히려 불교에서는 국가 지배자를 통해서 그 이념을 펴고자 했던 것도 있고, 또 한편으로는 진흥왕이나 법흥왕 자신이 절에 가서 불교 의식을 베풀면서 자기가 스스로 불제자라는 것을 의식하는 정치를 펴는 경우도 있다. 즉 이데올로기로서의 기능과 동시에 순수한 종교적인 기능도 했다고 볼 수 있다.

그리고 초기 불교가 철학적이거나 체계화된 이론을 가지고 있었다고 보기는 어렵다. 그래서 주로 업보윤회설 또는 인과응보설 같은 권선징악을 강조하는 소박한 불교 교리에 머물렀다. 이런 것들은 윤리의식을 높이는 역할을 하였다. 그 당시 백성들에게 파급되었던 불교는 바로 이런 차원의 것들이었다. 쉽고 간단하지만 분명한 교리를 통해 접근해 들어갔다. 그렇게 해서 백성들이 불교를 쉽게 이해하고 믿을 때, 그래서 왕이 곧 석가모니라고 믿게 할 때, 불교를 믿는 백성들의 힘과 지원은 국가를 운영하는 바탕이 되었던 것이다.

원광과 자장

초기 불교를 이해할 때 중요한 승려가 원광과 자장이다. 원광법사 하면 제일 먼저 떠오르는 것이 사군이충事君以忠, 사친이효事親以孝, 교우이신交友以信, 임전무퇴臨戰無退, 살생유택殺生有擇 하는 세속오계世俗五戒이다. 이 가운데 앞의 세 가지는 통상적인 불교의 교리에 별로 어긋나는 것이 없지만, 임전무퇴와 살생유택, 즉 전투에 임해서 물러서지 말라든가 죽이고 살리는 것을 가려서 하라든가 하는 것은 불자가 지키기에는 좀 분위기가 다른 주문으로 보인다. 왜 이런 내용을 오계 속에 넣었을까? 이런 의문은 세속오계가 어떻게 만들어지고 당시 상황이 어떠했는가를 살펴보면 풀릴 수 있을 것이다.

세속오계가 나타난 시기는 진평왕 때로써 삼국이 정복 전쟁을 일삼던 통일 전야였다. 그리고 세속오계도 원광이 주도했다기보다는 사실 화랑인 귀산貴山과 추항箒項이라는 두 젊은이들이 원광에게 가 교훈을 요구해서 만들어진 것이었다. 이 점을 주목해야 할 것이다. 이들의 요구에 원광은 "그대들은 세속에 살고 있는 사람이니까"라는 것을 전제로 하여 만들어 주었다. 그러니까 불교도들이 지켜야 할 경계라기보다는 세속의 사람들이 지켜야 할, 말 그대로, 세속오계인 것이다.

원광은 출가인들을 위한 계를 주려고 했던 것이 아니라 세속에 필요한 계를 주려고 했던 것이다. 그러므로 세속에 살면서 부득이 살생을 하게 될 경우도 있으므로 죽이는 것을 아예 하지 말라고 하지 않고 가려서 하라고 했고, 또 부득이 전쟁에 임했을 때는 물러서지 말고 용감하게 싸우라는 내용도 들어갔던 것이다. 결국 세속오계는 불자들이 지켜야 할 계율이 아니라 일반 백성, 특히 청소년들에게 필요한 윤리 덕목이었던 셈이다. 불교의 입장에서 보면 아무래도 임시방편적이라고 할 수 있다. 이런 원광은 진평왕의 명을 받아 수나라로 하여금 군사를 동원하여 고구려를 치도록 요청하는 〈걸사표乞師表〉를 쓰기도 한다.

한편 자장은 7세기 중반 선덕여왕 때 주로 활동한 고승으로 당나라 유학을 가 7년 동안 활동하다가 643년에 돌아와 신라 불교의 토착화에 많은 노력을 하였다. 먼저 대국통大國統에 임명되어 전국 불교 교단의 기강을 확립하였고 645년에 황룡사 9층탑의 건립을 건의하여 세우고 그 절의 2대 주지로 취임하였다. 당시 왕은 선덕여왕이었다. 여자로서는 처음 왕위에 올라 그 지위가 자못 위태로웠는데 게다가 백제로부터 공격을 받아 40여 개의 성을 빼앗기게 되었다. 따라서 신라 왕실의 입장에서 볼 때도 매우 어려운 시기였고, 국가적으로 볼 때도 위기 상황이었다. 이때 자장의 건의에 따라 황룡사 9층탑이라는 거대한 탑을 세우는 것은 이런 위기를 극복하고 실추된 왕실의 권위를 회복하려는 정치적인 의도가 들어 있었다. 그러므로 80미터 높이에 이르는, 당시로서는 불가사의한 탑을 세우고, 여기에 부처님의 진신사리를 모셔 종교적으로 승화시켜 냄으로써 백성들의 마음을 하나로 모을 수 있었던 것이다.

이밖에도 자장은 신라 불국토설을 유포하여 많은 사람들이 불교에 귀의하도록 하는 성과를 보이기도 하였다. 원광이나 자장 모두 국가불교 시대 국가의 정치사회와 외교적인 면에 기여했던 대표적인 승려였다.

2 불교계의 새 바람, 원효

KOREA

원효는 삼국 통일 전쟁으로 인해 거칠고 각박해진 사람들의 마음을 어떻게 구제하고 이끌어 갈 것인가 하는 문제를 고민했다. 결국 원효는 대중 속에 들어가서 이 문제를 실천에 옮김으로써 풀어 나갔다.

불교계의 새로운 바람

우리나라 불교사에서 원효만큼 널리 알려지고 이야깃거리가 많은 인물도 없을 것이다. 중국 유학, 해골의 물, 요석공주와의 사랑, 환속, 수많은 저술, 불교 대중화 운동……. 이런 극적인 요소들이 그에 대한 흥미와 관심을 더욱 불러일으킨다. 원효는 어떤 인물이며 그의 사상은 오늘날에 과연 어떤 의미를 지닐까?

원효가 활동하던 시기는 신라가 삼국 간의 치열한 전쟁을 치루면서 통일을 이루어 냈던 시기였다. 이 시기에 중국 불교계에서는 새로운 바람이 일어나고 있었다. 손오공이 나오는 《서유기》의 주인공으로도 유명한 현장이 28세에 인도에 유학해서 17년 동안 공부하고 돌아온 때가 645년, 7세기 중반이다. 돌아와서 그는 73종류의 경전을 번역하는데, 이때 번역한 경전을 흔히 '신역新譯'이라고 한다. 이는 그 이전에 번역된 '구역舊譯'에 비해 규모도 방대했지만 여러 면에서 참신한 내용을 많이 담고 있었다. 이를 계기로 당 불교계에서는 아주 새로운 학풍이 일어났다.

또한 신라 출신의 많은 승려들도 그 문하에 가서 공부하게 되었다. 유명한 원측이나 순경, 신방, 진인 등이 이들이다. 원효와 의상이 중국으로 유학하려고 했던 일차적인 목적도 현장 문하로 가기 위해서였다. 그만큼 현장의 영향이 신라에도 급격하게 불어오고 있었다.

통일이 되면서 신라 불교는 고구려와 백제 불교를 흡수·통합한다. 여기에 당 불교계의 새로운 흐름에 자극받아 수많은 구법求法 고승들이 활약하였으며, 신역 경전의 수용과 이해를 통해 불교의 토대가 세워지고 그 바탕위에서 새로운 불교 교학이 정립되어 갔다. 원효는 바로 이 시기 불교 교학성립을 대표하는 인물이었다.

원효의 생애

원효는 지금의 경상북도 경산 지방인 압량군에서 617년에 태어나 686년에 70세의 나이로 이승에서의 삶을 마감했다. 원효의 집은 율곡栗谷이라는 골짜기의 서남쪽에 있었다고 하는데, 어머니가 만삭이 되어 이 골짜기를 지나다가 갑자기 산기가 있어 미처 집으로 들어갈 사이도 없이 밤나무 밑에서 급하게 낳았다고 한다. 이 밤나무는 사라수裟羅樹라고 전해 내려오는데, 사라수는 부처님도 그 밑에서 태어난 나무의 이름이다. 또한 그가 태어났던 마을을 불지촌佛地村이라고 부르는데 이것도 원효를 높이고자 하는 의도에서 붙인 것이 아닌가 생각된다. 원효는 20세경에 출가를 했는데, 젊은 날에 대한 기록은 전혀 남아 있지 않다. 아마 열심히 수행하고 공부했던 것으로 여겨진다.

34세 때인 650년(진덕여왕 4) 그보다 8살 연하인 의상과 함께 당나라 고승 현장에게 불법을 배우러 당나라로 유학을 떠났다. 하지만 랴오둥까지 갔다가 고구려 순찰군에게 잡혀 첩자로 오인받아 열흘이나 넘게 고생하다가 풀려나 그냥 돌아왔다.

661년(문무왕 1년) 다시 의상과 함께 당나라로 유학을 떠났다. 배를 타러 당항성唐項城(지금의 경기도 화성시)으로 가던 길에 밤이 늦어 토굴 속에서 자게 되었다. 원효는 자다가 갈증을 심하게 느껴 주변을 더듬던 중 우연히 어둠 속에서 물을 발견하고 아주 달콤하게 마셔 갈증을 풀었다. 그런데 다음 날 아침, 원효는 지난밤에 자기가 먹은 물이 해골바가지에 고여 있던 더러운 물이었다는 것을 알고는 구역질을 하였다. 그러다가 문득 "이 세상의 온갖 현상은 모두 마음에서 일어나며, 모든 법은 오직 인식일 뿐이다. 마음 밖에 법이 없는데, 어찌 따로 구할 필요가 있겠는가三界唯心 萬法唯識 心外無法 胡用別求."라는 큰 깨달음을 얻었다. 그래서 "생각을 돌이키면 모든 것이 다시 일어나는구나."라는 말을 하면서 중국으로 가지 않고 신라로 돌아왔다. 이런 뜻은 '일체유심조一切唯心造'라는 말로 잘 알려져 있다.

책을 통해서 깨달음을 얻지 않고 진지한 인생의 체험을 통해서, 그것도 토굴 속에서의 독특한 체험을 통해서 깨달음을 얻었다는 것이 매우 인상적이다. 조금 어려운 말이나 모든 존재는 인식을 통해서 걸러지고 확인된다고 한다. 그러므로 인식에서는 주관과 객관이 문제가 되고 그럴 때에 우리는 흔히 우리 자신을 중심으로 해서 물이 더럽다 또는 깨끗하다는 평가를 하게 된다. 이런 문제를 심층적으로 파고 들어가는 것이 불교의 유식학唯識學인데, 원효의 깨달음은 이런 이론이 밑바탕에 깔려 있는 깨달음이다.

화쟁和諍사상

도당 유학길에서 큰 깨달음을 얻고 돌아온 원효는 왕성한 저술 활동을 한다. 저술의 양에 대해서는 사람마다 주장이 약간씩 다르지만, 최소한 80여 종이 넘고 권수로는 150권이 넘는다. 우리 역사상 이렇게 많은 저술을 한 사람도 드물고 중국을 보아도 거의 없다. 7세기 당시에서는 그야말로 세계

분황사 화쟁국사비부

경주 분황사에는 원효를
기리는 비석이 있던 흔적
이 남아 있다.

적인 대저술가였다고 할 수 있다.

많은 저서 가운데서도 대표적인 것을 꼽는다면《십문화쟁론十門和諍論》,
《금강삼매경론金剛三昧經論》,《대승기신론소大乘起信論疏》,《화엄경론華嚴經論》
등이 있다. 이 글들은 중국이나 일본에도 굉장한 영향을 끼쳤다. 다양한
저술에서도 알 수 있듯이 원효의 학문은 대단히 범위가 넓고 관심 분야가
많았다. 중국의 경우는 자기 전공분야가 정해져 있다. 화엄이면 화엄, 유
식이면 유식, 이런 식으로 정해져 있었고, 중국에서 유학했던 신라의 승려
들도 대체로 그랬다. 잘 알다시피 의상은 화엄학에, 원측은 유식학에 정통
했다.

그러나 원효는 한 분야에 국한하지 않았다. 전통적인 학문이나 중국의
현장에 의해 일어난 새로운 학풍을 수용하는 입장도 특이했다. 나아가 그
는 불교논리학인 인명학因明學에도 대단히 뛰어났었고, 매우 화려하고 뛰어
난 문장을 구사했다고 한다. 더우기 우리가 그를 높이 평가하는 이유는 결

코 훈고학에 머물러 있지 않고 자기의 독창적인 해석을 했다는 점이다. 원효의 학문은 중국에까지 영향을 미쳤다. 중국 화엄학을 집대성한 현수 법장의 화엄학은 원효의 교학을 바탕으로 하지 않고서는 성립하기 어려웠다고 말할 정도이다.

원효 사상의 특징을 한마디로 화쟁사상和諍思想이라고 한다. 그가 《십문화쟁론》이라는 저서를 남기고 뒤에 고려 숙종 때 화쟁국사和諍國師에 추존되는 것도 그의 사상적 특징이 화쟁사상에 있음으로 해서 비롯된 일들이다.

그러면 화쟁은 과연 무엇일까? 불교에서는 전통적으로 중관파中觀派와 유가파瑜伽派라고 하는 두 유파 사이에 중요한 대립과 갈등, 논쟁이 있어 왔다. 중관은 모든 존재의 자성自性을 철저히 부정할 것을 강조하는 입장이고諸法皆空, 유가는 이런 부정을 통해 나타나는 궁극적인 진리를 인정하는 입장이다圓成實性. 이런 대립을 화해시키는 것, 그리고 세속적인 가치와 불교진리적 가치 사이의 갈등 같은 문제들을 화해시키는 것이 원효에게는 주요한 과제, 즉 화쟁의 대상이 되었던 것이다.

화쟁의 '쟁諍'자는 말씀 언言변에 쓰는 글자이다. 말씀 언변을 떼어 버리면 전쟁의 '쟁爭'이 되어 버린다. 이는 원효가 말에 대한 문제를 매우 심도 있게 다루었다는 것을 의미한다. 그럼에도 불구하고 원효가 제일 경계했던 것은 지나치게 자기 고집이나 편견에 치우쳐 있는 사람들의 주장이었다. 그렇기 때문에 원효는 다원적이고 보편적인 생각을 가지고 상대방의 의견에 귀를 기울여야 한다는 등의 여러 문제를 아울러 제기했던 것이다.

대중불교 운동

신라에 돌아와 왕성한 저술활동을 펴다가 얼마 지나지 않아 원효는 과부의 몸으로 요석궁에 외로이 살고 있던 태종 무열왕의 둘째딸 요석공주와 관계를 갖고 그 사이에서 설총을 낳았다. 이런 일들은 불교 승려의 입장에서는 계율을 어긴 행위라고 볼 수 있을 텐데 원효가 워낙 위대한 인물이어서 그런지는 모르겠지만, 오히려 흠이 된다기보다는 파격의 미로 이해하고 있다.

결국 원효는 이 결혼을 통해서 환속하게 된다. 그런데 세속으로 돌아오는 중요한 계기를 결혼을 통해서 잡았다는 사실이 매우 깊은 의미를 갖는다. 원효는 《금강삼매경론》에서 이론과 실천의 완성이라는 점을 들어 이를 매우 강조했다. 이론적인 추구로 끝날 일이 아니라 실천을 통해서 완성시켜야 하는 과제가 있는데, 이를 위해서는 세속으로 돌아올 수밖에 없었다는 것이다. 대중의 교화라는 것도 세속으로 와야 가능한 것이었으니까. 이런 면에서 불교의 진리와 세속적 가치 사이의 괴리를 화쟁시키는 실천행을 보인 것이라고 찬양하는 견해도 일리가 있다.

원효는 속인으로 돌아와서 포교를 할 때 스스로를 소성거사小性居士라고 불렀다. 이것도 재미있다. 처음에 요석공주에게 사랑을 구할 적에는 자신을 하늘을 떠받드는 기둥으로 자부하다가 이제는 스스로를 대단히 못난 거사라고 한 것이다. 이렇게 한쪽으로는 자긍심을 내비치다가 다른 한쪽으로는 겸손함을 내보인다. 어쨌든 원효는 대중 속에 들어가서 무애無㝵춤을 추고 무애가를 노래한다. 어떤 때는 그 말이 난폭하고, 또 어떤 때는 주막에서 놀기도 하고, 스스로 반성도 하는 등 도대체 정해진 것이 없을 만큼 무애자재한 모습을 보여 주고 있다.

'무애'는 '일체에 걸림이 없는 사람은 한 길로 생사를 벗어난다.一切無㝵人一道出生死'는 화엄경의 구절에서 따왔다. 한마디로 집착으로부터의 해방을 의미한다. 해탈이 곧 무애이다. 요즈음 우리가 자유라는 용어를 흔히 쓰고 있지만, 자유롭지 못한 상태는 우리가 자유를 외부에게 빼앗김으로써 비롯되기도 하지만 자기 자신으로부터의 집착에서 오는 경우도 많다. 원효는 자유와 해탈의 모습을 구체적으로 보여 준 것이다. 대중 속에 들어가 대중과 함께 했던 원효의 이런 행위를 '대중불교 운동'이라고 말하기도 한다.

원효는 대단히 깊은 이론적인 추구를 했다는 점에서 높이 평가된다. 나아가 원효가 더욱 높이 평가되는 것은 이론적인 추구에 끝나지 않고 이를 쉽게 대중에게 전달했다는 점이다. 당시는 자칫 잘못하면 귀족화하고 형해화하여 말만 있고 실천은 없기가 쉬운 그런 시절이었다. 더우기 삼국 통일 전쟁으로 인해서 사람들의 마음이 대단히 거칠고 각박해진 끝이었다. 결국 어떻게 대중을 구제하고 이끌어 갈 것인가 하는 문제가 자연스럽게 대두하였고, 이 문제를 원효는 대중 속에 들어가서 실천에 옮김으로써 풀어 나갔던 것이다.

다른 종교도 마찬가지이지만 불교의 궁극적인 목적은 고통받는 사람들의 구제이다. 종교의 필요성을 느끼는 사람들은 상위 5%의 특수계층보다는 고통과 어려움에 쉽게 노출되어 있는 일반 대중들이다. 따라서 불교가 힘을 잃지 않고 종교의 위상을 높여 가려면 무엇보다도 대중 속에 뿌리를 내려야 하고 이런 점에서 원효의 대중불교 운동은 오늘날에도 귀감으로 삼아야 할 것이다.

또 관음신앙과 아미타신앙은 소리 내어 염불하는 것만으로도 현실에서 소원을 이루거나 죽어서 고통 없는 극락에 태어날 수 있다고 함으로써 불교 대중화를 이끄는 상징적 신앙이 되고 있다. 세상에서 가장 수승殊勝한 말, 나무아미타불 관세음보살! 불교 대중화를 상징하는 열한 글자이다.

3 의상과 화엄 종단

원효가 교단을 조직하거나 제자를 교육하는 등의 일을 거의 하지 않았던 데 비해서 의상은 여기에 심혈을 기울였다. 진정, 표훈, 지통 등 당시 크게 평가받았던 고승들이 모두 의상의 제자들이다.

의상의 생애

의상은 원효와 함께 신라 불교계의 쌍벽을 이루는 인물로, 해동화엄의 시조로 추앙되고 존경받는 인물이다. 그와 원효는 매우 친했음에도 불구하고 모든 면에서 서로 뚜렷한 차이를 보인다. 그런 점이 사실은 우리의 흥미를 끈다. 의상은 과연 어떤 인물이었으며 원효와는 어떻게 달랐을까?

의상은 625년에 태어나 702년에 78세를 일기로 세상을 떠났다. 원효보다는 8살 아래였다. 그에 대한 자세한 기록은 그리 많지 않다. 그는 19세에 경주 황복사皇福寺로 출가하였다. 출가한 지 얼마 안 되어 원효元曉와 함께 중국으로 가던 중 랴오둥遼東에서 고구려 군에게 붙잡혀 첩자로 오인받아 열흘 넘게 잡혀 있다가 그냥 돌아왔다. 그 후 11년이 지나 37세가 되었을 때인 661년(문무왕 1)에 당唐나라 사신의 배를 타고 중국으로 들어갔다. 이때 원효는 일체유심조一切唯心造를 깨달으며 유학을 포기하고 도중에 돌아왔지만, 의상은 당나라 유학이라는 원래의 뜻을 관철하였다. 그는 당나라

종남산의 지상사에 머무르던 화엄 종정인 지엄智儼 문하에서 10년 동안 화엄학을 수업하고 670년(문무왕 10)에 신라로 돌아와서 신라에 화엄 교학을 펼쳤다. 그래서 의상은 신라 해동화엄의 초조初祖가 되었다.

의상의 귀국 동기에 대해서는 여러 가지 말이 있다. 당나라 고종이 신라를 침략하려 하고 있다는 사실을 고국에 빨리 알리기 위해서 돌아왔다는 말도 있고, 《송고승전》에 있는 것처럼 화엄대교華嚴大敎를 펴기 위해 왔다는 이야기도 있다. 어느 한쪽만을 동기라고 굳이 고집할 필요는 없을 것이다. 오히려 둘 다 가능한 동기라고 할 수 있다. 먼저 의상이 아직 중국에 있을 때인 668년에 그의 스승인 지엄이 죽는다. 그러니까 의상의 입장에서는 어느 정도 공부도 했고 스승도 돌아가셨으므로 신라에 돌아와서 화엄학을 펼치려는 뜻이 있었다고 충분히 생각할 수 있다. 두 번째 동기가 가능하다는 뜻이다. 그런데 한편 당나라에 머물러 있던 문무왕의 동생 김인문이 당나라가 대규모 군사를 일으켜 신라를 공격하려 한다는 소식을 몰래 의상에게 전해 주었다. 김인문은 그때 당나라에 갇혀 있었기 때문에 이 소식을 자신이 직접 신라에 알릴 수 없었다. 그래서 의상에게 부탁했던 것이다. 따라서 의상은 이렇게 나라가 위험에 처해 있다는 소식을 듣고서 가만히 앉아 있을 수는 없었던 것이다. 그래서 급히 귀국을 서둘렀다고도 볼 수 있다. 의상이 귀국한 670년부터 나당 전쟁이 본격 개시되었다는 점을 고려하면 첫 번째 동기도 충분히 있었다고 할 것이다. 따라서 두 가지 동기가 다 작용했다고 보면 그리 틀리지 않을 것이다.

화엄학과 불교 신앙의 결합

원효가 80여 종의 많은 저서를 남긴 데 비하여 의상은 저술을 거의 남기지 않았다. 남긴 글도 주로 짧은 시로 된 게송偈訟인데, 그 가운데 오늘날 전해지는 것으로 《화엄일승법계도華嚴一乘法界圖》라는 특이한 저술이 있다. 화엄경 60권의 내용을 7언 30구로 된 210자의 게송에 담아 요약하여 사각형의 도형으로 표현한 것이 바로 《화엄일승법계도》이다. 이 저술에는 특이한 설화도 하나 붙어 있다. 즉 의상이 종이에 많은 글씨를 써서 자기 스승 지엄과 더불어 부처님 앞에서 맹세하기를, 자기가 쓴 글이 진리에 맞다면 불타지 말고 엉터리라면 불타도 좋다고 말하면서 활활 타오르는 화롯불에 던졌는데, 마침 타지 않은 글자 210자가 있어서 방문을 닫아걸고 열흘 동안 종합한 것이 바로 이 법계도法界圖라는 것이다.

이 설화에는 많은 상징이 담겨 있다. 우리는 지금도 아주 훌륭한 책을 불후不朽의 명저라고 하는데, 법계도는 비록 210자밖에는 안 되지만 불후의 명저가 되었다. 불후는 썩지 않고 오래 간다는 뜻인데, 불타지 않고 오래 가는 것이나 같은 의미라고 할 수 있겠다. 이 짧은 글은 훗날 그의 제자들에 의해서 끝임없이 연구되었고, 신라 당대에만도 여러 주석서가 나왔다. 고려 때에는 균여가 주석서를 썼으며 조선에 들어서는 김시습도 썼

의상과 관련하여 여러 설화가 전해 오는 부석사

다. 이렇게 조선 시기까지 연구되고, 일반 불교신자들도 이 글을 줄줄 외울 수 있을 정도로 인구에 회자되었던 것이다.

지엄 밑에서 의상과 동문수학했던 제자 중에 현수 법장이라는 중국인이 있었는데, 스승인 지엄은 법장에게는 이론에 밝다고 하여 문지文持라는 호를 주고, 의상에게는 실천행을 중시한다는 의미의 의지義持라는 호를 주었다는 일화가 있다. 이를 보면 의상의 학문은 이론적이기보다는 실천적인 성격이 강했던 것 같다. 그가 왜 굳이 번잡한 저술들을 남기지 않았는지 그 이유도 알 만하다. 또한 의상은 화엄학에 밝으면서도 대중과 연계되어서 불교신앙도 깊이 천착하고 있었기 때문에, 그의 화엄학은 관음 및 아미타 신앙 등과 연결되어 독특한 모습을 보여 주고 있다.

신라 화엄종의 중심이 되는 부석사의 설계는 아미타 신앙을 토대로 하고 있다. 안양루安養樓의 계단이 그것을 상징한다. 그리고 배흘림기둥으로 유명한 무량수전은 아미타불을 모신 건물인데, 부처님을 모신 위치가 특이하다. 들어가서 서쪽에서 동쪽을 바라보는 방향으로 불상을 앉혀 놓고 있다. 이것은 의상이 아미타 신앙에 깊은 이해를 가지고 있었던 점과 관련이 있다. 나아가 의상은 인간의 존엄·평등 등을 강조했다. 그의 저명한 10대 제자 중에는 진정과 지통처럼 평민이나 심지어는 노비 출신도 있었다. 자기 제자들에게 "너희들 이 범상한 몸뚱아리, 그것이 곧 진리의 몸뚱이다."라고 가르쳤는데 당시로서는 상당히 말하기 어려웠던 내용으로 생각된다. 또한 문무왕이 그에게 전장田莊과 노비를 주려고 했을 때 의상이 왕에게 "우리의 율법은 평등합니다. 그러므로 저에게는 노비가 필요없습니다."라고 하며 거절했다는 이야기도 유명하다.

낙산사와 부석사

의상이 국내에 들어와서 제일 먼저 세운 절이 낙산사이다. 의상이 처음 그곳에 갔을 때 관음굴에서 기도해서 수정 염주를 얻고 세운 절이라고 한다. 본래 산스크리트어로 보타락가라는 말이 있는데, 그것을 줄여 낙가산이라 하고 더 줄여서 낙산이라고 불렀던 것이다. 낙산에는 인도·중국·일본에 이르기까지 관세음보살이 머물렀다고 한다. 그러므로 의상에 의해 관세음보살 주처신앙(관음신앙)이 신라로 옮겨온 예가 낙산사라고 할 수 있다.

한편 부석사는 태백산맥과 소백산맥 사이의 영주 지방에 있는 절인데, 의상의 생애와 관련해서 흥미로운 것 중의 하나가 바로 이 부석사 창건에 관한 이야기이다. 의상은 유학 도중 홀로 배를 빌려 타고 당나라 등주라는 지역에 이르러 등주 주장州將의 집에서 며칠 머무르게 되었다. 주장은 우리나라 군수와 비슷하다.

그때 주장의 딸 선묘善妙라는 아가씨가 의상에게 첫눈에 반해서 프러포즈를 하였다. 그러나 의상은 거절하고 지엄 문하에 가서 10년 동안 공부를 하였다. 공부를 마치고 돌아오는 길에 다시 선묘의 집에 들렀다. 그때 선묘는 집에 없었다. 뒤에 선묘가 집에 돌아와서 의상이 신라로 떠나려고 한다는 말을 듣고 바닷가로 쫓아가지만 만나지를 못하자 한 마리 용으로 변해 주기를 기원하고 바닷물에 뛰어들었다. 그러자 그녀의 넋이 진짜 용으로 변해서 의상의 험한 뱃길을 밑에서 받치면서 신라로 따라 왔다.

선묘의 덕으로 무사히 신라로 돌아온 의상은 낙산사를 창건하고 화엄의 도량을 만들고자 전국을 돌아다녔다. 하루는 영주의 큰 절을 지나는데 그곳에는 덕이 없는 승려들이 우글거리고 있었다. 그래서 의상은 이렇게 좋은 자리에 왜 덕이 없는 승려들이 있는가 하는 생각을 하고 있었는데, 그때 선묘의 넋이 의상의 생각을 알아차리고 하나의 큰 반석으로 변하여 공중에 붕 떴다. 말 그대로 뜰 부浮에 돌 석石인 것이다. 이렇게 공중에 돌이 떠 있으니까 그곳의 승려들은 떨어질까 봐 겁이 나서 다 도망갔다. 이런 연유로 절을 세웠기 때문에 부석사라는 이름이 생겨났다고 한다.

지금도 부석사에는 선묘정이라는 우물이 있고 선묘각이라는 제각이 있다. 선묘 설화는 덕이 없는 승려들을 물리치고 화엄의 도리를 펴는, 즉 화엄사상에 정당한 권위를 부각하려는 의도가 들어 있다고 할 수 있다. 더욱이 이 설화들은 일본에까지 전해져서 일본의 고산사라는 절에 가 보면 선묘가 일본 화엄종을 수호하는 신으로 신격화되어 있는 것을 알 수 있다.

화엄 종단의 성립

화엄학은 화엄경을 토대로 해서 그 사상을 다분히 철학적이고 교리적으로 체계화한 것이다. 즉 일一이 곧 다多요, 다多가 곧 일一이라는 원융사상圓融思想으로 일심一心에 의하여 만물을 통섭하려는 사상이다. 이것은 그야말로 이론적이고 학문적인 내용이다.

이 화엄경을 토대로 해서 인간에게 나타나는 신앙을 화엄 신앙이라고 하는데 화엄 신앙은 신라에서도 여러 형태로 전개되었다. 예컨대 "금강산 찾아가자, 일만 이천봉"이라는 가사로 시작하는 노래가 있지만, 금강산이라는 산명 자체가 화엄경에서 유래했고, 1만 2,000봉이라는 것도 구체적으로 1만 2,000봉이라서 그런 것이 아니라 금강산에 법계보살이 머물면서 1만 2,000명의 제자들을 거느리고 항상 법문하고 있다는 화엄경의 내용에서 비롯한 것이라고 할 수 있다. 이렇게 화엄 신앙이 일반민에게 전파될 때는 설화나 균여의 보원십원가 같은 향가 등을 통해서 이루어졌다.

원효가 교단을 조직하거나 제자를 교육하는 등의 일을 거의 하지 않았던 데 비해서 의상은 여기에 심혈을 기울였다. 《삼국유사》에서는 오진, 지통, 표훈, 진정, 진장, 도융, 양원, 상원, 능인, 의적 등 의상의 10대 제자들이 거명되고 있는데, 그 가운데에서도 지통, 표훈, 진정에 대한 기록이 상세히 전해지고 있다. 이들은 모두 당시에 크게 평가받았던 고승들이다.

그리고 전국에 화엄종에 소속된 절이 열군데 있었는데, 이것을 화엄십

찰華嚴＋췌이라고 한다. 의상과 그 제자들에 의해서 이루어진 절들이다. 예
를 들면 부석사, 해인사, 화엄사, 범어사, 갑사, 미리사, 비마라사 등인데,
오늘날 남아 사세를 자랑하는 절로는 해인사, 화엄사, 범어사, 부석사 등
이 있다.

　　의상과 원효는 신라 불교의 쌍두마차라고 할 수 있다. 이 두 사람에 대
한 조선 시대의 기록을 보면 형제라는 기록이 있을 만큼 여덟 살의 나이
차에도 불구하고 대단히 친하게 나타나고 있다. 실제로도 매우 친했다고
한다. 원효가 의상에게 화엄에 대해서 물었던 기록도 나온다. 그러나 두 사
람을 비교하면 또한 차이가 많다. 우선 출생부터가 다르다. 원효는 설씨로
서 6두품이라면 의상은 김씨로서 진골이다. 성격도 원효는 대단히 스케일
이 크고 거칠거칠하다면 의상은 얌전한 선비 스타일이었던 것으로 짐작된
다. 또한 원효가 다방면에 조예가 깊었던 데 비해 의상은 주로 화엄학을 전
공했다.

　　그리고 원효가 대중에게 나가서 춤추고 노래하면서 포교했다면 의상은

자신의 제자와 교단 조직을 가지고 포교를 했다. 또한 원효가 많은 저술을 남겼다면 의상은 말을 줄여서 게송만 남겼다. 사랑만 해도 원효는 길거리에 나서서 사랑을 구걸하고 다녔는데, 의상은 예쁜 처녀로부터 프러포즈를 받고도 꿈쩍 하지 않았다. 이렇게 많은 차이가 있음에도 불구하고 두 사람은 매우 친했고 또 모두 후대에까지 커다란 영향을 끼쳐 똑같은 비중으로 추앙을 받고 있다.

역시 두 사람 모두 도를 통한 인물들이었기 때문에 서로의 경향이 달라도 같은 길을 갈 수가 있었던 것이 아닌가 싶다. 이런 두 사람이 있음으로 해서 신라의 불교가 세계적인 불교로 발전할 수 있었던 기틀이 마련되지 않았나 생각한다.

4 신라의 불교미술

불교의 교리나 신앙에 기초해서 불교적인 소재를 시각적으로 보여 주기 위해 조형화한 것들 또는 예배의 대상이 되거나 교화 활동, 불교 의식을 진행하는 데 필요해서 만들어 놓은 것들이 오늘날 불교미술로 분류된다.

뼈항아리

신라 사회에 불교가 유행하면서 시신을 화장한 다음 재를 묻는 방식으로 장례 문화가 바뀌게 되었다. 신라 무덤은 화려한 껴묻거리를 묻는 거대한 무덤은 사라지고 뼈항아리와 뼈항아리를 넣을 수 있는 돌방무덤으로 변화되었다.

신앙의 대상과 불교미술

우리나라 미술사에서 가장 중요한 분야가 무어냐고 하면 단연 불교미술이라고 대답할 것이다. 왜냐하면 우리 국토 어디를 가도 어렵지 않게 절과 탑을 찾을 수 있는데, 이 절과 탑 그것들이 바로 불교미술을 대표하는 작품들이다.

우리가 지금 불교미술이라고 부르는 것들이 처음부터 미술로 그려지거나 만들어진 것은 아니었다. 불교의 교리나 신앙에 기초해서 불교적인 소재를 시각적으로 보여 주기 위하여 조형화한 것들, 또는 예배의 대상이 되거나 교화활동이나 불교의식을 진행하는 데 필요해서 만들어 놓은 것들이 오늘날 우리 시각에서 볼 때 불교미술로 분류

된다는 것이다. 어쨌든 불교미술은 불교 신앙의 대상과 직접 관련되어 있다고 할 수 있다. 그러므로 불교미술을 이해하기 위해서는 먼저 신앙의 대상에 대해 살펴보는 것이 필요하다.

우선 불탑이 있다. 불탑은 부처님의 사리를 모심으로 해서 매우 중요한 신앙의 대상이 되었다. 그 다음에 불상이 있다. 불상은 여러 부처의 모습을 조각하거나 주조한 것이다. 불상 또한 중요한 신앙의 대상이었다. 그리고 불교의식이나 장엄구莊嚴具의 필요에 따라 공예나 회화도 발달하였다. 불교미술이라는 것은 바로 이와 같이 신앙의 대상으로부터 출발해서 건축·조각·회화·공예 등 다양한 분야에까지 널리 나타난다고 볼 수 있다.

화엄불국사

먼저 건축부터 살펴보자. 신라 불교건축물 가운데 가장 대표적인 것은 불국사와 석굴암이다. 불국사는 8세기 중반, 즉 신라 불교가 크게 발달하던 시기에 세워졌는데, 원래 절 이름은 화엄불국사였다. 화엄불국사는 화엄경에서 말하는 불국 세계를 상징적으로 조형화해 보고자 하는 의도에서 지어졌다. 불국이라는 단어가 말 그대로 '불佛의 나라'라는 뜻인데, 불국사의 '불국'을 더 정확히 말하자면 '화엄불華嚴佛의 나라'라는 뜻이다.

그 때문에 우리나라에 많은 절들이 있지만, 불국사만큼 상징 조형물이 많은 경우도 드물다. 지금은 복원이 되지 않았는데, 원래 청운교와 백운교 밑에 연못이 있었다. 이 연못을 중심으로 해서 이쪽은 이 세상此岸이 되고 저쪽은 저세상彼岸이 되는 것이다. 그런데 저세상을 향해 가는 곳에다 높다란 담을 세웠다. 그리하여 불국 세계로 가기 위해서는 한 계단, 한 계단 밟으면서 올라가게끔, 거기다가 아주 문학적인 표현까지 덧붙여 흰 구름白雲, 푸른 구름靑雲을 뚫고 어디론가 가는 것처럼 백운교와 청운교의 다리로 만들어 놓았다. 이렇게 해서 계단을 올라서면 자하문紫霞門이 있고, 그 위에 불국 세계가 전개된다. 즉 절의 모든 건축물이 부처님의 나라라는 상징성을 가지고 있는 것이다.

불국사와 석굴암은 김대성이 세웠다고 한다. 창건 설화에 의하면, 김대성은 전세에 경조慶祖라는 홀어머니 밑에서 태어나 가난하게 살았다. 그의 어머니는 살기가 힘들어 복안이란 사람이 주인인 부잣집에 가서 품팔이를 하였다. 하루는 부잣집 문밖에서 한 스님이 보시를 구하니까 그 부잣집에서 보시를 해 주었다. 그러자 그 스님이 그냥 돌아가지 않고 "신도께서는 보시를 즐겨 하니까 하나를 시주하면 만 배를 얻어 안락하고 장수할 것이다."라고 축언을 해 주었다.

그때 김대성이 그 말을 듣고 어머니에게 쫓아가서 "하나를 시주하면 만 배를 얻는답니다."라고 이야기하면서 자기들도 어렵게 품팔이해서 모았던 것을 그 스님에게 보시한다. 김대성은 젊은 시절에 요절하지만, 이런 공덕으로 인해 그 당시 재상이었던 김문현의 집에 다시 태어나게 되었던 것이다. 전세와 현세에 걸쳐 있는 이야기라고 할 수 있다.

그러다가 어느 날, 김대성이 토함산에 가서 곰을 한 마리 잡았는데 꿈에 곰이 귀신으로 변해 야

30여 년이라는 긴 시간에 걸쳐 국가 차원의 정성과 공덕을 들여 완성한 불국사

단을 한다. 그래서 곰을 위해서 절을 하나 지어 주기로 약속을 하고 사냥 하던 자리에 장수사長壽寺를 지었다. 그리고 이런 것이 인연이 되어 전세의 어머니를 위해서는 석굴암을 짓고, 현세의 부모를 위해서는 불국사를 지었 다고 한다.

불국사는 김대성이 751년에 시작해서 20여 년 동안 노력하지만 다 완성 하지 못하고 결국은 국가가 맡아서 완성시켰다. 김대성이 예술적인 감각과 교리적인 깊이도 있었으며 정치적인 권력과 경제적인 배경도 있었기 때문 에 국가가 맡아서까지 완공할 수 있었던 것이었다.

우리 문화유산 가운데 한 세대를 다 바쳐서 이루어진 것들은 드물다. 요 즈음에는 40~50만의 사람이 사는 신도시라 해도 불과 몇 년 만에 후닥닥 해치워 버린다. 그런데 불국사는 완성하는 데 거의 한 세대에 가까운 30여 년이라는 긴 시간이 걸렸다. 이는 그만큼 김대성이나 국가 모두가 나름대 로 정성과 공덕을 다 들였다는 것을 의미한다.

다보탑과 석가탑

불국사에 있는 다보탑과 석가탑은 어린아이부터 어른까지 누구나 다 관심 있게 지켜보는 신앙의 대상이자 하나의 예술품으로 알려져 있다. 탑은 본 래 부처님의 사리 등을 보관하기 위한 묘탑廟塔이다. 그러므로 처음에는 탑 이 주요한 신앙의 대상이었다. 그러다가 그 대상이 불상으로 옮겨 가면서 탑에 대한 신앙이 약화된다. 탑은 재료에 따라 전탑·목탑·석탑 등으로 구 분할 수 있듯이 다양하게 세워졌다.

전탑은 벽돌로 세운 탑으로, 중국에 특히 많고 우리나라의 경우 안동 지 방과 여주 신륵사 등지에 있다. 목탑은 나무로 만든 탑으로 일본에 많이 남아 있다. 우리나라에도 목탑이 꽤 있었지만 지금은 거의 없어져 법주사 팔상전과 쌍봉사 대웅전 등이 목탑의 형태로 남아 있는 정도이다. 우리나라의 탑은 대부분 석탑이다.

다보탑과 석가탑에 대해서는 많은 설화가 전해진다. 교리적인 배경으로는 법화경의 견보탑품見寶塔品을 토대로 한 설화가 있다. 석가모니불이 법화경을 설법하니까 칠보로 장식한 탑이 땅 속에서 솟아나 그 내용이 틀리지 않았다는 것을 증명해 주었다는 이야기이다. 이때 나온 탑이 다보탑이라는 것이다. 이 탑에 대해 우리는 대단히 예술적이고 남성적인 미를 갖추었다고 알고 있지만, 단지 예술적인 아름다움 외에도 이런 교리적인 배경 위에 세워졌던 것이다.

한편 석가탑을 무영탑無影塔이라고 한다. '그림자가 없는 탑'이라는 뜻이

다보탑과 석가탑
———————
대웅전 앞에 나란히 자리하고 있는 두 탑은 석가모니 부처와 다보여래가 만나는 장면을 보여 준다.

다. 현진건이 지은 같은 제목의 소설도 있다. 아사달이 탑이 다 되면 그 탑이 영지에 그림자로 비출 것이라고 했는데 끝내 비치지가 않아서 사랑하는 아사녀가 영지에 빠져 죽었다는 슬픈 사연을 가지고 있다.

석굴암과 에밀레종

석굴암은 처음에는 석굴암이 아니라 석굴사였다. 석굴암으로 불리기 시작한 것은 조선 시기에 들어와서이다. 불국사와 석굴암은 서로 유기적인 관계를 갖고 창건됐다고 한다. 대중이나 중생세계로 돌아와 불법을 펼치고 전개하는 곳이 불국사라면, 석굴암은 깨달음의 세계를 의미한다. 동해로부터 빛이 오고 있다는 것 자체가 깨달음을 상징하는 것이다. 한쪽은 저 위를 향해서 가게 되어 있고 다른 한쪽은 내려오게 되어 있는 구조적인 차이만큼이나 서로 유기적인 관계를 맺으면서 이루어져 있는 것이다. 석굴암이 국토애를 상징한다면 불국사는 세계애를 상징한다고 할 수 있다.

한편 김대성이 석불사에 신림과 표훈 등 당시 화엄종의 고승들을 청하여 머무르게 하고 석불을 조각하려고 큰 돌 한 개를 다듬는데, 갑자기 세 조각으로 갈라져 버리자 화가 난 채

석굴암 본존불(국보 제24호)

석굴암은 우리나라 불교건축의 극치를 보여 주는 뛰어난 유적이다. 또한 석굴암 본존불은 우아하며 위엄 있는 모습에 이상적인 아름다움을 사실적으로 표현하여 경외감과 함께 친근감을 느끼게 한다.

잠들었다. 그런데 밤사이에 천신天神이 내려와 제 모습대로 만들어 놓고 돌아갔다. 그래서 김대성이 깨어나 이를 보고는 지극 공양했다는 이야기도 전해 내려오고 있다.

석굴암의 백미는 그곳에 모셔져 있는 본존불상本尊佛像이다. 불상은 부처님의 모습인데 불교에는 석가모니불, 아미타불, 비로자나불 등 여러 부처님들이 있다. 따라서 불상도 여러 모습이 있다. 나아가 만드는 재료에 따라 목불·금동불·석불·지불紙佛 등으로도 나누어진다. 잘 알다시피 우리나라에는 석불이 많다. 석굴암의 본존불상도 석불이다. 본존불이 아미타불이냐, 석가모니 부처냐 하는 논란도 있으나 이런 문제는 접어 두자.

이 본존불상은 그 하나만을 별개로 말하는 것보다는 석굴 전체의 구조와 조화 속에서 설명해야 더욱 아름답게 빛난다. 대단히 사실적인 표현을 하고 있으며 인간의 존엄과 자비 같은 것을 잘 표출하고 있기 때문에 외국의 미술사가들도 많이 와서 보고 세계적인 작품으로 높이 평가하고 있다. 1996년에는 유네스코 지정 세계문화유산의 하나가 되기도 하였다. 일찍이 유명한 미술사가 고유섭은 영국에 셰익스피어가 있다면 우리나라에는 석굴암이 있다고 이야기했을 정도였다. 물론 석굴암은 본존불상뿐만 아니라 석굴사 전체가 종교성과 예술성에서 우리 조상이 남긴 뛰어난 작품이며 더 나아가 전 세계의 종교예술사상 가장 탁월한 유산 가운데 하나라고 할 수 있다.

이밖에 주요한 불교미술을 꼽으라면 종을 들 수 있다. 종은 범종이라고 부르는데, 신라 때에는 이런 종들이 많이 만들어져서 상원사 동종, 에밀레종 또는 성덕대왕 신종이라고도 부르는 봉덕사종 등이 남아 있다. 지금은 없지만 에밀레종보다 4배나 컸다고 하는 황룡사종도 있었다. 일본에도 신라 종들이 몇 개 전해진다.

종은 소리가 가장 중요한데, 이것은 종을 만드는 주조 기술이나 과학적인 기술 능력과 밀접한 연관이 있다. 그 다음에 고려하여야 할 점은 예술적인 측면으로 문양이나 조각 등이 여기에 속한다. 특히 에밀레종은 소리가 아름다울 뿐만 아니라 슬픈 설화까지 곁들여졌기에 금상첨화라고 할 수 있다.

서양의 종은 추가 안에서 왔다 갔다 하면서 소리를 내지만 동양의 종은 밖에서 쳐서 소리를 낸다. 바로 그 은은한 소리 속에 동양, 그리고 또 우리 종의 신비가 담겨 있다.

5 선종 구산문의 성립

신라 불교는 불교라는 특정 종교로서의 의미보다는 통일신라를 전후한 시기에 우리 문화를 형성한 기틀로서 이해하는 것이 바람직하다. 나아가 신라의 불교문화는 우리나라뿐만 아니라 세계사적으로도 아주 중요한 의미를 갖는다는 점도 기억해야 할 것이다.

종파는 어떻게 형성되는가

불교는 우리나라의 대표적인 거대 종교 중의 하나이다. 전국 각지에 수없이 많은 사찰과 승려, 그리고 수백만의 신도들이 불교 집단을 형성하고 있다. 그런데 불교 안을 들여다보면 현재 조계종이니 태고종이니 해서 종파를 달리하는 다양한 집단들이 존재하고 있다. 아마 군소종파를 합치면 30여 종파가 넘을 것이다. 그 가운데 전통을 계승하고 나름대로 활동을 하고 있는 종파로는 조계종·태고종·천태종 등이 있다.

이렇게 다양한 종파로 나누어진 데에는 이유가 있다. 불교는 그 방대한 사상 체계만큼이나 많은 경전을 가지고 있다. 그렇기 때문에 중국에서는 경전들의 지위와 상호 순서를 체계화하려는 노력까지 있었다. 그것을 전문 용어로 '교상판석敎相判析'이라고 한다. 그런데 대개는 교상판석을 하면서 자기 소속 종파를 중심으로 하기 때문에 자기 종파가 중시하는 경전을 상위에 올려놓는 경우가 많았다. 그래서 중시하는 경전이 무엇이냐에 따라 여러 종파로 나뉘게 되었던 것이다.

이런 경전 가운데에서도 화엄경이나 법화경 등 몇몇 경전이 특히 중요시되었다. 따라서 화엄경을 토대로 해서 화엄종이, 법화경을 토대로 해서 천태종이 나왔고, 그밖에도 열반경을 토대로 열반종이, 해심밀경解深密經을 토대로 법상종이, 아미타경을 토대로 정토종이 나오는 등 수많은 종파들이 생겨났던 것이다.

이렇게 형성되는 종파들을 통틀어서 한마디로 교종教宗이라고 한다. 언뜻 교종이라고 하면 화엄종이니 천태종이니 하는 것과 마찬가지로 이름이 '종'으로 끝나니까 그런 것과 같이 하나의 종파려니 생각하기 쉽지만, 그렇지는 않다는 뜻이다. 교종 속에 많은 종파가 있는 것이다. 이런 교종에 상대적인 범주가 바로 여기서 살펴볼 선종禪宗이다.

교종과 선종

교종은 아무래도 경전을 중심으로 하기 때문에 교리적인 연구나 이론적인 체계에 중점이 가 있다. 그러므로 자연히 이론적이고 관념적인 경향을 띠게 된다. 거기에 비해서 선종은 선禪을 통해 깨달음의 세계로 들어갈 수 있다고 한다. 언제 부처님이 책을 갖고 깨달음을 얻었느냐는 것이다.

또한 선종은 '염화시중의 미소'라는 말이 있듯 '이심전심以心傳心'으로 '문자 없이 마음에서 마음으로 전달하는' 그런 세계를 토대로 하고 있다. 역사적으로 선종은 중국에서 크게 발전했고 우리나라에서는 9세기 전반 이후 본격적으로 수용되어 신라 하대에 크게 꽃피었다.

'염화시중의 미소'라는 말은 석가가 영산에서 설법하면서 말없이 연꽃 한 송이를 손에 들어 올렸을 때 그 제자 가운데 가섭만이 그 뜻을 알고 미소를 지었다는 데서 유래한 것이다. 즉 단순한 말이 아닌 마음으로 본지本知의 세계를 꿰뚫어야 한다는 의미이다. 그래서 선종의 특징을 이야기할 때 한마디로 '불립문자不立文字'라고 한다. 문자를 세우지 않는다는 뜻이다. 사실 언어나 문자는 사람들이 편의에 따라 만들어 놓은 하나의 약속일뿐이다. 비유하자면 달을 가리키는 것은 손가락일 뿐이지, 달 그 자체는 물론 아니다. 그런데 우리는 흔히 달을 보는 대신 달을 가리키는 손가락만 본다. 문자의 늪에 빠지거나 그물에 걸려 헤어나지 못하는 때가 많다는 것이다. 그렇기 때문에 그러한 언어의 유희에 빠지지 않고 본질적인 세계로 나가려고 할 때는 문자를 세워서는 안 된다는 것이다.

　문자를 세우지 않는다고 해서 말이나 글을 쓰지 않는다는 것은 아니다. 여기서 말하는 문자란 교종에서 중시하는 경전을 말한다. 그러니까 교종처럼 어느 한 경전에 얽매이거나 구애받지 않는다는 뜻이다. 이런 뜻을 담고 있는 말이 '교외별전教外別傳'이란 말이다. "경전 밖에 따로 전함이 있다."는 뜻으로 '이심전심'과 같은 뜻으로 쓰인다.

　선종에서는 도를 전하는 방법도 면수面授라고 해서 같은 경전을 공부했느냐, 아니냐보다는 직접 얼굴을 대면하고 도를 받았느냐, 아니냐를 중시한다. 이때 주고받는 것을 '심인心印'이라고 하다. 따라서 문자 공부보다는 종교적 수양을 더 중시한다.

　조금 단순화해서 말하자면 경전을 안 보아도 된다는 뜻이고 어려운 교리 공부를 안 해도 된다는 이야기가 된다. 그러니까 선종은 자연히 무사적인 기질을 지닌, 따라서 아무래도 문자에는 약할 수밖에 없었던 호족들에게는 구미를 당기는 매력적인 사상이 되었던 것이다.

선종의 대두

신라 하대로 들어서면 골품제의 붕괴로 중앙정치가 문란해지고 지방 통제력이 약화하면서 중앙에서는 6두품이, 지방에서는 호족들이 성장한다. 새로운 사회로 넘어가는 이런 과도기에 선종은 호족들의 호기심을 끌면서 그들의 성장을 뒷받침하는 새로운 사상으로 자리 잡게 된다. 선종이 신라 말에 유행할 수 있었던 것은 정치사회적인 변화뿐만 아니라 불교 자체 내의 변화에서도 기인하는 바 있었다.

신라 중대까지는 교종이 크게 발전하였고 대표적인 종파로 화엄종과 법상종이 있었다. 그런데 이 종파들은 지나치게 관념적이고 이론적이었다. 이런 한계를 극복하기 위해서는 보다 실질적이고 구체적인 수행 방법을 제시하거나 새로운 종교 운동을 전개할 필요가 있었던 것이다. 신라 하대에는 이런 점들이 절실히 요구되고 있었다. 또 하나의 변화는 우리 불교가 중국 불교와 아주 밀접한 관계를 가지고 있었는데, 중국에서 선종이 크게 일어나고 있었다는 점이다. 신라에 선종이 전래되어 새롭게 자리 잡았다는 사실은 당시 동아시아 불교계의 보편적인 흐름과도 맥을 같이 하는 것이다.

결국 신라 하대 선종이 대두할 수 있었던 데에는 정치사회적으로 호족의 후원이 컸지만, 기존 교종의 한계, 즉 이론적이고 관념적인 경향이 지니는 한계를 실천적이고 신앙적인 방향으로 전환해야 했던 불교 자체 내의 사정에서 오는 요구가 더 컸음을 지적할 수 있을 것이다.

선종 구산문九山門의 성립

821년(헌덕왕 13)에 도의道義라는 승려가 중국으로부터 귀국해서 선禪사상을 전파하려고 했지만 교종에 깊숙이 젖어 있던 사람들에게 제대로 먹혀들어가지 못했다. 큰 벽에 부딪히게 된 것이다. 그러자 도의는 설악산으로 들어가서 진전사라는 절에 은거한다. 그후 826년에 귀국한 홍척洪陟이라는 승려가 지리산에서 실상사를 창건하고 설법을 전파하는 데 성공한다. 그래서 실상산문實相山門이 처음으로 열리게 된다.

한편 도의는 제자 염거廉居에게 법을 전하였고, 염거의 제자 체징體澄이 859년에 전남 장흥의 가지산으로 가 보림사를 창건하고 가지산문迦智山門을 열었다. 이런 식으로 실상산문, 가지산문, 동리산문, 사굴산문, 봉림산문, 사자산문, 희양산문, 성주산문이 세워졌고 제일 마지막으로 고려 태조 15년인 932년 이엄利嚴이 수미산문須彌山門을 개창함으로써 전국적으로 아홉 개의 중요한 선종 산문, 즉 구산문이 열리게 되었다.

　이런 산문은 종파와는 다르다. 대표적인 절을 의미한다. 산문은 스승과 제자가 면수面授로 법을 이어 가면서 그 전통을 이어 갔다. 교종은 불경을 통하기 때문에 제자라는 것이 학문적으로 이어지지만 선종은 곧바로 스승과 제자의 만남을 통해, 마음과 마음을 통해 계승되었던 것이다.

선종 사찰

교종 사찰들이 경주를 중심으로 있는 반면에 선종 사찰은 전국적으로 분포되어 있다. 물론 신라 하대에 가면 교종 사찰도 경주를 중심으로 포진하면서도 도시로부터 지방으로 확산되어 갔다. 분황사나 황룡사가 경주 시내에 있는 반면 해인사나 화엄사, 부석사 등은 산속에 세워졌던 것이다. 결

국 사찰들이 전국 각지로 확산되어 가는 것은 교종이나 선종이나 할 것없이 일반적인 추세였지만 선종의 경우가 특히 두드러졌다고 할 수 있다.

그러면 절들이 왜 산속으로 들어갔느냐에 대해서 의문이 들 수도 있는데, 그냥 자연스럽게 이해하는 것이 좋을 듯하다. 이런 현상은 본래 인도에서부터 비롯되었고, 중국의 경우도 마찬가지라 하겠는데, 수행을 하는 데는 산같이 조용한 곳이 절실히 필요하기 때문이다. 그러므로 조선 시기라면 혹 불교가 탄압을 받았기 때문에 산속으로 들어갔다고 할 수 있을지 모르지만 이때에는 그런 주장이 안 통한다. 대중과의 격리를 위해서가 아니라 수행 그 자체의 목적을 위해서 절이 산속에 존재했던 것이다.

또 하나 재미있는 것은 절을 세우는 것을 개산開山이라고 했다. 산을 열었다는 뜻이니까 그 산에 문화를 심었다는 의미도 된다. 즉 단순히 수행을 위해서만 아니라 우리나라의 여러 산에 큰 문화를 심어서 오늘날 전국적으로 문화를 전파시켰다는 사실에도 주목할 필요가 있다.

신라 불교의 문화사적 의의

신라의 문화는 불교문화가 주류를 이루고 있다. 이것은 일반 사람들의 생활과 미술, 문학과 정치까지 불교의 영향을 많이 받았음을 의미한다. 한편 이 시기 신라의 불교문화가 국제적인 수준에 이르고 있다는 점에도 유의할 필요가 있다. 원효와 의상·원측이 그렇고, 불국사와 석굴암이 그렇다. 이것이 고려를 거쳐서 오늘에 이르기까지 한국 문화의 큰 뿌리를 형성해 왔던 것이다.

결국 신라 불교는 불교라는 특정 종교로서의 의미보다는 통일신라를 전후한 시기에 우리 문화를 형성한 기틀로서 이해하는 것이 바람직하다. 나아가 신라의 불교문화는 우리나라뿐만 아니라 세계사적으로도 아주 중요한 의미를 갖는다는 점도 기억해야 할 것이다.

Korea

제5장 | 발해사의 주인 찾기

1 발해의 건국과 대조영

발해는 초기에 '고려高麗'라는 나라 이름을 쓰기도 했고, 일본 사람들이 발해왕을 '고려왕高麗王'이라 부르기도 했다. 고려는 당시 고구려와 같은 의미로 쓰였던 말이다.

발해사의 주인 찾기

러시아·중국 등 사회주의권 나라들이 개방되면서 북방 지역과의 관계가 급속히 진전되고 있다. 주로 외교나 무역에서 관계를 증진시켜 왔지만 앞으로 활성화하여야 할 분야 중의 하나가 학술 분야이다. 그때 우리나라와 러시아·중국 삼국의 학술 분야 협력에서 시금석이 될 수 있는 주제가 바로 발해에 대한 연구이다. 또 남북의 학계가 공동으로 연구를 진행하게 될 때 빠지지 않을 주제 가운데 하나도 바로 발해사 연구일 것이다. 왜냐하면 발해의 영토가 우리나라의 북한 지역, 러시아의 연해주 지역, 중국 만주의 중부 지역과 동부 지역을 포괄하고 있었기 때문이다. 따라서 각 나라 모두의 직접적인 이해관계가 얽혀 있는 것이다. 더구나 발해가 멸망한 뒤에 발해의 정통성을 직접 이은 나라가 없기 때문에 발해사의 성격 규정을 둘러싸고 주변국들 간에 복잡한 문제가 야기되고 있으며 지금도 나라마다 주장이 다르다. 마치 상속인이 없는 재산을 두고 다투고 있는 모습 같다고나 할까.

이렇듯 발해사의 주인 찾기는 쉬운 일이 아니다. 우리는 물론 발해사를 우리 역사의 일부로 여긴다. 그러나 만일 그것이 짝사랑에 그칠 뿐이라면 올바른 학문 자세는 아닐 것이다. 따라서 객관화된 논리를 가지고 발해사의 성격을 규정해야만 역사의 실체에 한걸음 더 다가설 수 있고, 이른바 얽히고설킨 나라들 속에서 국제적인 공인을 받을 수 있으리라는 생각이 든다. 아무리 목소리를 높여서 우리 것이라고 해도 다른 데서 인정해 주지 않으면 학문적 실효성은 그만큼 떨어지기 때문이다. 다만 여기서 말하는 '다른 데서 인정해 주지 않으면'이란 말은 우리의 주장을 더욱 논리적으로 객관화시키고 설득력을 갖추어 나감으로써 다른 데서도 인정하게 하자는 뜻이지, '다른 나라가 아니라면 아니다.'라는 말은 절대 아니다.

발해의 건국과 발전

발해가 건국한 해는 고구려가 망한 지 꼭 30년이 지난 698년이다. 고구려가 망하자 고구려의 지배 세력들은 거의 중국으로 강제 이주당한다. 그 가운데 일부가 태국까지 갔다고도 한다. 지금의 치앙마이라고 하는 마을에 살고 있는 사람들이 그 후손이라는 주장이 제기되기도 한다. 당나라 때 서역을 확장해 나가는 데 기여한 고선지高仙芝 장군도 이 고구려 사람의 후손으로 보고 있다.

어쨌든 이와 같은 과정을 통하여 요서 지방의 영주營州라는 곳에 고구려 사람들이 몰려 살게 된다. 이 지역에는 고구려 사람들뿐만 아니라 거란족이라든가 돌궐족 같은 여러 이민족들이 모여 살았다.

그런데 이들에 대한 당나라의 통치 정책이 가혹했기 때문에 결국은 영주에 살던 거란 사람 이진충李盡忠이 7세기 중반 반란을 일으킨다. 이진충의 난은 당시 약소 종족의 자각심과 주체의식을 일깨워 주는 계기가 되었다. 그 기회를 틈타서 당나라 통치에 불만을 품은 대조영大祚榮 집단도 영주를 떠나 발해만을 끼고 있는 랴오둥 지방으로 오게 된다. 이로 미루어 보면 대조영 집단이 처음 나라를 세운 곳은 아마 랴오둥 지방이 아닌가 생각된다.

이때 구성 집단을 보면 대조영은 대체로 고구려계 사람으로 보이고 거기에 속해 있던 사람들도 역시 고구려계 사람들이 많았던 것으로 보인다. 반면에 걸사비우乞四比羽라는 사람이 이끄는 집단은 순수 말갈계통의 사람들로 구성되었던 같다. 이 두 집단이 랴오둥 지방으로 와서 각각 나라를 세웠다가 당나라 군사가 이들을 쫓아오자 전투를 벌이게 되고, 그 과정에서 걸사비우는 죽고 걸사비우가 이끌던 말갈계 사람들이 대조영에게 합쳐져서 대조영 집단이 크게 불어난다. 그리고 이 집단이 당나라군의 추격을 뿌리치고 멀리 동쪽으로 가서 영주에서 2,000리 떨어진, 지금의 돈화敦化 지방인 동모산東牟山에 가서 나라를 다시 세웠던 것이다.

발해가 존속했던 기간은 698년에서 926년까지로, 229년간이며 15명의 왕이 통치를 했다. 대조영은 건국의 기틀을 다졌고 그 아들인 무왕 때는 주변 세력을 정복해 나갔다. 그래서 그의 시호가 무왕武王이 되었다. 무왕의 아들인 문왕 때는 이전에 정복한 것을 바탕으로 문화 정책을 펴고 국가 운영의 기틀을 확립하였다. 그래서 시호도 문왕文王이 되었다.

이 문왕의 둘째딸과 넷째 딸인 정혜공주와 정효공주의 무덤이 1949년과 1980년에 각각 발견되어 문왕 당시의 사회 성격을 더욱 잘 알 수 있는 계기가 되기도 하였다. 문왕 이후에는 내적 갈등을 겪다가 이를 극복하고 10대 왕인 선왕 때에 와서 다시 중흥을 이루었다. 그리하여 13대 왕인 대현석大玄錫까지 전성기를 누리게 된다. 당으로부터 '해동성국海東盛國'이라는 호칭을 받게 되는 것도 이때였다.

발해에 관한 기록은, 그 역사가 단절되었기 때문에 거의 남아 있지 않다. 일본의 《속일본기》나 《유취국사類聚國史》 등에 부분적으로 전해질 뿐이다. 또 그 지역이 지금은 주로 중국의 영토이기 때문에 접근이 쉽지가 않다. 이렇듯 자료의 접근이 어렵거나 또는 자료 자체가 없어서 발해사를 복원하는 일은 매우 어렵다.

남북국 시대

발해가 과연 우리 역사의 일부인가? 발해사는 우리의 역사라고 배워 오고 당연시했던 사람들에게는 무슨 뚱딴지 같은 질문이냐고 생각할지 모른다. 그러나 발해를 우리의 역사라고 생각하기 시작한 것은 그리 오래되지 않았다. 더욱이 얼마 전까지만 해도 신라 중심으로 모든 역사서술이 이루어져 왔기 때문에 발해를 우리 역사 속에 편입시키는 경우라도 자리매김이 소홀할 수밖에 없었다. 근래에 들어 이에 대한 반성으로 발해를 우리 역사에 적극적으로 넣어야 한다는 주장들이 나오면서 '남북국 시대'라는 용어가 중·고등학교 교과서에까지 등장하게 되었던 것이다.

'남북국 시대'라는 것은 남쪽의 신라, 북쪽의 발해를 합쳐서 남북국이 존재했던 시대라는 뜻이다. 종래에는 '통일신라 시대'라는 말을 많이 써 왔는데, 시대의 명칭을 아예 발해가 배제되는 '통일신라 시대'라고 하면서 발해를 우리 역사에 넣는다고 하는 것은 모순되기 때문에 '남북국'이라는 용어를 사용하자는 것이다.

'남북국'이란 말은 지금 우리가 처음 지어낸 말이 아니다. 이미 신라 당시에 발해를 지칭해서 북국이라고 쓴 기록이 나온다. 최치원의 문장 가운데, 당나라가 발해를 신라보다 앞에 놓는 것을 허락하지 않은 데 대해 감사한다는 제목의 글이 있는데 원문이 〈사불허북국거상표謝不許北國居上表〉이다. 여기서 북국北國은 곧 발해를 지칭하는 표현이다. 그렇다면 발해는 신라를 남국이라고 하지 않았겠느냐 하는 데서 '남북국 시대'라는 개념이 나온 것이다. 이런 개념은 조선 후기에 유득공이 《발해고》라는 책에서 "김씨가 남쪽을 영유하자 대씨가 그 북쪽을 영유하여 발해라고 하였다. 이것이 남북국이다."라고 하는 데 대표적으로 나타난다. 이런 생각은 간헐적으로 이어져 지금에 이르고 있다.

그런데 이렇게 남국으로 신라가, 북국으로 발해가 각각 있다고 하는 상황을 설정하고 보면, "신라의 삼국 통일이 무슨 의미가 있느냐? 통일을 했다고 하지만 북쪽에 발해가 있는데 무슨 통일이냐?"라는 이유 있는 의문을 제기하게 된다. 이 의문에 대해서는 우리 다음과 같이 생각해 보면 어떨까?

"신라의 삼국 통일은 우리 민족을 완전히 하나로 아우르는 그런 통일은 아니었다. 부분적인 통일이었을 뿐이었다. 더구나 당나라에 의존한 외세의 존적인 성격이 강한 통일이었다. 따라서 그 한계는 자명하다. 그러나 그렇다고 하더라도 통일신라 단계에서 형성된 민족의 틀은 지금까지 기본적으로 이어져 내려오고 있다. 이건 곧 신라의 통일이 우리 민족을 하나의 국가 체제로 엮어 내는 출발점이었다는 의미가 아닌가? 그런 점에서 신라의 통일이 지니는 역사적 의미를 부정할 수는 없는 것 아닌가? 따라서 발해를 우리 역사에 끼워 넣는 것과 신라의 통일이 지니는 의미를 깎아 내리는 것이 꼭 비례해서 설명되어야 할 필요가 있겠는가? '모 아니면 도'라는 식으로 역사를 바라보는 것은 바람직하지 않다. 따라서 신라가 삼국을 통일했다고 하는 것이 발해를 우리 역사에서 배제해 버리는 결과를 낳는다고만 생각할 필요는 없지 않은가."

그래서 한국사 교과서들에서는 이 시기를 '남북국 시대'보다는 보통 '통일 신라와 발해'라는 항목으로 설명하고 있다.

대조영과 발해의 고구려적 성격

지금까지 발해사에 대한 국제학술회의가 여러 차례 열렸는데 나라에 따라 학자들의 의견이 갈리는 것을 볼 수 있다. 중국이나 러시아 학자들은 발해의 역사를 자국의 역사 또는 말갈의 역사로 보면서 한국사에서 제외시키려고 하였다. 반면 남한과 북한의 학자들, 그리고 일부 일본 학자들은 발해사를 우리의 역사로 보았다.

발해가 어느 나라 역사냐 하는 것은 발해를 건국한 대조영이 어느 나라 사람이냐 하는 문제와도 연관이 있다. 일부에서는 대조영이 고구려인이 아니라는 문제 제기를 하기도 한다. 기록을 보면 대조영은 순수한 고구려인도 아니었고 순수한 말갈인도 아니었던 것 같다. 원래 혈통은 말갈 계통 사람이었는데 고구려에 들어와서 고구려화한 사람이 아니었나 여겨진다. 이것은 중국 《구당서舊唐書》에 나오는 '발해말갈渤海靺鞨 대조영은 본래 고구려의 별종別種이다.'라는 기록과 《신당서新唐書》의 '발해는 본래 속말말갈粟末靺鞨로서 고구려에 붙은 자'라는 기록을 통해서도 미루어 짐작할 수 있다. 그럼에도 불구하고 대조영은 역시 고구려 문화를 향유했던 사람이고 그 때문에 발해의 문화에 고구려 문화의 색채가 많이 나타나게 되지 않았나 생각한다. 그 대표적인 경우가 고구려 양식을 띠고 있는 정혜공주의 무덤일 것이다.

고구려의 강역 안에 세워지고, 고구려 문화를 바탕으로 해서 말갈 문화나 당의 문화를 받아들였기 때문에 발해의 문화는 우리와 직접적인 관련이 있다고 할 수 있다. 또한 일본 기록을 보면 발해가 초기에 일시적으로 '고려高麗'라는 나라 이름을 쓰기도 했고, 일본 사람들이 발해왕을 '고려왕高麗王'이라 부르기도 했다고 한다. 고려는 당시 고구려와 같은 의미로 쓰였던 말이다. 따라서 발해가 비록 일시적이라도 고려라는 말을 썼다면 이는 발해가 고구려를 계승하고 있다는 분명한 증거가 된다.

한편 지금까지 우리 학계에서는 신라와 발해가 200여 년간 서로 대립적인 관계였다고 봐 왔다. 그러나 사실은 그렇지 않다고 한다. 설령 대립적이었다 하더라도 그것이 우리 역사가 아니라는 증거는 아니다. 지금 남한과 북한의 예를 보면 알 것이다. 남북한이 서로 전쟁까지 치르면서 대립적인 관계를 지속해 오고 있다고 해서 북한의 역사는 우리 역사가 아니라고 하는 얼빠진 한국인은 없을 테니까 말이다.

그럼에도 불구하고 발해 역사를 송두리째 우리의 역사라고만 보는 것도 문제가 있다. 발해는 다양한 민족으로 구성되어 있었고 또 영토도 지금의 여러 나라에 걸치는 지역에 있었기 때문에 발해의 어느 부분을 보느냐에 따라서 발해사의 성격이 달라질 수 있다. 그러므로 지나친 이분법적인 논리로 발해의 역사를 보아서는 안 된다. 서로가 자기 나라의 주장만 한다고 해서 끝날 수 있는 사안이 아니기 때문이다. 우리로서는 국제적인 인정받을 수 있는 철저한 연구, 그리고 그 결과에 대한 선전이 더욱 필요한 때다.

2 발해의 대외 관계

발해는 중국과 일본, 신라의 중간점에 놓여 있었기 때문에 중개지 역할을 많이 했다. 또 북방의 중앙 아시아 지역과도 연계를 맺고 교류를 했다. 발해는 그 지정학적 위치를 최대한 활용하여 국제적인 중심지로서 자신의 위상을 세워 나갈 수 있었다.

발해만과 발해

우리는 TV의 일기예보 시간에 "발해만에서 발달한 고기압의 영향으로 내일은 영하를 밑도는 추운 날씨가 되겠다."라는 투의 보도를 종종 듣는다. 특히 겨울이 되면 많아진다. 황해 북쪽 산둥반도와 랴오둥반도 사이에 있는 바다가 바로 발해만이다. 이 발해만이라는 바다 이름 때문에 그 부근에 발해군이라는 이름이 생겼다.

한편 대조영 집단은 고구려 멸망 이후 중국의 영주라는 곳으로 옮겨 간다. 대조영 집단은 이곳에서 성장하다가 이진충의 난을 계기로 발해만을 끼고 있는 랴오둥 지방에서 건국했던 것으로 보이며 이후 이동해서 동쪽으로 2,000리 떨어진 동모산에 진국振國이라는 나라를 세운다. 이런 연고로 당나라에서는 발해군왕渤海郡王이라는 작호를 내린다. 이렇게 해서 발해라는 나라 이름이 나왔던 것이다. 언뜻 생각하면 발해라는 나라 이름에서 발해라는 바다 이름이 나온 것으로 착각하기 쉬우나 발해라는 바다 이름이 발해라는 나라 이름보다 먼저였다.

발해와 신라의 관계

733년에 신라와 발해는 전쟁을 벌였다. 그러나 당시 발해와 신라가 전쟁을 벌인 것은 두 나라의 자발적 의사에 의한 행위가 아니었다. 당의 요구에 의해 어쩔 수 없이 신라가 끌려 들어가서 전쟁을 벌였던 것이다. 그리고 신라 말에 두 나라가 당의 과거 시험에서 수석을 다투고 외교사절의 순위를 둘러싸고 경쟁을 벌였다는 사실들이 발해와 신라가 대립적인 관계에 있었으리라는 증거로 이야기된다. 그러나 그건 오히려 같은 민족으로 같은 감정을 가지고 있었다는 증거가 될 수도 있다.

지금도 남한과 북한이 외국에서 운동경기 시합을 할 때면 서로 이겨야 한다는 부담이 매우 크다. 경기 외적으로 펼치는 신경전도 치열하다. 따라서 당시 발해가 신라와 이런 문제들을 가지고 서로 경쟁적인 관계에 있었다는 것은 어찌 보면 그만큼 서로 밀접했다는 느낌을 주기에 충분하다. 다른 나라들보다는 각별한 사이였던 것만큼은 분명하다.

한편 다른 일에서는 대립적이지 않고 우호선린 관계에 있었다는 사실을 보여 주는 예도 많이 있다. 먼저 발해는 다른 나라로 통하는 길이 여섯 가지가 있었는데, 그 가운데 하나가 신라도新羅道라는 길이었다. 이 길이 있었다는 것은 동해안 루트를 따라서 두 나라가 서로 교통을 했다는 증거가 된다. 다음에 신라의 국경도시였던 천정군泉井郡과 발해의 책성부柵城府 사이에 39개의 역이 있었다는 것도 한 예이다. 역이 있었다는 것은 서로 왕래가 있었다는 이야기가 되니까.

또 당의 사신이 발해로 갔다가 바로 신라로 간 기록이 보이는가 하면, 신라가 790년과 812년에 발해에 사신을 파견했던 기록도 보인다. 이들은 앞서 말했던 바로 그 신라도를 통해서 왕래했던 것이다. 뿐만 아니라 발해 건국 직후에는 신라가 대조영에게 대아찬의 벼슬을 주었다는 기록도 보인다.

이 밖에도 발해의 선조성宣詔省이라는 관청 이름과 신라 하대에 나오는 선교성宣敎省이라는 관청의 이름이 비슷한데, 이는 신라의 선교성이 발해의 것에서 명칭을 따다가 붙인 것으로 보인다. 조詔는 황제가, 교敎는 왕이 각각 사용하는 용어라는 점을 고려한다면, 발해의 대외적 위상이 오히려 더 높았던 것은 아닌가라는 생각도 들지만, 어쨌든 이는 발해가 신라에 영향을 준 경우이다. 그리고 발해가 망하고 나서 고려로 들어온 유민 중에 박승이라는 장군 이름이 나온다. 박씨는 신라의 박혁거세 후손에게만 있는데, 발해 사람에게서 박승이라는 이름이 나온다면 언제인가 신라 사람들이 발해로 들어갔다는 하나의 증거가 되기도 한다.

이렇듯 상호대립적이지 않은, 어쩌면 우호적인 관계를 보여 주는 자료가 많다. 그런데 그럼에도 불구하고 왜 대립적 면이 더 부각되었을까? 지금까지 우리 시각에서 독자적으로 연구하지 못하고 과거 일제 시대 때 일본 사람들이 연구한 것에 따르다 보니까 이런 결과를 빚게 되었던 것이다. 일본 사람들이 자신들의 역사시각에서 정리하면서 대립적인 자료들만을 부각시켰던 것이다. 최근 20~30년 사이에 우리 입장에서 재정리하고 또 새로운 사실들을 많이 밝혀냄으로써 서로 대립적이지만은 않았다는 점을 확인할 수 있었다. 이런 점뿐만 아니라 발해사의 주인 찾기에 대해 당당히 말할 수 있게 된 것만 해도 음지에서 열심히 노력해 온 발해사 연구자들 덕분이다.

200여 년간 두 나라가 서로 대립적이기만 했다는 것은 상식적으로도 이해하기 어렵다. 역사 해석도 특이한 것보다는 역시 상식적으로 이해하는 것이 중요하다. 발해와 신라 사이의 관계도 일반적인 상황 속에서 설명할 필요가 있다. 발해와 신라의 연결고리를 찾는 일은 바로 발해사의 주인 찾기를 위한 작업의 하나라고 할 수 있다.

발해와 중국의 관계

동양의 국제 질서를 이야기할 때 중국을 빼놓고 얘기할 수는 없다. 발해의 경우도 예외는 아니다. 발해는 중국과 빈번한 왕래를 한다. 사신 파견 횟수가 기록에 남아 있는 것만 합쳐도 1년에 한 번꼴로 143회나 된다. 더욱이 사신의 숫자를 보면 수십 명에서 많을 경우에는 100여 명에 이르는 큰 규모였다.

당시 당나라는 동아시아 문화의 중심지이자 선진 지역이었다. 따라서 발해는 선진 문화를 도입하고 또 아울러 교역도 하기 위해 대규모의 사신을 파견했던 것이다. 이런 행위를 당에서는 발해가 조공을 바쳤다고 기록하고 있는데, 조공이 동아시아 국제질서 속에서 행해진 국제교역의 다른 이름이라는 것은 이미 잘 알려진 일이다.

아울러 중국인들이 발해왕을 자기의 관료로 책봉했다는 기록들도 많이 나온다. 최근에 중국 학자들은 이것을 근거로 해서 발해가 독립된 나라가 아니라 당의 지방 세력 중 하나에 불과하다는 주장을 펴기도 한다. 그러나 책봉 역시 중국을 중심으로 한 동아시아 국제질서 속에서 행해지는 관례일 뿐, 책봉을 했다고 해서 책봉받은 나라가 정치적으로 중국의 지배를 받았다고 보는 것은 잘못이다. 따라서 '책봉'이란 말을 빌미로 발해가 독립국가가 아니라고 하는 것은 말이 되지 않는다. 신라도 책봉을 받았다. 발해는 당당한 독립국으로 중국과 대외 관계를 맺고 활발한 국제무역을 하고 있었다고 보는 것이 옳다.

발해인이 당에서 통일신라인과 더불어 빈공과에 응시했던 것도 이들을 통일신라와 같은 외국인으로 대했다는 증거이다. 발해는 밖으로는 왕국을 표방하면서도 안으로는 황제국을 자처했던 외왕내제外王內帝의 국가라고 평가받기도 한다.

발해와 당의 교역품

발해에서 당에 보낸 물품들을 보면 대체로 일차 상품들이다. 가죽이라든가 바다에서 나는 다시마 같은 해산물도 있고 산에서 나는 것도 있고 인삼도 있다. 그 밖에 금·은 등의 토산품이 주류를 이루고 있다. 특히 동북 지방, 지금 만주 지역에서 나는 모피, 담비 가죽은 중요한 물품이었다. 그 후 조선 시기뿐만 아니라 나중에 러시아가 동방으로 진출하는 데 원인을 제공했던 것이 바로 이 모피이다. 반면에 발해가 당나라로부터 들여온 것은 주로 비단이나 책 등의 문화상품이었다. 대개 귀족들의 수요를 위해 수입하였던 것이다.

또한 발해 솔빈부率賓府에서 말이 생산되었는데, 이것도 중국과의 주요 교역품 가운데 하나였다. 특히 당나라 산둥반도 지역에 세력을 펼쳤던 이정기 같은 사람은 발해의 명마들을 수입해서 많은 이득을 남겼다고 한다. 어느 기록을 보니까 알렉산드로스가 세력을 확장할 수 있었던 것도 바로 이런 말들을 수입해서 군마로 사용했기 때문이라는 이야기도 나온다. 그런데 솔빈부라는 지역은 지금의 러시아 연해주에 있는 우수리스크 부근이다. 그곳을 흐르는 강을 과거에는 수이푼 강이라고 했다. 이것은 솔빈이라는 말의 변음이다. 지명에도 솔빈이라는 말이 남아 있다. 이런 연유인지는 몰라도 연해주에서 발견되는 발해성터에서는 말뼈들이 많이 나오고 있다.

사냥 솜씨가 좋은 발해 사람들은 담비 사냥을 즐겼다. 흠집이 나지 않은 담비 털은 최고의 수출품이었으며, 사냥에는 남자와 여자가 따로 없었다.

발해와 일본의 교류 사실을 보여 주는 목간. 발해를 일컫는 '高麗'라는 글자가 또렷하게 나타나 있다.

발해와 일본의 관계

발해는 중국뿐만 아니라 일본과도 빈번한 관계를 가졌다. 727년에 발해가 일본에 처음 사신을 파견한 이래 발해가 일본에 35차례, 일본이 발해에 13차례 사신을 파견한다. 하나 흥미 있는 것은 얼마 전에 나라奈良 시대 일본의 수도였던 헤이죠쿄平城京 자리를 발굴하면서 동궁의 집자리에서 목간 하나를 발견하였는데, 거기에 '발해渤海'와 '교역交易'이라는 글자가 적혀 있었다. 거기에 왜 이런 글자들이 쓰여 있었을까? 그 이유를 살펴보니까 동궁이 727년에 처음으로 발해 사신이 온 것을 계기로 해서 글씨 연습을 해본 거라는 것이다. 즉 발해 사신이 오니까 '발해'라는 글자도 써 보고 그 사신들이 교역하는 것을 보고는 '교역'이라는 글자도 써 보고, 그리고 심심하니까 사람 얼굴도 그려 보고 귀도 그려 보았던 그런 목간이었던 것이다. 지금은 그 집자리가 소고백화점이라는 상가터로 변했다. 시대를 넘어선 인연이랄까. 그 자리는 애당초 상거래와 뗄 수 없는 인연이 있었나 보다.

발해가 처음 일본에 사신을 파견한 것은 일본을 파트너로 삼아 국제질서 속에서 고립되는 것을 피해 보고자 하는 데 목적이 있었다. 즉 당초의 관계는 정치적이고 군사적인 데에서 시작됐다. 그러다가 뒤에 가서는 차츰 경제적인 관계로 바뀌어 갔다. 이런 변화가 있었음은 사신들의 출신 성분이 말해 준다. 처음에는 주로 군 출신이었다가 나중에는 문관 출신들로 바뀌는 데서도 알 수 있다. 교역 물품을 보면 발해에서는 동물가죽 같은 것들을 일본으로 수출하고 일본으로부터는 사치품들을 수입했다. 발해가 자꾸 일본에 사신을 파견하게 되자 일본에서는 사신을 접대하기가 너무 힘들다는 이유로 6년에 한 번씩 오라, 어떤 경우에는 12년에 한 번씩 오라는 제안까지 하였다고 한다. 이런 기록들을 보면 두 나라 중에서 특히 발해의 교역 의지가 더 강했음을 확인할 수 있다.

지금까지 발해와 신라, 발해와 중국, 발해와 일본의 관계를 살펴보았다.

발해는 중국과 일본, 그리고 신라의 중간점에 놓여 있었기 때문에 일본에서 당나라로 들어갈 때 중개지 역할을 많이 했다. 또 신라와도 서로 왕래했으며 심지어 북방의 중앙아시아 지역과도 연계를 맺고 교류를 했다. 발해는 그 지정학적 위치를 최대한 활용하여 국제적인 중심지로서 자신의 위상을 세워 나갈 수 있었던 것이다.

3 발해의 사회 구성과 문화

발해 문화는 국제적이고 융합적인 성격을 띠고 있었다. 고구려적인 것, 말갈적 정서를 가진 것들, 당나라 문화뿐만 아니라 중앙아시아에서 전해 온 문화 요소도 있었다.

관념적인 단일민족

발해가 우리에게 아직 익숙지 않은 까닭이 단지 연구가 덜 되었다거나 지리적으로 그 중심부가 현재의 우리 국토와 멀리 떨어져 있기 때문만은 아닐 것이다. 그보다는 아마도 그 사회에 살았던 주민들의 이질성 때문일 것이다. 우리는 어디서나 단군의 피를 이은 단일민족이라는 것을 강조하고 자랑스럽게까지 여기고 있는데, 발해의 주민들 중에는 다소 이질적인 말갈족이 있기 때문에 "발해도 우리 역사다."라는 데 선뜻 손이 올라가지 못하고 주춤거리게 된다.

그러나 민족은 그렇게 좁은 관점에서 볼 성질의 것이 아니다. 더구나 단일민족이라는 것은 어떻게 보면 역사적 사실이라기보다는 관념적인 문제이다. 실제로 혈통이 순수한 단일민족은 조그마한 부족이 아닌 바에야 거의 존재하지 않으니까. 다만 우리는 다른 민족에 비해 상대적으로 혈연의 단일성이 강하다고는 할 수 있다.

이중적인 사회 구성

발해는 보통 알려진 것처럼 다수의 말갈인과 소수의 고구려계통 사람들로 이루어져 있다. 이때 말갈인들은 대부분 피지배층에 속했으며, 그들 가운데 일부가 지배층으로 상승했을 뿐이다. 반면 고구려 계통 사람들은 대부분이 지배층에 속했다. 발해의 사회 구성은 이처럼 이중적이었다.

발해가 이런 이중적인 사회 구성을 이루고 있었다는 것은 여러 기록과 유물에서 보이고 있다. 먼저 일본의 역사책으로 《유취국사類聚國史》가 있다. 이 책에 발해의 초기 상황이 기록되고 있는데, "발해의 백성은 말갈인이 많고 토인土人이 적은데 모두 토인이 촌장이 된다."는 것이다. 여기서 토인이 뭐냐가 문제이다. 먼저 주목해야 할 것은, 토인이 곧 고구려인이라고 하지는 않았지만, 이 기록에서는 토인을 말갈과 구분해서 그 상대가 되는 계층으로 이해하고 있다는 점이다. 그렇다면 발해에서 말갈에 상대할 만한 계층의 사람들이 누구였는가? 이를 다른 기록들을 통해 미루어 보면 역시 고구려계 사람들밖에는 없다. 따라서 토인은 곧 고구려계 사람들이고 "토인이 촌장이 된다."는 말은 "고구려계 사람이 말갈을 지배하는 촌장이 되었다."고 해석하는 것이 바른 이해일 것이다.

또 중국 역사책인 《송막기문松漠紀聞》이란 책을 보면, 왕은 대씨이고 그 다음에 세력 있는 귀족들의 성씨로는 고씨·장씨·양씨·두씨·오씨·이씨 등이 있었다고 나온다. 이 가운데 고씨가 제일 많다. 그런데 고씨는 중국에도 있지만 역시 우리나라 계통인 고구려계 고씨로 볼 수밖에 없다. 발해의 귀족을 고씨가 제일 많이 차지한다는 것은 역시 발해의 지배층이 고구려 계통이라는 이야기가 될 수 있다.

다음으로 3대 문왕의 둘째 딸 정혜공주의 무덤이 완전히 고구려식이다. 만주 지방에서 볼 수 있는 고구려 양식인데, 그렇다면 정혜공주가 고구려계 사람이거나 그 남편이 고구려계 사람이 되어야 하는데 지금 비문은 공주 것만 남아 있다. 이런 것을 종합해 보면 정혜공주가 역시 고구려 계통의 사람이었던 것으로 여겨진다. 이로 미루어 볼 때 아버지인 문왕, 그리고 할아버지인 대조영까지도 고구려 계통으로 볼 수 있는 것이다.

그러면 피지배층인 말갈족은 어떠한 종족이었을까? 고구려 역사를 보더라도 말갈족이 나온다. 이들은 군사 행동을 같이하기도 한다. 그러나 고구려·백제·신라 사람들과는 다른 성격의 집단이었다. 역사적으로 보면 과거의 숙신肅愼이나 읍루挹婁, 물길勿吉이라고 불리는 집단의 사람들이 수·당대에 말갈족이 되었던 것 같다. 발해가 망한 뒤에는 여진이라는 이름으로 불리고, 뒤에 가면 청나라를 세운 만주족으로 이어진다고 할 수 있다.

그러나 말갈족 자체가 넓은 지역에 분포하고 있었기 때문에 그 안에서도 속말말갈, 흑수말갈 등 여러 부류들이 있었다. 발해가 건국하고 점차 국가 체제를 정비해 가면서 주변에 존재했던 말갈 집단들은 발해의 영역 속으로 편제되어 갔던 것이다.

이중적인 사회 구성은 지방 제도에도 그대로 반영되었다. 발해는 5경이라고 해서 수도가 5개였다. 그 다음에 15부가 있고, 그 아래에 62주가 있으며, 또 그 아래에 100여 개의 현이 있었다. 전체적으로 당나라와 같은 주현 체제를 따르고 있지만, 숙신이 있었던 땅에 상경용천부上京龍泉府를 둔다든지 읍루가 있었던 땅에 정리부定理府를 둔다든지 하는 식으로 군현을 설정하고 있었다. 특정 종족이 있는 땅을 특정 행정구역으로 정하는 그런 식이었다. 이를 보면 말갈족들을 그 자체로 편제해서 지방 행정구역을 정했으리라는 것을 알 수 있다.

이에 반해 발해 초기의 도성 체계는 고구려적인 양식으로 산성과 평지성을 서로 결합한 방어 체계를 가지

발해 상경성 절터에서 발견된 치미

건물 용마루 끝을 장식했던 이 치미는 녹유(녹색 유약)를 발라 구웠는데, 천년이 훨씬 지난 지금도 화려한 빛깔 그대로이다.

고 있었다. 결국 중앙조직은 고구려적인 데 비하여 밑으로 내려가면 말갈
적인 지배 체제가 그대로 남아 있었고, 기층 사회로 내려가면 내려갈수록
말갈적인 것이 더 많이 담겨 있었다는 것을 확인할 수 있다.

양태사의 사랑

그러면 더 세세한 문제로 들어가 발해의 가족에 대해 살펴보자. 발해 무덤
을 발굴해 보면 대체로 목관을 사용해서 시신을 놓고 주변에 돌을 쌓아서
무덤을 만드는 것이 일반적이다. 그런데 목관 놓은 것을 보면 부부 합장의
무덤이 제일 많다. 일부일처제가 기본이었던 것을 알 수 있다.

이와 연관해서 《송막기문》을 보면, 주변의 거란이나 여진에는 요즘의 홍
등가에 해당하는 것으로 보이는 그런 구역이 있었다고도 하고, 또 보통 남
자라면 첩이라든가 몸종들을 데리고 있었다고도 하면서 오직 발해에만 이
런 것들이 없었다고 하는 재미있는 기록이 나온다. 또 다른 기록을 보면,
남편이 다른 여자와 사귀면 부인이 그 여자를 독살한다는 이야기도 나온
다. 아마도 발해 여자들이 드세었기 때문에 발해 남자들은 감히 첩을 두
거나 외도하는 일은 생각조차 못했나 보다.

발해의 문학작품은 일본에 많이 남아 있는데, 이 작품들을 보면 애틋하
게 부인을 생각하는 시가 있다. 일본에 사신으로 갔던 양태사가 멀리 타향
에서 잠을 못 이루다가 우연히 옆집에서 다듬이 소리가 들리는 것을 보고
고국에 있는 부인을 생각하는 시이다.

서릿 기운 가득한 하늘에 달빛 비치니 은하수도 밝은데
나중에 돌아갈 일 생각하니 감회가 새롭네.
홀로 앉아 지새는 긴긴 밤 근심에 젖어 마음 아픈데
홀연히 이웃집 아낙네 다듬이질 소리 들리누나.

바람결에 그 소리 끊기는 듯 이어지는 듯

밤 깊어 별빛 낮은데 잠시도 쉬지 않네.

나라 떠나와서 아무 소식 듣지 못하더니

이제 타향에서 고향소식 듣는 듯하구나.

방망이 무거운지 가벼운지

다듬이돌 평평한지 아닌지 알 길 없구나.

멀리 타국에서 가녀린 몸에 땀 흘리는 모습 측은히 여기며

밤 깊도록 옥 같은 팔로 다듬이질 하는 모습 보는 듯하네.

나그네에게 따뜻한 옷 지어 보내려고 하는 일이지만

그대 있는 방 찬 것이 먼저 걱정이구려.

비록 예의 잊어 묻기 어렵지만

속절없이 원망하는 그대 마음 모를 리야 하겠는가.

이 시를 보면 당시 발해 남자들이 부인 생각하기를 얼마나 극진히 했는가를 알 수 있다. 우리나라의 어떤 역사 속에서도 발해의 부부만큼 행복한 부부가 없지 않았나 하는 생각이 들 정도이다. 옆방에서 들리는 다듬이질 소리, 그 소리를 고향의 소리로 느끼면서 자기 아낙을 생각하며 잠 못 이루는 양태사의 모습이 눈에 선하다.

국제적이고 융합적인 문화

발해라는 나라 자체가 복잡하고 또 국제적으로도 다양한 나라들과 다양한 접촉을 하고 있었기 때문에 발해 문화는 그만큼 복합적이다. 우리가 생각하는 것처럼 고구려적인 것만 있었던 것은 아니다. 정혜공주 무덤이라든가 집에 사용하는 기와瓦類류의 문양, 온돌장치 등을 보면 완전히 고구려적인 모습을 하고 있다. 그러나 그릇 같은 것을 보면 말갈적 정서를 가진 것

들이 많이 나온다. 한편 복장의 경우는 당나라 문화를 받아들여서 당나라식으로 바뀐 것을 볼 수 있다. 지배 귀족의 복식이 특히 그렇다. 뿐만 아니라 중앙아시아에서 전해 온 문화 요소도 있다. 그래서 발해 문화는 국제적이고 융합적인 성격을 띠고 있다고 할 수 있다.

이런 문화 전통을 가지고 있던 발해는 200여 년간 유지되다가 결국은 망한다. 발해의 멸망에 대한 기록들은 워낙 적어서 엉뚱하게도 백두산에서 화산이 폭발해서 발해가 망했다는 설조차도 일본 학자들 사이에서는 주장되고 있지만 거의 신빙성이 없다. 꼼꼼히 발해 멸망의 원인을 따져 보면 내부적인 분쟁이 가장 큰 요인이지 않았을까 생각한다. 거란이 발해를 멸망시킬 때의 기록을 보면 발해 사람들이 서로 마음이 갈라져 있는 것을 보고 공격해서 싸우지 않고도 이겼다는 기록이 나온다. 그렇기 때문에 실제로 발해가 망하는 기간은 그리 길지 않았다.

다음으로 추정해 볼 수 있는 것은 역시 사회 구성의 이중성, 말갈인 계통과 고구려인 계통의 사람들이 융합하지 못한 데서 오는 문제점들이 드러난 결과가 아닌가 하는 생각이 든다. 어쨌든 발해가 망한 뒤 아쉽게도 만주 일대는 우리 민족사의 무대에서 멀어져 갔다. 그러나 여전히 그 땅에는 민족사의 자취들이 살아남아 숨 쉬고 있음을 기억해야 한다.

상경성 제2절터에 남아 있는 발해 석등
————
높이가 6.4미터에 이르며, 소박하고도 묵직한 발해인의 기질이 묻어난다.

제6장 | 고려의 건국

1 태조 왕건과 후삼국의 통일

고려는 영토의 중앙에 있는 개경을 새 수도로 정해서 전국적으로 지리적 위계를 균등히 했다. 이런 점에서 내용적인 통합에 한발 더 다가섰으며 연호를 '천수'로 정하고 황제국을 칭하여 국가의 위상을 높였다.

코리아의 유래

우리나라의 영어 이름은 코리아Korea이다. 정식 국호인 '대한민국' 어디에도 코리아에 해당하는 부분은 없다. 그런데 왜 영어로는 코리아일까? 다 알다시피 코리아의 유래는 고려에 있다.

우리나라는 '카울레Caule' '카울리Cauly' 또는 '콘라이Conrai' 등으로 불리다가 1596년에 나온 얀 호이벤 반 린스호텐의 《동인도수로기집東印度水路記集》 부도附圖에 '코레아Corea'로 표기하였는데, 이것이 코리아의 효시라고 알려져 있다. 'Korea'란 표기는 18세기 중엽의 서양 지도에 나타난다.

고려는 중국어로 발음하면 '코우리'로 소리나는데, 그런 유사 발음들이 변이되다가 '코리아'로 자리 잡았던 것으로 보인다. 사실 고려高麗의 려麗 자도 용비어천가에 따르면, '려麗 자의 소리는 리裏이니 고리高麗를 말한다麗音裏高麗也'라고 되어 있다. 우리말도 원래는 고려였으니 코리아란 표기는 자연스런 변화였다. 우리가 '썩 오래된 옛날의 때'를 '고릿적'이라 하는데, 그 말도 고려 때, 즉 고려에서 왔음을 쉽게 알 수 있다.

그러면 왜 고려 때 이름이 세계에 알려지게 되었을까? 그건 고려 때 황해 예성강 벽란도를 통한 외국과의 교역이 활발했기 때문이다. 특히 아라비아 상인들을 통해 고려라는 이름이 알려진 것으로 보고 있다. 태조 왕건이 해상 세력이었던 것과 코리아가 우리나라를 부르는 국제적인 명칭이 된 데에는 일맥상통하는 흐름이 있음을 짐작하게 한다. 글로벌 시대를 맞은 지금 해상 세력에 대해 새롭게 조망할 필요가 있겠다.

KOREA라는 이름이 영문국호로 쓰인 것은 대한제국, The Greater Korean Empire가 처음이었고 대한민국 임시정부도 Provisional Government of the Republic of Korea였다.

태조 왕건

고려를 건국한 왕건의 집안에 대해서는 지금까지 두 가지 설이 있다. 하나는 왕건 집안은 신라 말 해상 세력으로서 상업을 기반으로 성장했다는 설이고, 다른 하나는 왕건 집안이 매우 한미하였고 따라서 고려 건국은 왕건의 개인적인 역량이 있었기 때문이라는 설이 있다.

왕건 집안이 해상 세력이었는가, 아니었는가에 대한 설명은 고려 중기 문신 김관의가 쓴 《편년통록》이라는 책에 근거하고 있다. 이 책에 왕건의 6대 조상부터 기록들이 쭉 나와 있다. 왕건의 6대 조상은 호경虎景이라는 사람인데, 재미있는 것은 이 사람이 성골 장군이라는 이름으로 역사상에 등장한다. 호경이 어떤 인물인가 하는 것은 뚜렷하게 드러나지 않지만 호경의 5세손, 왕건으로 보면 할아버지인 작제건作帝建이라는 사람이 해상 세력이었다고 한다. 작제건의 부인이 용녀인데, 용녀라는 이름으로 보아 그녀는 서해의 해상 세력을 대리하는 인물로 상정된다. 그래서 작제건이 송악 지방에서 용녀와 결혼한 것이 그가 해상 세력으로 성장할 수 있는 계기가 아니었는가 추론하고 있다.

또한 작제건의 아들이 왕건의 아버지인 왕륭王隆이다. 왕륭의 초명은 용건龍建이었다고 한다. 어머니가 용녀였던 것과 관계가 깊다. 이런 의미에서 왕륭도 해상 세력이지 않았을까 추측하고 있다. 결국 이 두 가지를 근거로 왕건이 해상 세력이 아니었겠는가 하는 설이 있게 되었던 것이다.

왕건의 가계를 들여다보면 의아한 부분이 하나 있다. 성씨로 따지면 아버지도 왕씨, 할아버지도 왕씨가 되어야 할 것 같은데 거꾸로 끝자가 '건建' 자로 통일되어 있기 때문이다. 또 작제건作帝建이라고 할 때 만들 '작作'과 황제 '제帝' 자字를 쓴다. 그러므로 '작제건'이란 이름의 뜻은 '황제를 만든 분'으로 해석할 수 있다. 용건도 같은 의미이다. 용은 일반적으로 고대 사회나 중세 사회에서는 왕을 대칭하는 용어로 쓰이니까 용건이라는 것도 '왕을 세운 분'으로 해석할 수 있다.

이렇게 해석하면 왕건王建도 역시 '왕을 세운 분'이라는 뜻이 된다. 어떻게 보면 당시에 쓰였던 이름이라기보다는 후세에 만들어진 이름 같다는 느낌을 준다. 아마 고려 건국 이후에 고려 왕실의 권위를 강화시켜 나가는 방편의 하나로 왕실 가계를 신성화하는 작업을 했던 것이 아닌가 생각한다. 이런 이유 때문에 왕건의 집안이 한미했다는 주장이 나오게 되었던 것이다.

왕건의 성장

우리는 나말 여초를 호족의 시대라고 한다. 왕건의 아버지인 왕륭도 송악 지방에 기반을 둔 호족이었다. 호족들은 물론 세력이 똑같지 않았다. 대호족이 있는가 하면 소호족도 있었다. 왕륭은 대호족의 범주에 들어가는 것으로 본다. 송악에서 상당한 권위를 가지고 있었던 지방 세력이라고 보는 것이다. 그러나 양길이라는 반란 세력 두목 밑에서 성장한 궁예가 나름대로 독자적인 세력을 갖추게 되고 나아가 원주, 명주, 그리고 철원 지역까지 장악해서 광범위한 세력권을 이루고 대동강 유역까지 팽창해 오자 왕륭에게도 큰 위협이 되었다. 그러다가 궁예 세력이 계속 팽창해서 송악까지 그의 세력권 안에 넣게 된다. 그러자 왕륭은 자신의 독자적인 지위를 그대로 유지하기 어렵다고 판단하고 896년에 송악 지방을 궁예에게 기부하면서 그의 휘하에 들어갔던 것으로 여겨진다.

궁예 밑에 들어간 왕륭 집안에서 왕건의 역할은 두드러졌다. 왕건은 궁예의 장군이 되어 양주 지역과 광주·충주·청주 등 남한강 일대 지역을 모두 평정하였으며, 그 대가로 아찬 벼슬을 제수받았다. 또한 수

고려 태조 왕건 청동상

우리나라에서 유일하게 남아 있는, 왕의 실제 모습을 표현한 청동상이다. 북한 개성박물관 소장

군을 이끌고 서남해 방면에서 후백제를 공략하여 진도와 나주 등을 점령하고 그 공으로 최고 관직인 광평성 시중까지 오르게 된다. 왕건은 고려를 건국할 수 있는 자질을 이런 경험들을 통해서 키웠던 것이다.

여기에 덧붙여 우리는 왕건이 호족 출신이라는 것을 상기해야 할 필요가 있다. 당시 호족들이 바라는 것과 지방민들이 안고 있는 문제를 왕건은 잘 알고 있었다는 이야기이다. 한 예를 들어보자. 903년에 양주(지금의 양산)의 호족이었던 김인훈이 궁예에게 도움을 청해 왔다. 그러자 왕건은 남한강과 경북 지역을 거쳐서 양산에까지 직접 가서 김인훈을 도와준다. 또 왕건이 양주에서 돌아오자 궁예가 변경에 대한 대책을 물었는데, 이때 왕건이 변경 지역을 안정시키는 계책을 올려서 궁예를 굉장히 기쁘게 했다고 한다.

변경 지역에 대한 안정책이 바로 그동안 왕건이 호족으로서 생각했던 여러 대책 중의 하나였을 것이다. 이런 정책들이 뒤에 가서 고려 건국에 아주 중요한 역할을 했던 것이다.

왕건의 쿠데타

왕건이 궁예를 쫓아내고 고려를 건국하는 것은 왕건 집안이 궁예 휘하에 들어간 지 23년 만의 일이다. 그때가 918년이다. 또한 왕건이 궁예 휘하에서 군사적인 위업을 쌓기 시작한 이후로 보면 20년 만이다. 그러면 궁예 밑에서 충실하게 자신의 역할을 다하던 왕건이 쿠데타를 일으켜 정권을 장악하려고 했던 이유는 무엇이었을까?

어느 시기에나 그렇지만 정변은 정변 주체 세력이 국가정세에 대한 개인적인 판단에 의해서 필요하다고 느낄 때 일어난다. 국가정세가 정변을 일으킬 만한 여건이 조성되었다고 생각하면 언제든지 정변은 일어날 수가 있다. 물론 그 판단은 주관적이기 때문에 성공 여부와는 별개의 것이다.

왕건이 쿠데타를 일으키는 이면에는 물론 권력에 대한 욕구가 있었다고 봐야 할 것이다. 그러나 아무리 욕구가 있어도 궁예가 잘하고 있었다면 어떻게 해 볼 방도가 없었을 것이다. 명분이 없으면 쿠데타를 일으킬 수 없고 설사 일으킨다 하더라도 성공하기는 어려울 것이다.

이때 쿠데타의 명분을 쿠데타의 대상이 되는 궁예가 마련해 준다. 즉 그의 실정失政이라고 하는 것이다. 궁예는 신라 왕족 출신이다. 그렇기 때문에 후고구려의 제도를 정할 때도 신라의 골품제를 기반으로 한 정치 체제의 틀을 벗어나지 못했다. 망해 가는 나라의 체제를 본떴다는 것은 이미 시작부터 한계를 가지고 있었다는 뜻이다. 신라의 체제를 본떴기 때문에 신라 5소경 지역의 하나였던 청주 지역은 별 거부감 없이 궁예에게 포섭되었지만, 다른 지역은 여의치 않았던 것이다. 그래서 궁예에 대한 지역적인 지지 기반은 제한될 수밖에 없었다.

이렇게 자신의 지지 기반이 제한되다 보니까 다른 많은 호족 세력들을 자신의 영향권 내에 묶어 둘 수 있는 정책을 펴지 못했다. 실제로 남에 대한 의심이 많았기 때문에 사람의 마음을 알아볼 수 있다는 미륵관심법彌勒 觀心法으로 시험하곤 했다. 새로운 정치 세력을 포섭할 때 상대를 이해하기 보다는 자기 스스로의 기준에 맞추려고만 했기 때문에 세력을 넓히는 데 한계가 있었다.

왕건도 궁예에게 그러한 시험을 받은 적이 있다. 하루는 궁예가 왕건에게 "반역을 도모하지 않았느냐?"라고 물었다. 그때 왕건은 어떻게 대답해야 할지 몰라 머뭇거리고 있었는데, 마침 궁예 옆에 서 있던 최응이란 사람이 다가와 "이럴 경우에는 반역했다고 대답하라."고 가르쳐 주어 겨우 위기를 모면했다고 한다. 이처럼 자기의 권력을 확고하게 하려는 집념이 오히려 주변 사람조차도 항상 의심스러운 눈으로 보게 되고, 그것이 결국은 자신을 보호해 줄 주변 세력들을 스스로 내친 격이 되어 버렸던 것이다.

중국에 "의심한다면 쓰지 마라. 쓴다면 의심하지 마라.疑人不用 用人不疑"라는 속담이 있다. 이는 믿음의 중요성을 뜻하는 것으로 리더십의 기본을 이룬다. 궁예는 이런 기본을 갖추지 못했던 것이다.

후삼국 통일

후백제의 견훤이나 천년의 전통을 가지고 있었던 신라나 재통일의 역량이 없었던 것은 아니었다. 그런데 후삼국 통일은 견훤도, 신라도 아닌 왕건이 이루어 냈다. 왜 왕건이 후삼국을 통일할 수 있었을까?

후삼국 시기는 호족들이 전국 각지에 분립하고 있었다. 따라서 후삼국을 통일하고 새로운 왕조를 세우려면 전국 각지의 호족들을 회유할 수 있는 정책이 있어야 했다. 나아가 호족 세력들의 기반이 되었던 지방민들에 대한 정책도 있어야 했다. 이때 견훤은 호족에 대한 연합 정책은 제시했다. 그러나 대민 정책은 없었다. 반면에 왕건은 훌륭한 대민 정책까지도 제시하고 있었던 것이다. 그 차이가 곧 통일 역량의 차이였다.

왕건의 대민 정책을 상징적으로 담고 있는 것이 '취민유도取民有度'였다. 일반민들에게 수취를 하되 정도껏 한다는 것이다. 이는 곧 민의 부담을 덜어 주겠다는 것이다. 이런 조세 경감 조치가 당시 백성들의 지지를 얻을 수 있었던 결정적 무기였다. 그리고 이런 민의 지지가 통일의 동력이 되었던 것이다. 어느 시대나 민의 지지를 얻을 수 있느냐, 없느냐가 승패를 좌우하는 결정적인 요소라는 것을 여기서도 알 수 있다.

고려 통일의 의미

이런 고려의 후삼국 통일이 지니는 역사적 의미는 무엇일까? 앞서 있었던 신라의 삼국 통일은 삼국이 하나가 되는 진정한 민족의 통합을 이루었다기보다는 신라가 백제와 고구려의 옛 지역 일부를 지배한다는 의미를 크게 벗어나지 못했다. 신라라는 이름을 그대로 썼고 또 수도도 동남쪽 모퉁이에 치우쳐 있는 경주에 그대로 두었다는 점들이 그렇다. 다만 5소경을 두어 그 한계를 메우려 했다.

이에 비해 고려는 비교적 영토의 중앙에 있는 개경을 새 수도로 정해서 전국적으로 지리적 위계를 균등히 할 수 있었다는 점에서 내용적인 통합에 한발 더 다가섰다. 또 연호를 '천수'로 정하고 황제국을 칭하여 국가의 위상을 높였다.

그러나 국호를 '고려'라고 하는 점에서 보이듯이 '고구려' 계승 의식을 가지고 있었기 때문에 아직 삼국 단계의 지역 의식을 벗어나지는 못하고 있었다. 이런 한계는 민족의 기원인 '고조선'에서 국호를 따오는 '조선' 단계에 가면 분명히 극복하고 한강을 끼고 있는 서울에 수도를 정함으로써 질적인, 그리고 동시에 지역적인 통합을 이루어내기에 이른다.

비록 이런 한계를 가지고 있지만, 고려의 후삼국 통일은 그 이후 지금 남북이 분단되기 전까지 우리 민족이 하나의 국가 체제를 유지하여 오는 시발점이 되었다는 점에서 큰 의미를 지닌다. 신라의 통일이 발해가 있음으로 해서 남북국 시대라고도 불릴 정도로 불완전한 것이었던 반면, 고려의 통일은 비록 발해가 있던 지역까지를 완전히 포섭한 통일은 아니었지만 그 일부를 받아들임으로써 비로소 오늘날로 이어지는 민족국가의 원형을 이루었던 것이다.

또 신라의 삼국 통일에는 당나라가 중요한 변수가 되었지만, 고려의 후삼국 통일에서는 중국이 전혀 변수가 될 수 없었다. 당시 중국은 당이 망하고 5대 10국의 분열 시대로 들어가는 혼동기였다. 어쨌든 고려 독자의 힘으로 통일이란 과업을 이루어 냈다는 점에서 신라보다는 한 단계 높은 자주적 통일이었다고 할 수 있다.

2 호족 연합 정권

태조는 호족 세력들을 지지 기반으로 후삼국을 통일한다. 따라서 호족들이 고려 왕조를 지지해야만
왕조를 안정적으로 유지할 수 있었을 것이다. 한편으로는 호족들을 아우르고 다른 한편으로는 그들
을 견제할 수 있는 정책들이 필요했다.

왜 호족 연합인가?

후삼국을 통일한 뒤 고려에게 부여된 가장 시급하고 중요한 과제는 호족
세력들을 어떻게 편제할 것인가였다. 이는 통일을 굳건히 하기 위한 첫 번
째 관문이었다. 지금까지 학계에서는 고려 초기 호족들에 대한 조직 방향
이 호족 연합에 있었다고 보고 있다. 그래서 흔히 태조의 정치권력을 '호족
연합 정권'이라 부르기도 한다. 호족 연합 정권이란 무엇이며 과연 태조의
정치권력을 그렇게 부를 수 있는지 한번 살펴보기로 하자.

　호족 연합 정권이란 호족 출신인 태조가 전국 각지에서 성장한 호족들
을 하나로 엮어 내는 과정에서 정권을 만들었다고 해서 나온 말이다. 호족
연합 정권의 성격을 분명히 하려면 먼저 호족이 무엇인가에 대해 설명할
필요가 있다.

　신라 하대가 되면 골품제가 붕괴되기 시작하고 중앙통제력이 약화되면
서 지역적 기반을 바탕으로 새로운 세력들이 등장한다. 이들을 우리는 호

족이라고 한다. 이들은 골품제 아래서는 정치적으로나 사회적으로 성장의 길이 막혀 있었다. 물론 호족이라고 해서 그 기반이 다 같았던 것은 아니다. 여러 유형이 있었다. 호족을 크게 나누어 보면 골품제에서 배제되어 낙향한 귀족 세력, 장보고와 같은 해상 군진 세력, 왕건 집안 같은 상인 세력, 그리고 촌주 세력들이 있었다.

신라 말에 호족들이 등장하는 배경으로는 우선 대토지 소유의 확대를 들 수 있다. 이런 대토지 소유 확대의 흐름을 타고 '호부豪富'라 불리는 경제적으로 성장한 계층이 나온다. 이 호부가 바로 호족이다. 호족들은 이런 자신들의 경제력을 믿고 정치·사회적으로 자기 목소리를 내게 된 것이다. 또 한편으로 호족들은 그런 자신들의 경제력을 지키려는 노력을 하였으며, 군사력도 갖추고 새로운 지식층으로 대두한 선종 세력이나 중국 유학생 그룹들을 포섭해서 정치 세력을 형성하기도 하였다.

당시 국제적인 교류가 활발해진 것도 또 하나의 배경이 될 수 있을 것이다. 장보고의 활동에서 알 수 있듯이 군진 세력들은 국제 무역을 바탕으로 성장하였다. 이처럼 이런저런 사정을 배경으로 호족들이 등장하였다.

그러나 폐쇄적인 구조를 지닌 골품제로는 새롭게 등장하는 호족들을 체제 내로 포섭할 수 없었다. 더구나 골품제 안에서 심각하게 전개되던 권력 다툼은 그럴 여유를 좀체로 주지 않았다. 이와 같이 통일신라기 지배층을 구성하는 원리인 골품제 때문에 호족들이 신라의 저항 세력으로 등장하는 것은 필연이었다.

호족 묶어 두기

태조는 이 호족 세력들을 지지 기반으로 후삼국을 통일한다. 따라서 호족들이 고려 왕조를 지지해야만 왕조를 안정적으로 유지할 수 있었다. 그건 한편으로는 호족들을 아우를 수 있어야 하고 다른 한편으로는 호족들을 견제할 수 있는 그런 정책들이 필요했다는 것이다. 그런 정책들로 태조는 어떤 것들을 준비하고 있었을까?

대표적인 것이 혼인 정책이다. 태조가 각 지역 호족들의 딸들과 혼인함으로써 상호간 유대의 끈끈한 끈, 물보다 진한 피의 끈을 마련하려고 했던 것이다. 그렇게 혼인을 하다 보니까 태조 왕건의 왕비는 왕후王后가 6명, 부인夫人이 23명으로 모두 29명이나 되었다. 이런 혼인 정책 중에서도 대표적인 예가 신라의 마지막 왕인 경순왕과의 경우를 들 수 있다. 왕건은 고려에 귀순한 경순왕에게 자신의 두 딸을 출가시키고 왕건 자신도 신라 왕실에서 후비를 맞아들여 이중으로 얽힌 혼인 관계를 맺었다. 이런 혼인 정책은 요새 말로 하면 정략결혼인 셈이다.

왕비가 29명이고 숱하게 정략적인 결혼을 반복한 태조! 이런 태조는 요즘 시각으로 본다면 파렴치하기 그지없는 타락한 정치인에 지나지 않을 것이다. 그러나 오히려 태조는 500년 사직을 연 위대한 왕으로 추앙받고 있다. 세상이 그만큼 달라진 것이다. 왜냐하면 중세 사회에서 이른바 정략결혼은 정권 유지를 위한 필연적인 수단이었기 때문이다. 또 그것은 태조의 입장에서 뿐만 아니라 혼인의 대상이 되는 측에서도 적극 원하는 바였다. 이런 현상은 비단 우리만 그런 것은 아니었다. 다른 나라도 다 마찬가지였다. 심하면 심했지, 덜하진 않았다. 따라서 자유결혼 시대인 요즘의 관점으로 그때를 바라보면 안 된다.

한편 이런 혼인 정책과 유사한 것으로 고려 왕실에서 권위 있는 성을 부여하는 사성賜姓 정책을 들 수 있다. 지방 호족들에게 왕씨 성 같은 것을 주어서 가족적인 관계를 맺고자 하는 것이다. 예를 들면 지금의 강릉인 명주 출신의 김순식金順式의 경우를 들 수 있다. 김순식은 본래 경주 김씨인데 왕건과 관계를 맺으면서 왕씨 성을 하사받아 왕순식이 되었던 것이다. 지금은 왕순식으로 더 잘 알려져 있다.

그밖에 호족과 연합을 위한 정책으로 사심관제事審官制와 기인 정책其人政策 등이 시행되었다. 경순왕이 귀순하자 왕건은 그를 경주의 사심관으로 임명하여 풍속 교정, 향리 감독, 부역 조달의 임무를 맡겼다. 사심관제라는 것은 특정 지역에 대하여 기존의 통치력 중 일부를 그대로 인정하는 제도라고 할 수 있다. 한편 기인은 "국초國初에 향리의 자제를 뽑아 경성에 볼모로 삼고 또한 출신지의 일에 대하여 고문顧問에 대비케 하였는데 이를 기인이라 한다."(《고려사》〈선거지選擧志〉)고 했듯이 일종의 볼모다. 그러나 일방적인 볼모는 아니었다. 당시 호족의 자제를 우대하지 않을 수 없었던 사정을 미루어 본다면 이것도 왕권과 호족 쌍방 간의 호혜적 바탕 위에서 운영되었을 것으로 추측된다.

병부와 순군부

한편 새로운 왕조를 세우고 유지하는 정책들 중에서 가장 중요한 것은 군사 제도를 들 수 있다. 당시 군사기구로서는 병부兵部와 순군부巡軍府가 있었다. 군사의 명령 체계는 수직적이어야 마땅한데 이 병부와 순군부는 그렇지 못하였다. 어느 것도 확실한 상위에 있지 못하는 병렬적 관계였다. 물론 원칙대로라면 병부에서 장악하는 것이다. 그러나 실제로는 순군부가 병부와 거의 같은 힘을 발휘하거나 때로는 순군부가 더 많은 힘을 쓰는 경우도 있었다. 바로 이 순군부가 지방 호족들의 군사력을 대표하는 기구였다. 반면에 왕건의 군사력을 이루는 것이 병부였다. 이때 병부가 순군부보다 힘이 약하다는 것은 그만큼 왕건의 권력이 불안정했다는 뜻이 된다.

그러나 호족 연합 정권이라 해서 태조의 왕권이 호족들의 하위에 있다거나 종속되어 있다는 뜻은 결코 아니다. 파란만장한 역경을 거치면서 한 왕조를 개창한 태조가 그렇게 호락호락할 리가 없었다. 그는 그에 상응하는, 상대적으로 강한 왕권을 가지고 있었다고 할 수 있다. 따라서 여기서 호족 연합 정권이라 할 때는 태조의 왕권은 절대 권력임에는 틀림없으나 다만 그 권력의 행사에 호족들이 만만치 않은 견제 세력이었다는 정도로 이해함이 좋을 것 같다.

왕규王規의 난

왕권의 직접 통제를 받는 병부와 호족들의 군사력을 대변하는 순군부가 서로 우열을 다투었다면, 그래서 왕이 호족을 확실히 제압하지 못했다면, 당연히 왕권과 호족들 간에 갈등이 있을 때 그 갈등이 내연하기보다는 겉으로 불거져 나오게 마련이었다.

　왕권과 호족 세력 간의 갈등이 불거져 나오는 극단적인 형태가 역모 사건이었다. 태조 때의 대표적인 역모 사건으로는 왕의 측근 인물이었던 이흔암伊昕巖과 환선길桓宣吉 등의 반역 사건을 들 수 있다. 이들은 모두 청주 호족 세력이었는데, 자신의 군사력을 동원해서 왕건을 해치려고 하였다. 물론 다 실패했지만, 이들이 생각할 때 왕건만이 왕이 될 수 있다는 당시의 현실을 쉽게 받아들일 수는 없었던 것이다. 이는 아직까지 왕건의 권위가 그만큼 공고하지 못했다는 증거라고 할 수 있다.

　혜종 때 왕규의 난도 당시의 대표적인 역모 사건이었다. 좀 복잡하긴 한데, 사건의 경과에 대하여 알아보자. 혜종은 태조와 나주 출신인 장화왕후莊和王后 오씨 사이에서 태어났다. 그런데 나주 오씨가 세력이 미약했기 때문에 태조는 혜종을 태자로 삼으면서 당시 호족 출신으로서 믿을 만한 힘을 갖고 있던 박술희의 지원을 받았다. 그리고 태조가 죽음에 임박해 박술희에게 나랏일을 부탁하면서 "경은 태자를 옹립했으니 잘 보좌해 주시오."라고 하여 후견인으로서의 역할을 부여하였다. 왕권의 취약함을 보완하려는 의도였다.

　그런데 박술희는 경기도 광주의 강력한 호족 출신이며 외척이었던 왕규와는 적대 관계에 있었다. 혜종의 병이 깊어지자 박술희는 왕규와 서로 반목한 나머지 신변 보호를 위해 군사 100여 명을 거느리고 다녔다. 이 때문에 훗날 혜종의 뒤를 이은 정종은 그가 반역의 뜻을 가졌다고 의심하여 갑곶甲串(지금의 강화)으로 유배보냈다. 《고려사》〈박술희전〉에는 이때를 기해 "왕규가 왕의 명령이라고 사칭하여 그를 죽였다."라고 기록되어 있다. 그러나 당시 왕규 자신도 갑곶에 유배되었다가 곧 살해되었기 때문에 기록 그대로를 믿기 어렵다. 아마도 정종이 박술희를 죽이고, 그 살해의 책임을 왕규에게 전가한 것으로 보고 있다.

한편 왕규는 두 딸을 각각 태조의 15번째, 16번째 왕비로 들여보냈다. 이 중 16번째 비가 된 딸이 아들을 하나 낳았다. 그 아들이 광주원군廣州院君인데, 왕규에게는 외손자가 된다. 왕규는 바로 자신의 외손자를 왕으로 세워서 권력을 행사하고자 했고 또 그럴 수 있다고 생각하였다.

그리하여 혜종을 제거하기 위해 침전에 자객을 보냈으나 실패하고 나중에는 스스로 칼을 품고 침입했으나 혜종이 최지몽의 권유로 처소를 옮긴 후라 역시 실패하였다. 이 정도라면 당연히 왕규를 즉각 처벌해야 했지만, 그의 세력이 강해 혜종도 그냥 두고 볼 수밖에 없었다.

그 후 혜종이 죽고 정종이 즉위하자 왕규가 결국 난을 일으켰다. 이때에는 태조의 사촌동생從弟인 왕식렴王式廉이 평양으로부터 군사를 이끌고 들어와 호위하고, 이어 왕규를 유배보내 죽이고, 그 무리 300여 명도 죽여 진압하였다.

이처럼 호족들의 반란에 대해 왕실은 독자적으로 왕권을 지키기 힘들었다. 서로가 불안정한 세력균형 속에서 묘한 줄타기를 하는 상황이 호족 연합 정권의 불안정한 일면을 여실히 보여 준다. 실제로 호족 세력에 대한 확실한 견제는 광종 대에 가서야 가능했다.

광종의 호족 장악

우리는 광종 대에 들어서야 비로소 고려의 체제가 안정되고 왕권도 제대로 선다고 알고 있다. 광종 대에 확실하게 호족을 장악할 수 있었던 견제책은 무엇이었을까?

물론 광종이라고 해서 즉위하자마자 호족을 견제할 수는 없었다. 호족을 견제할 만한 정치 세력을 형성해야 하는데, 그렇게 하기 위해서는 시간이 필요했기 때문이다. 기존의 세력을 몰아낼 수 있는 대체 세력으로 새로운 정치집단을 키우는 일은 정권의 기반을 다지는 첫 단계가 된다. 이런 새로운 정치 세력을 키우기 위해서 실행했던 것이 바로 과거 제도였다. 그런데 여기에서 특기할 만한 일은 국내에 연고가 전혀 없는 후주後周 출신의 쌍기雙冀라는 사람을 데려다가 과거 제도를 주관하게 했다는 사실이다. 이미 신라에 독서삼품과讀書三品科가 있었으므로 신라의 제도를 받아들일 수도 있었는데 굳이 후주를 택한 이유는 무엇일까? 너무 당연한 답이겠지만, 기존의 호족 세력과 연고가 없는 인물을 통해서 광종 자신의 친위 세력을 만들고자 했기 때문일 것이다.

이렇게 해서 새로운 정치 세력을 형성하고 난 뒤에 다시 호족들에 대한 보다 확고한 견제를 위해 백관들의 공복公服 제도를 실시하였다. 공복 제도를 통해서 체제 내와 외를 분명히 하고 동시에 내의 위계도 확실히 하고자 했던 것이다. 그리고 나서 결정적으로 호족들을 쳐낸 것이 노비안검법奴婢按檢法이었다. 노비안검법은 호족들의 경제 기반인 노비를 줄이고 양인을 확보하여 국가 수입원을 늘리려는 비상한 경제 정책이었던 것이다.

그러니까 과거제나 공복 제도, 노비안검법 등을 통해서 한편으로는 자신의 정치 세력을 키워 왕권을 강화하고 다른 한편으로는 호족들을 견제하였다. 이런 정책들은 다분히 관료제적 성격이 강한 것이었다. 광종은 이를 기반으로 재위 후반부에 왕권을 견제하던 호족들에 대해 대숙청을 감행할 수 있었다. 그리고 스스로를 황제라 칭하고 독자적인 연호도 사용하였다. 개경을 '황도'라 부르는 등 강력한 왕권을 대내외에 과시하였다.

그러나 아직 여건이 성숙하지 못했는지 호족들의 반발로 이런 흐름이 광종 이후까지 계속되지는 못하였다. 그래서 다음 왕인 경종이 즉위하고서는 호족 세력과 왕권 간에 타협이 이루어진다. 경종이 즉위한 다음 해인 976년에 시행하는 시정전시과始定田柴科가 바로 그 산물이라고 할 수 있다.

광종은 귀족적 성격을 농후하게 갖는 호족에 대해 강력한 억압 정책을 펴면서 관료제적 정치를 구상했다고도 볼 수 있다. 그러나 그것이 지속되지 못함으로써 귀족 사회적 속성이 부각되면서 고려는 귀족 사회라는 기본 인상을 갖게 하였다. 그러나 전국적으로 보면, 고려 전기에는 국왕과 관료 집단이 점차 정치를 주도해 나가는 한편, 각 영역을 단위로 지방 사회도 독자성을 유지하고 있었다. 즉 중앙과 지방이 공존하는 형태였다. 정치뿐만 아니라 사상과 문화에서도 그런 현상을 엿볼 수 있다. 중국의 선진문물을 수용하려는 화풍華風과 고려의 전통과 풍속을 유지하려는 국풍國風의 흐름이 공존했고, 불교·유교·도교·풍수지리사상 등 다양한 이념들도 서로서로의 역할을 하며 고려적인 지배질서를 형성해 나갔다.

3 고려의 복잡한 지배이념

KOREA

고려는 기본적으로 불교국가였으나 유학적인 측면들도 적지 않았다. 아울러 풍수도참설의 지배를 받는 부분도 많았다. 불교는 개인적인 심성을 수행하는 데, 유학은 나라를 다스리는 합리적인 방안을 끌어내는 데 필요했다.

이념의 복합성

대학에서 교양 한국사를 강의하는 연구자들 간에 우리 역사 중 강의하기가 제일 어려운 시기를 들라면 아마 첫손에 꼽는 것이 고려 시기일 것이다. 다른 시기는 그래도 손에 잡히는 나름의 체계가 있는데, 고려는 그게 잘 안 된다. 여러 가지 이유가 있겠지만, 현실적인 문제로 남북 분단을 들 수 있다. 분단으로 인해 고려의 수도였던 개경은 갈 수 없는 곳이 되었다. 이 때문에 고려의 역사는 우리에게는 먼 딴 나라처럼 느껴지게 된다.

물론 아직 연구가 부족하기 때문에 충분히 '고려'해 볼 여지는 있지만, 연구가 어느 정도 되었다 해도 여전히 '고려'할 일이 남을 것 같은 시기가 고려 시기이다. 그래서 "고려의 역사는 고려만 하다 끝나는 것 같아."라는 농담 반, 진담 반의 너스레를 떨곤 한다. 어쩌다가 고려 시기가 이 모양이 되어 버렸을까? 그 이유 중 또 하나 중요한 것은 고려 사회의 복합적 성격 때문이다. 특히 딱 잘라 말하기 어려운 지배이념의 복합성에서 기인하는 측면이 크다.

고려는 기본적으로 불교국가였다. 그렇지만 유학적인 측면들도 적지 않았고 풍수도참설의 지배를 받는 부분도 의외로 많았다. 고려의 앞 나라인 통일신라는 불교가, 뒤이은 조선은 유교가 각각 정치와 생활을 지배하는 이념으로 비교적 명쾌하게 자리 잡고 있었지만 고려는 불교나 유교 어느하나가 절대 우위를 점하지 않는 복합성을 띠고 있었다. 즉 다원주의 국가였다.

불교, 도교, 풍수지리설, 그리고 유학 등이 골고루 섞여 있었다. 다만 각이념들이 나름대로의 역할 분담은 하고 있었다. 불교와 풍수도참설이 새왕조의 정신적 기반이었던 데 반해서 유학은 정치의 실천이념으로 존중하였다. 성종 대 대유학자였던 최승로崔承老는 "불교는 마음을 닦는 근본이요, 유학은 나라를 다스리는 근원이다."라고 말했다. 즉 불교는 개인적인심성을 수행하는 데 필요하고 유학은 나라를 다스리는 합리적인 방안을끌어내는 데 필요했다는 것이다. 이렇듯 불교와 유학은 상호보완적인 역할을 했다고 볼 수 있다. 물론 풍수도참설도 마찬가지였다. 그럼 유학부터 시작해서 각 이념 내지 사상들의 역할을 살펴보기로 하자.

최승로의 〈시무 28조〉

고려 시기 유학 하면 맨 처음 꼽는 것이 최승로와 그가 올린 시무 28조이다. 거기에는 유학적인 정치철학이 잘 반영되어 있다. 따라서 최승로와 시무 28조를 통해서 고려의 유학에 대해 알아보자.

최승로는 927년에 경주에서 태어났다. 잘 알다시피 이 시기는 후삼국이대립하면서 서로 격렬하게 싸우던 때였다. 《삼국유사》를 보면 최승로의 아버지 최은함崔殷含은 늦게까지 아들이 없었는데, 당시 흔히 하던 식으로 중생사라는 절에 가서 부처님께 빌어 최승로를 낳았다고 한다. 최승로는 신라 6두품 귀족이었던 아버지와 함께 경순왕을 따라 고려에 왔다고 한다. 12살 때 논어를 읽어서 태조 왕건의 칭찬을 받았다는 것을 보면 일찍부터 유학에 대한 소양이 깊었다고 생각된다. 또 당시 중국에 갔다 온 유학생들이 상당히 많았지만 최승로는 이들과 달리 순수 국내파였다는 점도 의미 있는 사실의 하나다. 신라 6두품 출신으로 유교에 아주 소양이 깊었던 전형적인 인물이라고 할 수 있다.

최승로가 고려에 들어온 처음에는 그렇게 정치적인 영향력을 발휘하지는 못했던 것 같다. 뒤에 최승로가 광종의 정치에 대해 꽤 비판적으로 평가하고 있는데, 아마 광종에게서는 그다지 정치적으로 대접을 받지 못했던 것이 아닌가 여겨진다. 반면 경종과 성종 대에는 매우 중요한 정치적인 영향력을 발휘하였다. 〈시무 28조〉를 올리고 죽기 바로 전 해인 988년(성종 7)에는 당시에 사실상의 최고 관리인 문하시중에 봉해지기까지 하였다.

최승로 사상의 면모를 알 수 있는 것이 바로 그 유명한 〈시무 28조〉이다. 성종이 즉위한 직후 새로운 정책을 펴기 위해서 여러 관료들의 의견을 구하는데, 이때 최승로가 제시한 것이 이 〈시무 28조〉이다. 시무책時務策이라고 하면 당면 과제, 즉 당장 힘써야 할 일에 대한 의견을 말한다.

〈시무 28조〉는 국방, 불교, 사회 문제, 왕실, 중국 관계, 토착신앙 등 크게 여섯 부분으로 나뉘어져 있다. 그 가운데 국방 문제는 주로 그 당시 거란과의 관계로 인하여 북계北界를 확정하는 일과 그곳에 대한 방어책 등이 실려 있고, 불교 문제는 승려가 궁정을 출입한다든가 하면서 생기는 폐단과 사찰을 지나치게 많이 짓기 때문에 생기는 문제점 등을 지적하고 있다. 그리고 사회 문제를 보면 당시 호족들의 세력이 너무 강한데, 이 세력이 강한 것을 그대로 놔두면 문제가 될 것이므로 지방관을 파견해야 하며, 일반민의 부역을 감소시켜 줄 것을 주장하였다. 아울러 복식 제도의 정비도 건의하고 있다. 그리고 특히 오늘날에 와서 주목받는 주장으로 중국 문물을 받아들이는 데 신중하자는 의견도 제시하고 있다. 요즘 얘기하는 신토불이身土不二나 마찬가지 생각이었다. 또 그뿐 아니라 연등회나 팔관회를 축소해서 개최하자는 이야기를 하고 있어 토착화한 신앙들에 대해서도 견제할 것을 주장하고 있다.

한편 최승로는 〈시무 28조〉의 맨 앞에서 태조부터 시작해서 경종에 이르기까지 다섯 왕의 치적에 대한 평가를 하면서 이상적인 군주상을 제시하였다. 물론 그 기준은 유교의 정치이념이었다. 이처럼 유교의 정치이념에 기반한 이상적인 군주상까지 제시함으로써 최승로는 〈시무 28조〉를 통해서 당시 국가 운영의 중요과제 대부분에 대한 자신의 의견을 다 보여 주었다. 그리고 그 의견의 바탕에는 고려 사회를 지배하는 정치이념으로서의 유교 사상이 깔려 있었다.

균여의 화엄학

고려 불교의 개략적인 흐름에 대해서는 대체로 초기에는 교종敎宗 · 선종禪宗이 양립하고 그 다음 교·선의 절충·통합 단계를 거쳐서 마침내 교·선의 일치를 이룬다고 보는 것이 정설이다. 여기서는 먼저 초기불교 단계의 교·선 양립에 대해 알아보자. 교·선 절충·통합이나 일치에 대해서는 뒤에 다시 보기로 하자.

교·선이 양립했다고 할 때는 당시 국가가 교종과 선종 중 어느 한쪽의 손을 들어주지 않았거나 못했다는 뜻이 된다. 교·선 간에는 교리 상의 대립도 있었겠지만, 양 종파 간의 세력 대결이란 측면도 있었다. 따라서 교와 선을 양립시켰다는 것은 두 세력의 현실정치적 기반을 모두 인정하지 않을 수 없을 정도로 우열을 가리기 어려운 균형 상태였다는 뜻이다. 하지만 이는 역으로 말하면, 교·선의 대립과 경쟁이 지속되었고 분열도 여전하였다는 뜻이기도 하다. 따라서 광종은 이런 대립과 분열을 극복하기 위해 적극

노력하였다. 이에 따라 교·선 양립의 정책을 입안한 승려가 균여均如였다. 교종과 선종을 각각 화엄종과 법안종을 중심으로 정리하였다.

균여의 활동을 통해서 고려 초기 불교의 상황을 살펴보자. 균여는 923년에 송악에서 가까운 지역인 황주에서 태어났다. 속세의 성은 변씨라고 한다. 아버지는 변환성이었는데 이름을 드러내지 않았다고 한다. 아마 지방에 은거하였던 지식인으로 소호족 정도가 아니었을까 생각한다. 그럼에도 불구하고 균여 집안에는 승려가 아주 많았다. 그 영향을 받아서 균여도 승려가 되었다고 볼 수 있다.

균여의 주장은 한 마디로 '성상性相이 서로 융회融會한다.', 즉 성상융회론으로 요약된다. 이때 성이라는 것은 사물의 원리, 그리고 상은 사물의 현상을 말한다. 그때 성과 상, 즉 원리와 현상은 실제에서는 각각 화엄종과 법안종을 가리킨다고 한다. 그러니까 균여의 사상은 화엄 사상을 근간으로 해서 법안종 사상을 융합하는 그런 사상이라고 할 수 있을 것이다.

화엄종은 전통적으로 왕실과 관련이 깊다. 반면 법안종은 통일신라 이래로 호족층에게 수용됐기 때문에 호족들의 정치이념을 대변한다고 볼 수 있다. 그렇다면 화엄종을 주로 하고 법안종을 종으로 했다는 것은 결국 왕권을 중심으로 중소 호족층을 결합하려는 정치적인 측면을 반영하고 있는 것이다.

　최승로가 불교는 인간의 마음을 닦는 역할을 한다고 했지만 균여의 행동을 본다면 꼭 그랬던 것만 같지는 않다. 드러내던, 드러내지 않던 모든 것이 정치적 의미를 담고 있었다. 유학자들의 입장에서 본다면 최승로처럼 말해서 불교의 역할을 인간의 수양에 제한시켰으면 좋겠다고 하겠지만 사실 불교계의 입장에서는 그렇게 제한시키기가 곤란했다. 왜냐하면 어차피 불교도 정치적인 현상이었기 때문이다.

　물론 신라의 예이지만 경주의 불국사도 불국佛國, 즉 부처의 세계를 현실세계에 건설하고자 했던 의도의 반영이다. 그러므로 개인적인 면뿐만 아니라 사회적인, 나아가 국가적인 것도 불교사상 속에 포괄적으로 포함되어 있는 것이다. 이렇게 본다면 유교뿐만 아니라 불교에서도 정치사상을 찾을 수가 있다. 그런 점에서 볼 때 균여의 사상을 보다 적극적으로 평가하면 곧 광종 대의 정치사상이었을 뿐만 아니라 더 나아가 전제정치의 기초였다고 보는 주장도 나올 수 있다.

　광종 이후 100여 년간 불교계는 선종이 위축되고 화엄종과 법상종이 교종 양립 체제를 이루었다. 교·선의 대립은 여전히 극복되지 못하였다. 의천에 이르러서 천태종을 개창하여 교관겸수敎觀兼修를 통해 교·선의 절충·통합의 단계로 나아갈 수 있었다.

도선道詵의 풍수지리설風水地理說

고려 시기에는 풍수지리설도 유교와 불교 못지않게 중요한 지배이념의 역할을 했다. 특히 태조의 〈훈요십조訓要十條〉에 '도선道詵이 정한 곳 이외에는 사찰寺刹을 짓지 말라.'고 할 정도로 도선의 풍수지리설이 강조되었다. 도선 (827~898)은 신라 말의 승려로 전남 광양의 옥룡사에서 독자적인 선문을 열었는데, 풍수지리설을 대중교화의 방편으로 이용하였다. 이때의 풍수지리설은 특히 예언적인 도참사상과 결부되면서 사회전환의 추진력이 되기도 했다. 그래서 이런 풍수지리설은 당시 지방호족들이 자신들의 근거지와 존재를 정당화하는 데 크게 기여했다.

풍수지리설이라고 하면 우리는 흔히 죽은 자를 위한 명당자리 찾는 일만을 생각하는데, 그런 것뿐 아니라 산 자를 위해 촌락을 세우거나 택지를 마련하는 것도 풍수지리설과 밀접한 관계가 있다. 명당자리를 찾는 것을 음기陰基 풍수라고 하는 데 비해서 촌락이나 집 자리를 정하는 것을 양택陽宅 풍수라고 한다. 그러므로 양택 풍수는 현실정치를 합리화할 때 사용되기도 한다. 비보裨補 사찰의 예에서 보듯이 도선의 비보사탑설에 의해 지정된 곳 이외에는 어디에도 절을 함부로 세우지 못하게 하여 사찰의 건립을 막는다는 것은 결국 사원 세력들의 성장을 막는다는 이야기가 된다. 이렇게 교묘하게 풍수지리설을 이용해서 사원 세력의 성장을 제한했던 것이다.

또 한 예는 고려 3대 왕이었던 정종이 서경 천도를 계획했을 때의 일이다. 이때도 풍수도참설을 동원해서 서경으로 천도해야 하는 이유를 설명하였다. 사실 서경으로 도읍을 옮기려고 했던 것은 정종의 정치적 후원자였던 왕식렴이 서경에 있었기 때문인데 그 점을 전면에 드러내지는 않고 도참설을 이용해서 천도의 명분을 삼으려 했던 것이다. 뒤에 일어나는 묘청의 난에서도 도참적 성격의 풍수지리설이 난 발생의 도화선이 된다.

한국 사상계의 밑거름

지금까지 살펴본 것처럼 고려의 지배이념에는 유교, 불교, 그리고 풍수도참설 등의 요소들이 얽혀 있으면서 각자 나름대로의 역할을 하고 있음을 알 수 있다. 다양한 사상이 수용되고 또 나름의 역할을 했다는 것은 그만큼 나라 전체의 문화역량이 커졌다는 뜻이다. 다만 고려 시기에는 이런 다양한 사상들이 물리적 집합의 상태에 머물렀을 뿐 화학적 결합을 통해 한 단계 높은 사상으로까지 나가지는 못했다. 그것이 고려 시기 사상의 한계이자 특징이었다. 그래서 복합성보다는 복잡성으로 나타나는 데 그쳤다고 할 수 있을 것이다. 그러나 여러 사상들에게 다양한 활동의 영역을 열어 줌으로써 사상의 양적 풍요를 이루게 했다는 것은 이후 한국 사상계의 질적 변화를 위한 밑거름이기에 충분하였다. 그리고 그것이 고려의 500년 장기 지속을 가능케 한 바탕이기도 하였다. 그래서 지금 학계에서는 다양성을 기반으로 사회적 통합력을 유지해 온 역사 경험을 들어 고려를 다원주의 사회라고 보는 견해가 힘을 얻고 있다.

후삼국을 통일해 낸 통합력, 그리고 다양한 사상이 공존하는 다원성, 이를 기반으로 500년 왕조를 이어 온 고려의 모습, 어쩌면 오늘날 우리가 지향해야 할 사회의 모습은 아닐런지.

4 고려의 다원적 대외 관계

다원적 국제 관계의 현실에서 고려는 철저하게 실리를 추구하는 외교적 노선을 추구할 수 있었다. 명분을 지켜 나가면서 구체적인 실리를 얻어 낸 고려의 대외 정책은 오늘날 등거리 실리외교의 전형이다.

손자병법

《손자병법》〈모공謀攻 편〉을 보면, '백 번 싸워 백 번 이기는 것이 최선의 것이 아니요, 싸우지 않고 남의 군대를 굴복시키는 것이 최선이다.'라 하였고, 또 이어서 '자기를 알고 적을 알면 백 번 싸워도 위태롭지 않다知己知彼百戰不殆'라고 하였다. 둘 다 잘 알려져 있는 대목이다.

싸우지 않고 이기는 것이 최선인데, 백 번 싸워도 위태롭지 않으려면 나를 알고 적을 알아야 한다고 했으니, 나를 알고 적을 안 연후에야 위태롭지 않을 것이고, 그 다음에야 싸우지 않고 이기는 법을 찾을 수 있을 것이다. 그러니까 나를 알고 적을 아는 것이 사실상 병법의 핵심인 셈이다.

우리는 이른바 서희徐熙와 소손녕(蕭遜寧,《遼史》에 따르면 본명은 蕭恒德이고 손녕은 字라고 한다.)의 담판을 통해 이를 확인할 수 있다.

거란의 1차 침입과 서희

거란의 1차 침입은 993년(성종 12)에 있었다. 이때부터 약 30년간 고려와 거란의 전쟁이 이어졌다. 1차 전쟁은 고려와 거란 양측이 강화를 맺음으로써 일단락되었다. 그런데 1010년 2차 침입부터는 사실상 연속되는 전쟁이어서 차수를 나누는 게 적절하지는 않다. 30년에 걸쳐 6차례의 침입이 있었지만, 일반 개설서에서는 1014년의 침입을 3차로 구분하여 크게 세 차례 침입이 있었다고 보고 있다. 서희는 1차 침입에서 활약하였다.

《고려사》〈열전〉 서희 편에는 이때 서희의 활약상을 생생하게 묘사하고 있다. 이를 정리하면 다음과 같다.

거란이 침입하자 서희는 중군사中軍士가 되어 전쟁에 임했다. 성종도 친히 방어하기 위해 서경으로 행차하였다. 그러나 거란의 동경유수東京留守 소손녕이 봉산군蓬山郡을 격파하고 아군의 선봉에 섰던 윤서안 등을 포로로 했다는 말을 듣고는 더 이상 진군하지 못하고 되돌아왔다.

서희가 군사를 이끌고 봉산군을 구원하려고 하자, 소손녕은 "우리 요나라가 이미 고구려의 옛 땅을 모두 차지하였는데, 이제 너희 나라가 국경 지대를 침탈했기에 내가 와서 토벌한다."고 떠벌리며 항복하라는 글을 보냈다. 서희가 글을 보고 성종에게 강화할 수 있는 여지가 있다고 보고하자, 성종은 강화를 요청하였다. 소손녕은 다시, "80만 군사가 당도했으니, 만약 강으로 나와 항복하지 않는다면 모조리 섬멸할 것이니 군신 모두가 속히 아군 앞에 와서 항복해야 한다."는 글을 보내왔다.

이에 성종이 여러 신하들을 모아 앞일을 의논하였다. 소손녕의 위협에 고려의 신하들 중에서 화친론자들이 나서서 서경 이북의 땅을 거란에 떼어 주고 항복하자는 이른바 할지론割地論의 의견을 내기도 하였다.

성종이 이런 의견을 좇으려고, 서경의 미곡 창고를 개방한 후 백성들이 마음대로 가져가게 하였다. 그래도 아직 남은 곡식이 많자, 성종은 적의 군량미로 사용될까 우려해 대동강에 던져 버리게 하였다. 이에 서희가 다음과 같이 반대했다.

"식량이 넉넉하면 성을 지킬 수 있으며, 전투에도 이길 수 있습니다. 전쟁의 승부는 군대의 강약에 딸린 것이 아니라, 적의 약점을 잘 살펴 기동하는 데 있으니 어찌 조급히 식량을 버릴 수 있겠습니까? 하물며 식량은 백성의 생명이니 차라리 적의 군량이 될지라도 어찌 헛되이 강에다 버리겠습니까?"

이에 성종이 옳은 말이라 여기고 중지시켰다. 서희가 다시 계책을 건의했다.

"거란의 동경으로부터 우리 안북부까지의 수백 리 땅은 모두 생여진生女眞이 살던 곳인데, 광종이 그것을 빼앗아 가주嘉州 · 송성松城 등의 성을 쌓은 것입니다. 지금 거란이 내침한 뜻은 이 두 성을 차지하려는 것에 불과한데 그들이 고구려의 옛 땅을 차지하겠다고 떠벌리는 것은 실제로는 우리를 두려워하는 것입니다. 지금 그들의 군세가 강성한 것만을 보고 급히 서경 이북 땅을 할양하는 것은 좋은 계책이 아닙니다. 게다가 삼각산三角山 이북도 고구려의 옛 땅인데, 저들이 끝없이 욕심을 부려 자꾸만 땅을 떼어 달라면 우리 국토를 모조리 줄 수 있겠습니까? 하물며 적에게 국토를 할양하는 것은 만세의 치욕이오니, 바라옵건대 주상께서는 도성으로 돌아가시고 신들에게 한번 그들과 싸워 보게 한 뒤에 다시 의논하는 것도 늦지 않습니다."

서희는 이렇게 말했다.

거란이 고려를 침입한 배경에는 북경 이북에서 랴오둥반도 사이에 있는 연운 16주를 둘러싼 송과 거란의 분쟁이 놓여 있었다. 거란은 장차 송과의 전쟁에서 군사적·외교적 우위를 얻기 위해 고려에 군사적 위협을 가해 왔던 것이다. 서희는 이미 거란의 의도를 환하게 꿰고 있었다. 따라서 싸워 보지도 않고 땅을 내주는 것은 치욕이라며 적극 반대하였다.

일찍이 태조 때의 일인데,《고려사절요》에 보면, 942년(태조 25) 겨울 10월에 아래와 같은 일이 기록되어 있다.

거란에서 사신을 보내어 낙타 50필을 가져왔다. 그러나 왕은, "거란이 예전부터 발해渤海와 화목하게 지내 오다가 문득 다른 생각을 내어 옛날의 맹약을 돌아보지 않고 하루아침에 멸망시켰으니 무도함이 심하다. 그러니 멀리 화친을 맺어 이웃으로 삼을 만하지 못하다." 하고, 그 교빙을 끊었으며, 그 사자 30명을 바다에 있는 섬으로 귀양보내고, 낙타는 만부교萬夫橋 밑에 매어 놓아 모두 굶어 죽게 하였다.

거란이 발해를 멸망시킨 데 대해 태조가 반감을 갖고 있어 후세에 경계하는 뜻에서 이런 일을 벌였다고 한다. 이처럼 고려는 당초 거란과 사이가 좋지 않았다. 그러던 차에 거란의 침입을 받고 항복하자거나 땅을 떼어 주자는 등의 논의가 나오자 마땅히 서희와 같은 반대가 나올 수밖에 없었다.

한편, 소손녕은 항복에 대한 회답이 없자 마침내 안융진安戎鎭을 공격하였다. 중랑장 대도수와 낭장 유방이 그들과 싸워서 이겼다. 이에 소손녕이 감히 다시 진군하지 못하고 사람을 보내어 항복을 재촉하였다. 성종은 신하들을 모아, "누가 거란의 진영으로 가서 말로써 군사를 물리쳐 만세의 공을 세우겠는가?" 하고 물었지만, 신하들 가운데 응하는 사람이 없었다. 이때 서희가 홀로, "신이 비록 불민하지만 어찌 감히 분부에 답하지 않으

오리까?" 하고 자청하였다. 이렇게 해서 서희가 소손녕과의 담판에 나서게
되었다.

서희가 국서國書를 받들고 소손녕의 군영에 가서 동서로 마주 앉았다. 소
손녕이 서희를 이렇게 을렀다.

"너희 나라는 신라 땅에서 일어났고 고구려 땅은 우리 소유인데도 너희
들이 침략하여 차지했다. 그리고 우리와 국경을 접하고 있는데도 바다
를 넘어 송나라를 섬기기 때문에 오늘의 출병이 있게 된 것이다. 만약
땅을 분할해 바치고 조빙朝聘을 잘 한다면 무사할 수 있을 것이다."

그러자 서희가 다음과 같이 주장하였다.

"그렇지 않다. 우리나라가 바로 고구려의 옛 땅이니, 그 때문에 국호를
고려라 하고 평양에 도읍한 것이다. 국경 문제를 두고 말한다면, 요나라
의 동경도 모조리 우리 땅에 있어야 하는데 어찌 우리가 침략해 차지했
다고 하는가? 게다가 압록강 안팎도 우리 땅인데, 지금 여진이 그 땅을
훔쳐 살면서 완악하고 교활하게 거짓말을 하면서 길을 막고 있으니 요
나라로 가는 것은 바다를 건너는 것보다 더 어렵다. 조빙이 통하지 않는
것은 여진 때문이니, 만약 여진을 쫓아내고 우리의 옛 영토를 돌려주어
성과 보루를 쌓고 도로를 통하게 해 준다면 어찌 감히 조빙을 잘하지 않
겠는가? 장군이 만일 나의 말을 천자께 전달해 준다면 천자께서 애절하
게 여겨 받아들이실 것이다."

그 말투가 강개하여 소손녕도 억지를 부릴 수 없음을 알고 자기 조정에
그대로 보고했다. 그러자 거란의 황제도, 고려가 이미 강화를 요청해 왔으

니 군사 행동을 중지하라고 지시하였다.

이렇게 담판은 마무리되었다. 말 그대로 싸우지 않고 이겼다. 게다가 여진이 차지하고 있던 강동 6주에 대한 고려의 영유권을 주장하여 거란이 받아들이게 하였다. 그리하여 고려는 994년(성종 13)에 군사를 거느리고 여진을 쫓아낸 다음, 압록강 동쪽 280여 리, 즉 흥화진(의주), 용주(용천), 통주(선천), 철주(철산), 귀주(구성), 곽주(곽산) 등 이른바 강동 6주를 정벌하였다. 이리하여 압록강을 경계로 하는 서북쪽 경계가 완성되었고, 1044년(정종 10) 그 경계에 천리장성을 쌓았다.

동아시아 국제정세

기세등등하던 거란이 왜 이렇게 서희 한 사람의 말에 넘어가 영토까지 넘겨주면서 물러났을까? 소손녕이 그렇게 어리석었을까? 물론 아니다. 그렇다면 뭘까? 손자병법 그대로 나를 알고 적을 알았기 때문이다. 그게 무슨 뜻인지 알기 위해 당시의 국제정세를 좀 더 자세히 살펴보자.

10세기 초 중국 대륙과 만주·한반도에는 크고 작은 수많은 국가들이 흥했다, 망했다를 교대하는 대분열의 시대였다. 그러다가 10세기 중반이 되면, 만주에서는 926년에 거란이 발해를 병합하였고, 한반도에서는 936년 고려가 후삼국을 통일하였다. 중국 대륙에서는 5대 10국의 뒤를 이어 960년 송나라가 건국하였다. 이리하여 각 지역별로 통일왕조가 형성되면서 고려−송−거란의 다원적 국제 관계가 자리 잡았다.

송은 고려와 연합해서 거란의 팽창을 제압하는 이른바 '연려제료聯麗制遼'라는 외교 전술을 폈다. 물론 거란의 입장에서는 고려와 송의 연대를 견제해야 했다. 그렇기 때문에 송이나 거란의 입장에서 볼 때 고려는 언제나 그들의 외교 전략에 필요한 존재였다. 이런 국제 관계의 실상을 이해하고 나서 서희의 담판 과정을 다시 살펴보면 그 결과에 대해 이해할 수 있을 것이다.

　서희는 이런 국제 관계의 현실을 파악하고 있었다. 거란의 궁극적 목적이 고려 정벌에 있지 않고, 다만 송과의 연대를 막고 자기들 편으로 끌어들이려는 데 있음을 알았다. 그래서 거란에게 바로 그 필요한 제안을 하자 갈 길 바빴던 거란이 주저 없이 받아들였던 것이다. 강동 6주를 내준 것도 고려가 송과의 외교 관계를 단절하는 데 대한 대가였다. 결국 고려는 송과의 관계를 끊고 거란과의 외교를 재개하는 조건으로 강동 6주 지역을 얻는 영토의 실리를 얻었다. 실리외교의 한 전형을 여기서 찾아볼 수 있다.

　한편 앞에서 보았듯이 서경의 창고를 개방하여 백성들이 가져가게 했는데도 곡식이 남을 만큼 많았다고 했는데, 이는 그만큼 군량이 충분하였다는 뜻이고, 또 그만큼 전쟁 대비에 충실하였다는 뜻이다. 게다가 실제 전투에서 승리를 거두었다. 이처럼 고려의 군사력이 결코 약하지 않았다. 이 점이 중요하다. 따라서 서희가 "한번 그들과 싸워 보게 한 뒤에 다시 의논하는 것도 늦지 않다."라고 한 말에서 고려의 국력에 대한 믿음을 엿볼 수 있다. 이런 것들이 담판에서 유리하게 작용했다. 그런 점에서 서희야말로 자기를 알고 적을 알았던 전략가였다.

2차, 3차 침입

고려가 거란에게 얻은 강동 6주 지역은 요충지였다. 주요 국가들의 세력 각축의 중심지이자 교역의 중심지였다. 그 지역의 중요성이 커지자 거란은 다시 빼앗으려 하였다. 거란의 2차, 3차 침략은 바로 이 강동 6주의 반환 문제 때문에 일어났다.

　1차 침입 이후 고려는 거란이 다시 침입해 올 것을 우려하여 1003년 송에 사신을 보내 군사적 협력을 요청하면서 송과 외교 관계를 재개하고자 하였다. 그러자 송을 굴복시킨 거란은 고려의 이런 이중외교에 불만을 갖고 강동 6주를 다시 빼앗으려 하였다. 이즈음 서북면도순검사 강조康兆가 고려의 왕위 계승 싸움에 휘말려 들어 목종을 폐하여 죽이고, 외척 김치양 일당을 처형한 뒤 현종을 옹립하는 정변을 일으켰다. 거란은 이를 구실로 현종 원년(1010)에 성종이 직접 40만 대군을 이끌고 2차 침입을 단행하였다.

2차 침입이 있자 고려 현종은 나주까지 피난을 갔다. 그렇지만 양규를 비롯한 고려군의 저항이 큰 데다 현종이 거란에 직접 가서 항복하겠다는 약속을 하자 거란군은 철병하였다. 그러나 거란은 현종의 친조도, 강동 6주의 반환도 얻어 낼 수 없었다. 거란은 그 후 1014년 3차 침입 때도 강동 6주를 점령하지 못한 채 우회해서 개경으로 들어와 국왕의 친조를 조건으로 철군하다가, 이 지역에서 2차 침입 때와 마찬가지로 고려군에게 크게 패하였다. 2차, 3차 침입은 거란이 모두 강동 6주 싸움에서 고려군에게 패퇴하면서 끝났다. 자기들이 넘겨준 강동 6주 때문에 번번이 싸움에서 졌던 것이다. 특히 3차 침입에서 거란은, 1019년 2월 강감찬 장군에 의한 이른바 귀주대첩의 결과, 크게 패하여 고려왕의 친조나 강동 6주의 반환을 다시는 요구할 수 없었다. 이로써 강동 6주 지역은 고려의 영토로 확정되었다.

어떻게 평가할 것인가?

거란이 멸망하는 12세기 초반까지는 고려와 송·거란 삼국이, 이어 12세기인 고려 중기에는 고려와 금·송이, 1234년 금나라가 멸망하면서는 고려와 원·송이 각각 다원적인 국제 관계를 이루었다. 고려 말인 14세기 후반 명나라가 등장하면서 다시 고려·명·원이 각축을 벌였다. 고려는 왕조가 지속되는 10세기에서 14세기까지 내내 이처럼 다원적인 국제 관계 속에 놓여 있었다.

요약하자면, 한반도에는 줄곧 고려 왕조가 있었지만, 중국 대륙에서는

거란 문자가 새겨진 거울

고려와 거란의 교류를 통
해 유입된 것으로 보인다.
국립중앙박물관 소장

한족漢族의 송, 명 등이, 만주에서는 거란·여진, 그리
고 이어서 몽골족 등 호족胡族이 흥기하였다. 이처
럼 서로 다르지만 한반도, 중국 대륙, 만주 등
세 지역을 차지한 세력 간의 각축이 고려 대외
관계의 기본틀이었다.

이때 한족은 유교 문화권에 있고 농경국가
라는 점에서 전통적으로 우호 관계에 있던 고
려를 연대해야 할 상대로 인식하였다. 그리고
그 연대를 토대로 호족의 팽창을 저지하고 중원
을 지키려 하였다. 이른바 '연려제료', '연려제금聯麗制金'
의 외교 전술이었다. 반면에 거란과 금나라는 송과의 대결에
서 우위를 점하기 위해 송이 고려와 연대하는 것을 차단하려 하였다. 이를
위해 수시로 고려를 침입하여 위협하고 때로는 송과의 외교 단절의 대가로
영토적인 실리를 제공하기도 하였다.

고려는 이러한 삼각관계의 한 축을 맡고 있다는 점을 잘 알았고 이를 외
교에 적극적으로 활용하였다. 그리하여 어느 한쪽과 일방적인 관계를 맺
지 않고 시의적절하게 자국에 유리한 선택을 꾀하였다. 그렇게 할 수 있었
다는 것은 이를 지켜낼 군사적인 힘을 갖고 있었기 때문이었다. 거란의 3
차 침입에서 거란의 군사력을 거의 무력화시킬 정도의 힘을 보여줌으로써
향후 동아시아 국제사회에서 유리한 입지를 확보했다. 따라서 외교상 운신
의 폭도 넓었다.

이런 사정이었기 때문에 다원적 국제 관계의 현실에서 고려는 철저하게
실리를 추구하는 외교적 노선을 추구할 수 있었다. 비록 거란과 조공책봉
관계를 가졌지만, 당시 국제 관행으로 볼 때 이는 상하 관계가 아니라 호혜
적 상호승인의 의미였다. 따라서 명분도 저버렸다고는 할 수 없다. 명분을

지켜 나가면서 구체적인 실리를 얻어 낸 고려의 이러한 대외 정책은 오늘날 등거리 실리외교의 전형이라 할 수 있다.

이렇게 고려의 대외 관계를 본다면, 외교 문제를 침략과 저항, 자주와 사대의 이분법적 논리로만 해석하는 데 한계가 있음을 알 수 있다. 무조건적인 저항이 또는 자주만이 바람직한 외교 전술은 아니라는 것이다. 물론 그렇다고 굴종이나 사대가 옳다는 뜻은 결코 아니다. 궁극적인 실리를 취해 나라에 도움이 되는 결과를 얻어내는 것, 그것이 승리한 외교일 것이다.

Korea

제7장 | 고려의 사회와 경제

1 고려 사회 성격 논쟁

중앙 문화와 지방 문화의 공존, 다차원의 지방 제도, 불교·유교·도교·풍수지리사상 등 이념적 복잡성, 다양한 나라들과의 대외무역을 통한 개방성, 변화무쌍했던 중국 등과의 외교, 이런 것들이 고려를 다원주의 사회로 이끌었다고 해석한다.

귀족이란 무엇인가

우리는 고려 사회의 성격을 말할 때, 한편에서는 관료제 사회라는 주장도 강하게 제기되고 있지만 주로 귀족 사회로 이해하여 왔다. 고려 초 호족 연합 정권이 성립하고 그 후 왕실과 호족 세력의 타협 속에서 귀족 사회가 자리 잡아 갔다는 것이다. 그러나 근래에는 문벌 사회 또는 다원 사회 등 다양한 주장들이 나오고 있다. 그러면 먼저 고려의 전형적인 사회 성격으로서의 귀족 사회가 어떤 사회였는가를 알아보도록 하자.

귀족 사회를 논하기 전에 먼저 '귀족'이란 무엇인가부터 알아보고 넘어가도록 하자. "요즘도 '귀족'이 있어!"라는 이야기를 농담 삼아 가끔 하곤 한다. 그때 '귀족'이란 말이 주는 인상은 무얼까? '귀하신 몸', '고급스럽다', '사치스럽다'고 해서 조금은 아니꼽다는 식의 느낌을 풍긴다. 한편으로는 '귀족적 품격'이란 식으로 써서 '우아함', '품위', '나름대로의 도덕적 절제' 등등 이런 의미를 갖는 말로도 쓴다. 물론 이런 인상을 갖게 되는 것은 역사의 경험에서 나온 것이고 많은 부분은 서양의 귀족이 주는 인상이다.

우리 역사 속에서 '귀족'이란 표현은 그리 흔히 쓰이지 않았다. 주로 고려의 지배층에 대해서 사용하고 있다. 같은 지배층이면서도 신라의 '성골·진골'이나 조선의 '양반'과는 달리 고려의 경우는 '귀족'이라 부르는데 과연 어떤 차이가 있기 때문일까?

물론 이들은 중세 사회의 지배층이란 데서 공통점도 갖고 있다. 그 공통점은 이들이 모두 전주田主이자 지배 신분이라는 것이다. 그렇다면 차이는 어디에 있을까? 바로 정치권력에 참여하는 방식에 차이가 있었다. 정치권력 참여의 폐쇄성 정도가 그 차이의 기준이 될 것이다.

신라의 골품제 아래서는 성골·진골, 그리고 제한적이지만 6두품에 속하는 사람들만 정치권력에 참여할 수 있었다. 그만큼 폐쇄적이라고 할 수 있다. 반면 조선에 들어오면 양인도 과거 등의 방법을 통해 양반이 될 수 있는 길이 법적으로는 열려 있었다. 따라서 상대적으로 정치권력에 참여할 수 있는 사회계층이 확대된다. 고려 시기는 그 중간 위치에 있다고 할 수 있다. 즉 지방에서 사회적·정치적으로 성장해 왔던 호족들이 주로 귀족이 될 수 있었는데, 이들이 귀족이 될 수 있는 폭은, 신라 때 성골·진골이 될 수 있는 폭보다는 넓었지만 조선에서 양반이 될 수 있는 폭보다는 훨씬 좁았다. 결국 같은 전주이자 지배 신분이라도 폐쇄성과 개방성의 정도에 따라 차이가 생긴다는 것을 알 수 있다. 거기다가 사회가 발전하면서 신분에 얽매이는 면이 점차 줄어들고 있었다는 사실도 알 수 있다.

지배 신분과 지배 계급

지금 신분이란 말이 나왔는데 이것과 자주 비교되는 말이 계급이다. 두 말은 서로 비슷하기도 하지만 학술적으로는 아주 다른 의미를 갖고 있다. 물론 지배 신분이나 지배 계급이나 지배받고 있는 사람들의 입장에서 본다면 그게 그것이다. 똑같다. 그러나 지배 신분은 지배 계급 중에서도 다시 소수의 사람들만 해당하는 부분이다. 지배 신분에 속해도 지배 계급이 못되는 사람들이 있겠지만 그건 중세 사회에서는 드물었다. 보다 정확히 말하자면 계급은 경제적 관계에서 맺어지는 것이고 신분은 사회적·법적 관계에서 맺어진다고 할 수 있다. 그러므로 지배 계급이라고 했을 때는 주로 전주–전객제에서 전주인 사람을 말하는 것이고, 지배 신분이라고 했을 때는 같은 전주이면서도 사회적 지위 여부에 따라 더 좁혀진다는 뜻이다.

고려 사회에서도 같은 전주라 해도 사회적 지위가 모두 같았던 것은 아니었다. 가령 지배 계급 내부에서도 중앙권력에 가까이 갈 수 있는 사람들과 그렇지 않은 사람들, 예를 들어 서울에 살고 있는 사람들과 지방에 살고 있는 사람들 사이에는 적지 않은 차이가 있었다. 서울에 살고 있거나 관직과 연관되는 사람들은 아무래도 신분적 특권이 더 있었을 것이고, 같은 전주라 하더라도 그렇지 않은 사람들은 특권이 적었을 것이다.

또 같은 신분이라고 하더라도 중앙권력과 어느 정도 가까워질 수 있느냐에 따라 차이가 날 수 있었다. 그러므로 관직을 갖느냐, 못 갖느냐는 매우 중요한 변수가 된다. 고려 사회에서 관직을 갖는 방법으로는 잘 알다시피 과거제와 음서제蔭敍制가 있었다. 둘 다 관리를 임명하는 제도지만 운영 방식에서 크게 달랐다.

과거제는 시험을 통해서 능력에 따라 공개적으로 사람을 선발하는 제도이다. 이때 시험을 볼 수 있는 사람들의 자격을

과거 시험 장면

중국에서 시작된 과거제는 시험을 치를 수 있는 자격의 제한에도 불구하고 객관적인 능력에 따라 관리를 선발하는 합리적인 방식이었다.

어떻게 제한했는가가 문제가 될 수 있겠지만 그 범주 안에서는 객관적인 능력에 따라 관리를 선발하는 합리적인 방식이었다. 이에 비해 음서제는 아버지나 할아버지 때로는 장인의 덕으로 관료로 진출할 수 있는 그런 제도였다.

귀족제 사회인가, 관료제 사회인가

과거제와 음서제라는 두 가지 관료채용 방식을 둘러싸고 학계에서는 고려 사회의 성격을 "관료제 사회로 볼 거냐, 아니면 귀족제 사회로 볼 거냐?" 라는 논쟁이 있어 왔다. 즉 과거제는 요즘의 공채에 비유할 만한데 이 과거제에 비중을 둔다면 관료제 사회라고 보는 거고, 그렇지 않고 혈연성을 강조하는 음서제에 의미를 둔다면 귀족제 사회로 보는 것이다. 물론 귀족제설을 주장하는 입장에서는 과거제의 운영 방식에 대해서도 여전히 사회 신분제의 규정력이 강고한데 그것을 현대식의 공채로 볼 수는 없다고 한다. 그러니까 고려의 관료 채용은 결국 개인의 능력에 따라 관료가 되었던 것이 아니라 대부분의 경우 가문의 힘에 의한 음서 등의 방법으로 관료가 되었다는 주장이었다.

어느 것이 보다 의미 있는 관료채용 방식이었는가에 대해서 정확히 말할 수는 없지만, 정도전의 이야기를 보면 고려 말까지도 과거와 음서가 모두 행해지고 있었음을 알 수 있다. 따라서 과거냐, 음서냐의 양자택일적인 해석보다는 두 가지가 다 비슷한 정도로 있었다고 보고 그런 전제 위에서 고려 사회의 성격을 이해하는 것이 보다 바람직한 접근 방법이라고 생각한다.

'관료제 사회인가, 귀족제 사회인가'라는 논쟁은 과거·음서의 관료채용 방식뿐만 아니라 공음전시과功蔭田柴科라는 토지 제도를 둘러싸고 벌어지기도 했다. 양반공음전시라는 것은 공功에 의해서 음덕으로 받을 수 있는 전

田과 시柴라고 해석할 수 있다. 그렇기 때문에 양반공음전시를 그렇게 보았던 사람들은 귀족제설을 주장했던 사람들이다. 즉 5품 이상의 관료들이 국가의 관료로 봉직한 대가로 공음전시를 받고, 그것이 자손에게 대대로 이어질 수 있다고 본 것이다. 이게 사실이라면 공음전시는 귀족들이 귀족일 수 있도록 하는 중요한 경제적 토대였을 것이다.

이에 반해 관료제설을 주장하는 사람들은 음蔭이 중요한 것이 아니라 공功이 중요하다고 생각했다. 공이 있는 사람들은 특별대우를 해야 하지만 그러한 경우 5품 이상의 관료에 한정된 것이 아니라 전 관료를 5등분으로 나누어서 거기에 포함된 사람들 모두에게 물적 토대를 마련해 주었다고 해석했던 것이다.

그러니까 귀족제설을 주장한 사람들은 공음전시는 5품 이상의 귀족 일반에게 주어진 것이라고 생각한 반면, 관료제설을 주장한 사람들은 특별한 공이 있는 경우에 한정되는 것이라고 주장했던 것이다.

더 높은 수준의 논쟁을 위하여

고려 사회 성격논쟁은 아직까지 확실한 결론이 난 것은 아니다. 그렇지만 결론을 못 내렸다고 해서 이 논쟁이 의미가 없다거나 성과가 없었다는 것은 결코 아니다. 이 논쟁이 있기 전에는 고려 사회에 대한 인식이 너무 정형화되어 있었다. 즉 고려=귀족 사회였다. 그런데 관료제설이 대두하면서 관료가 될 수 있는 사람, 지배층이 될 수 있는 사람들이 누구였는가에 대해 관심이 확대되었고, 그 결과 그 사람들의 폭이 상당히 넓었고 그 과정도 공식적인 절차가 있었다는 것을 알게 되었다. 논쟁이 그저 논쟁으로 그친 것이 아니라 고려 시기의 지배층, 더 나아가서는 고려 사회 전반에 대해 풍성한 알 거리들을 더해 주었다는 것이다.

이처럼 고려 사회 성격 논쟁은 고려 사회에 대한 이해의 폭을 넓히는 데 크게 기여했다. 그러나 그럼에도 불구하고 아쉬움이 남는다. 왜냐하면 관료제건, 귀족제건 모두 지배층들에 대한 제한된 이야기일 뿐이라는 것이다. 고려 사회의 성격을 보다 제대로 규정하기 위해서는 지배층뿐만 아니라 피지배층의 성격 또 지배층과 피지배층의 관계 등도 밝혀야 한다는 것이다. 지금은 '관료제냐, 귀족제냐' 하는 좁은 틀을 벗어나는 새로운 차원의 연구들이 필요한 때다.

1990년대 이후 이런 논의에서 한 걸음 나아가 고려 사회를 다원주의 사회라고 하는 주장이 나와 흥미롭다. 하나의 가치나 원리가 아니라 다양한 것들에 의해 운영되었다는 뜻이다. 세련미를 지닌 중앙 문화와 투박하고 역동적인 지방 문화의 공존, 다차원의 지방 제도, 불교·유교·도교·풍수지리사상 등 이념적 복잡성, 세계의 다양한 나라들과의 대외무역을 통한 개방성, 5대 10국부터 시작해서 송·요·금·원 등을 거치며 변화무쌍했던 중국 등과의 외교, 이런 것들이 고려를 다원주의 사회로 이끌었고 또 그런 특징이 고려의 장기 지속을 가능케 한 바탕이라고 해석한다. 이처럼 복잡한 고려 사회이지만 그것이 오히려 고려에 대한 연구의 가치를 높여 주는 기회 요소가 아닐까?

2 전시과와 고려 경제

지방의 호족들이 중앙관료가 될 때 그 지방의 토지에 대해 왕과 계약을 맺게 되는데 이를 제도화한 것이 전시과이다. 호족이 중앙관료가 되어 왕권에 협조해 주는 대가로 전시과라는 제도를 통해 그들의 물적 기반을 인정하거나 또는 그런 기반을 마련해 주었다.

전시과 田柴科

산업화 이전의 전근대 사회에서 무엇보다도 중요한 경제활동은 농업이다. 농업은 땅에서 하는 일이다. 따라서 땅에 대한 규정을 담고 있는 토지 제도는 경제활동에 가장 큰 변수가 된다. 고려의 토지 제도는 전시과였다. 그러므로 전시과는 고려 경제의 전모를 담고 있는 그릇이다. 여기서는 전시과는 어떤 제도이고 또 어떻게 변화해 가는가를 살피면서 고려 경제의 흐름을 짚어 보도록 한다.

전시과에서 '전시'라는 글자 중 '전田'은 농사를 짓는 농토를 말하고 '시柴'는 땔나무를 얻는 삼림지를 말한다. '과科'는 등급을 뜻한다. 그러니까 전시과라고 하면 전지田地와 시지柴地를 관원들의 등급에 따라 나눠 주는 제도가 된다.

전시과가 처음 만들어지는 해는 경종 원년인 976년이다. 경종 때의 전시과를 처음 만들어진 전시과라고 해서 시정전시과始定田柴科라고 한다. 물론 시정이라는 말은 뒤에 붙인 것이다. 마찬가지로 목종 원년(998)의 전시과는 개정전시과改定田柴科라고 한다. 조금 고쳐서 정했다는 뜻이다. 현종 5년(1014)과 덕종 3년(1034)에도 전시과가 개정되었는데, 그 내용은 잘 알 수 없다. 마지막으로 문종 30년(1076)의 전시과는 경정전시과更定田柴科라고 하는데 제도의 성격을 조금 더 확대해서 정했다고 해서 경정전시과라고 한다. 전시과라고 하면 이를 모두 포함해서 말한다.

문종 30년 경정전시과의 등급은 총 18과이다. 전의 경우 1등급부터 18등급까지 각각 100결에서 17결까지 차등을 둬서 주었다. 그리고 시지의 경우도 50결부터 시작해서 10결까지 차등을 두어 나눠 주었다. 다만 시지는 14과까지만 주었다. 그러니까 1등급인 문하시중은 전 100결과 시지 50결을 받았고, 반면 18과에 해당하는 한인閑人과 잡류雜類는 전지만 17결을 받았다.

왜 전시과인가

전시과는 국가가 토지를 지배하기 위한 제도인데 왜 이런 것을 만들었을까? 먼저 고려 초기 사회가 호족 연합 정권에 의해 움직였다는 점을 상기해야 할 것 같다. 지방의 호족들이 중앙에 올라가서 중앙관료가 될 때 그 지방의 토지에 대해 왕과 계약을 맺게 되는데, 이를 제도화한 것이 전시과가 된 것이다. 호족이 중앙관료가 되어 왕권에 협조해 주는 대가로 전시과라는 제도를 통해 그들의 물적 기반을 인정하거나 또는 그런 기반을 마련해 주었던 것이다. 그럼 왜 전시과가 강력한 왕권을 구축한 광종 대가 아니고 다음 5대 왕인 경종 때 와서야 처음으로 제정되었을까? 광종 대의 사정부터 알아보자.

광종은 잘 알다시피 '칭제건원稱帝建元', 즉 황제를 칭하고 독자적인 연호를 사용할 정도의 야심도 있었고 실제 그런 정치를 했던 인물이다. 따라서 정치적 반대자나 호족들을 과감히 숙청하고 과거제를 통해 새 인물을 관료로 등용했다. 그러니까 이때는 호족을 포섭하는 식의 정책을 취하고 있지 않았던 것이다. 그러나 광종의 뒤를 이어 경종이 즉위하자 호족들의 반발로 광종과 같은 식의 정치를 펼 수 없었다. 그래서 경종은 광종 때 등용했던 신진 관료들뿐만 아니라 예전의 호족들까지도 통합해서 그들 모두를 아우를 필요가 생긴 것이다. 그렇게 해서 만들어진 것이 전시과였다. 왕과 호족 간에 맺은 경제적 절충의 산물인 셈이다. 이 시정전시과가 관품과 인품을 병용해서 지급하는 과도기적 성격을 띠게 된 것도 바로 호족층과 공신 세력을 우대하기 위한 이유 때문이었다. 그러나 이후 개정전시과부터는 인품은 고려 대상에서 제외되었고, 관직과 관계官階만이 기준이 되었다.

전주田主와 전객佃客

전시과에서는 전지를 나누어 주는데, 그것은 토지 그 자체를 아예 넘겨주는 것일까? 아니면 다른 권리를 주는 것일까? 토지 자체를 줄 수는 없다. 왜냐하면 국가가 일반 개인이 갖고 있는 토지소유권에 관여할 수는 없기 때문이다. 국가가 행사할 수 있는 권리는 전조田租징수권이다. 그러니까 전조를 거둘 수 있는 권리를 관료에게 주는 것이다.

당시 전조는 수확량의 1/10이었는데 바로 이 1/10세를 국가 대신 관료가 거둘 수 있도록 그 권리를 위임한 것이다. 그렇기 때문에 이 권리를 수조권收租權='조를 거둘 수 있는 권리'라 하고 그 토지를 세입위임지稅入委任地라고 한다. 즉 전조 거두는 일을 다른 사람에게 위임했다는 뜻이다. 이것이 우리가 공전公田이니 사전私田이니 할 때의 사전이다. 이처럼 전시과의 수조권이라는 것은 경작자 또는 토지 소유자가 있는 토지 위에 설정하는 상급권리일 뿐이다. 소유권은 아니라는 뜻이다.

전시과에서 과전을 받은 사람들, 그러니까 지방에 내려가서 전조田租를 거둘 수 있는 사람들을 우리는 전주田主라고 한다. 전지田地를 관리할 수 있는 사람이라는 뜻이다. 그리고 실제로 경작하는 사람이나 토지를 소유하고 있는 사람을 전객佃客이라고 한다. 전객이라는 말은 전주가 부릴 수 있는 사람들이라는 뜻이다. 전시과를 매개로 전주와 전객이 맺어지는 이런 관계를 전주−전객제라고 한다. 조선 시기에 확고히 자리 잡는 지주−전호제와는 다른 계열의 토지지배 방식이었다.

전주−전객제의 운영

전주와 전객 사이에는 어떤 의무와 권리가 있었을까? 전주는 1/10세를 전객으로부터 거둘 수 있는 권리가 있었으며 전객은 전주에게 1/10세를 내야 할 의무가 있었다. 어느 경우나 마찬가지지만, 가져가려는 사람과 내야 하는 사람 간에는 이해를 둘러싸고 갈등이 생기게 마련이다. 전주와 전객 사이도 마찬가지였다. 정해진 대로만 시행한다면 설사 누군가 불만이 있더라도 더 큰 문제는 안 생긴다. 그런데 실제로는 그렇지 못했던 것이다.

그중에서도 특히 문제가 되었던 것은 1/10세의 1/10이 수확량의 1/10이라는 데 있었다. 수확량이란 정해져 있는 게 아니다. 그해 그해에 따라 들쑥날쑥했다. 그래서 1/10의 10이 얼마인가가 문제였던 것이다.

따라서 그해의 수확량이 얼마냐를 정하는 데 전주와 전객 사이에 갈등이 생길 수밖에 없었다. 그런데 그 갈등의 소지는 주로 전주가 만들어 놓는다. 전주는 권력이 있는 사람이고 전객은 권력이 없는 사람이기 때문에 자연히 권력이 있는 전주가 불법적으로 권리를 행사하는 경우가 많았다.

수확량을 정하는 방법 중에 답험손실踏驗損失이라는 게 있다. 이것은 직접 논밭에 가서 나라에서 정한 그해 수확의 기준보다 많으냐 적으냐를 산정하는 방식이다. 그러니까 전주가 가서, 물론 실제로는 전주의 대리자가 갔겠지만, 답험손실을 하면서 표본조사를 할 것이다. 그때 가장 농사가 잘

된 지점의 수확량을 기준으로 전체 토지에 대해 세금을 매긴다. 요즈음 말로 하면 인정과세가 된다. 그렇기 때문에 경작자나 전객의 입장에서 본다면 실제로 자기가 산출한 전조의 양보다 더 많은 액수를 내게 되는 것이다.

그리고 과전은 보통 지방에 있고, 전주는 또 서울에 있다. 따라서 전조田租는 지방에서 서울로 올라와야 했고 그 비용도 만만치 않았던 것이다. 원칙적으로 그 비용은 전주가 부담해야 하지만 전객에게 전가시켰다. 그 결과 실제 과전에서 거두는 것은 1/10이 아니라 2/10, 3/10까지 이르게 된다. 거기에 덧붙여 되나 말 같은 도량 기구의 조작도 있었다.

물론 전객이라고 해서 전주가 정한대로 무작정 내고만 있지는 않았다. 어떤 사람들은 중앙정부, 혹은 지방관에게 가서 자기의 억울함을 설명하고 해결을 요구하는 수도 있었다. 그러나 그것이 실효를 거두기는 어려웠다.

수조권 분급제의 해체

전시과와 같은 수조권 분급分給에 관한 토지 제도는 조선 시기에 들어오면 과전법을 거쳐 직전제의 시행을 마지막으로 사라진다. 수조권 분급제와 거기서 나오는 전주-전객제가 해체될 수밖에 없었던 이유는 무엇일까?

먼저 과전의 가산화家産化를 들 수 있다. 과전은 당대에 한해 지급받았다. 다만 고관告官이란 절차를 거쳐 자손에 전하는 것이 가능하긴 했다. 물론 법이 그렇다는 거지, 그게 만만치는 않았을 것이다. 그래서 실제로는 관에 보고하는 고관이란 절차를 무시하고 불법적으로 자손들에게 물려준다. 이런 행위를 과전의 가산화라고 한다. 자기 재산이 될 수 없는데 자기 재산으로 만드는 거였다. 이게 제일 큰 문제였다.

그 결과 두 가지 난점이 생긴다. 하나는 새로 임명된 관료들이 받을 토지가 없다는 것이고 또 하나는 가산화에 따라 수조권 분급지가 확대되는 결과를 낳기 때문에 상대적으로 국가는 조세 수입이 줄고 재정 위기에 빠진다는 것이다. 이렇게 되면 국가가 망하거나 수조권 분급제가 해체되거나 둘 중 하나로 결판이 나야 했다. 그런데 국가는 설사 왕조가 바뀐다 해도 아예 없어질 수는 없었다. 따라서 해체될 수밖에 없는 운명을 갖고 있던 것은 수조권 분급제였던 것이다.

다음으로 생산력 증대를 들 수 있다. 그 당시 생산력 증대는 두 측면에서 일어난다. 하나는 단위 면적당 수확량이 늘어나는 것인데, 주로 비료 주는 방법이나 새로운 종자의 개발로 이루어졌다. 또 하나는 새로운 경지가 개간되는 것으로 산전山田이라든가 저습지 개간을 통해서 이루어졌다.

이런 과정을 통해 생산력이 증대하게 되자 생산력 증대의 주체인 직접 생산자 농민들, 즉 전객의 사회적 지위가 상승하게 된다. 그러자 그들은 이에 상응하는 제도적 지위의 상승을 요구하게 된다. 이에 따라 국가에서는 원래 양인인데 노비로 떨어져 있던 사람들을 다시 양인으로 바꾸는 제도를 마련하기도 한다. 고려 말의 전민변정도감田民辨整都監이 그 한 예다. 전객의 지위 상승으로 인하여 전주–전객제도 종전의 운영방식을 고수할 수 없었다. 이에 따라 전주–전객제의 기반이 되었던 수조권 분급제, 즉 전시과는 다른 제도로 대체될 수 밖에 없었다. 이렇듯 국가도 생산력의 증대에 따라 지배 방식을 바꾸게 된다.

결국 제도란 특정 시기의 사회경제적인 상태에 비추어 국가가 통제하기 편하도록 만든 것이다. 따라서 사회가 발전하면 기존의 제도는 맞지 않게 되고 마땅히 새로운 제도가 필요하게 된다. 이런 변화 과정을 거쳐 사회는 발전하는 것이다,

3 고려의 문화와 삶의 모습

고려청자에 대한 수요는 국내뿐만 아니라 송나라나 일본 등 국제 수요도 많았을 것이다. 그러나 중국의 지배 세력이 금나라나 원나라 같이 상대적으로 문화 수준이 낮은 이민족 왕조로 바뀌면서 수요가 격감하였다.

문화와 사람

문화란 워낙 폭이 넓어서 무엇부터 어떻게 다루어야 할지 어렵지만, 그래도 어떤 유물의 형태로 남아 있는 것을 보면 비교적 분명한 문화의 모습을 찾아볼 수 있다.

그렇다고 유물 자체만 들여다보아서는 안 되겠다. 제대로 보기 위해서는 그 유물을 만들고 또 썼던 사람들의 마음과 생활을 같이 살펴볼 필요가 있다. 역시 문화의 중심은 사람이기 때문이다. 사람이 빠진 문화는 생명이 없고 죽은 것에 지나지 않는다. 이런 점을 명심하고, 먼저 고려를 상징하는 문화유산 고려청자를 살펴보자.

상감청자

고려청자는 그 우수성에 대해 하도 많이 들어서 그런지 심미적 눈높이가 낮은 사람들이 보기에도 뭔가 아름답고 격조 높게 보이는 비취빛 도자기이다. '보이는' 것이 아니라 실제로 그렇다. 고려청자는 고려 귀족 문화의 품격을 그대로 보여 준다. 이런 정도의 도자기를 사용할 수 있는 사람들이라면 경제적으로나 문화적으로 상당한 수준에 있던 사람들, 즉 귀족들이었다.

고려자기를 보면 상감청자象嵌靑磁라고 부르는 것이 있다. 이 상감청자를 만들 때 사용했던 상감기법은 당시 고려자기의 수준을 높이는 데 중요한 역할을 했던 기술이다. 상감기법이란 간단히 말하면, 초벌구이한 뒤 그릇 표면에 홈을 파서 문양이나 그림을 새기고 흰 흙 혹은 붉은 흙 등을 정교하게 메꾸고 그 위에다 사기물을 입히는 방법을 말한다. 고려자기에서 아름다운 비취색 바탕 위에 흰색이나 검은색 또는 붉은색 등이 나타날 수 있는 것은 바로 이런 상감기법 때문이다. 이렇게 해서 만들어진 고려자기의 문양은 아주 깨끗하고 황홀한 맛을 주기까지 한다. 송나라 사신인 서긍徐兢도 그가 쓴 《선화봉사고려도경宣和奉使高麗圖經》이란 책에서 고려청자의 우수성을 높이 평가하고 있다.

그럼에도 불구하고 이 청자를 만드는 기술, 아니 지금은 비법이라고 해야겠지만 그 기술은 아쉽게도 이어지질 못했다. 지금도 여러 사람들이 청자의 비법을 찾아내려고 많은 애를 쓰고 있다. 강진의 청자 도요지에서 꽤 근접하는 청자들을 만들어 내곤 있지만 아직도 뭔가 부족함이 남아 있다. 천년을 두고도 아름다움을 잃지 않는 최고 수준의 고급 기술이 왜 단절되고 말았을까?

아무래도 청자에 대한 수요의 소멸과 관계가 있을 것이다. 따라서 청자의 수요가 어떻게 달라졌는가를 살펴보면 비법이 왜 단절되었는가에 대한 단서도 찾을 수 있을 것이다.

청자상감모란당초문표형주자(국보 제116호)

상감청자는 고려자기의 수준을 높이는 데 중요한 역할을 했다. 국립중앙박물관 소장 고려 전기, 즉 11세기쯤에 독특한 미가 완성되었던 고려청자는 당시 고급 수요자의 주문에 따라 한정 생산했던 것으로 보인다. 고려청자에 대한 수요는 국내뿐만 아니라 송나라나 일본 등 국제 수요도 많았을 것이다. 신안 해저유물에서 자기가 많이 나오는 것을 보면 자기에 대한 국제 수요가 많았던 것을 알 수 있는데, 그로 미루어 볼 때 고려청자도 당연히 국제 수요가 높았을 것으로 짐작한다. 그런데 12세기가 지나 중국의 지배 세력이 송나라에서 금나라 또는 원나라 같이 상대적으로 문화 수준이 낮은 이민족 왕조로 바뀌면서 국제 수요가 격감하였다. 이것이 청자에 대한 수요가 소멸한 이유의 하나였다.

한편 일반 사람들도 생산력이 증대하고 경제적 조건이 좋아지니까 자기와 같은 고급 그릇을 요구한다. 그러나 그들의 요구 수준에 맞는 것은 상감 기법을 쓰는 고급스런 자기보다는 좀 더 실용적이고 대중적인 자기들이었다. 고려를 지나 조선 시기에 나오는 백자가 그런 것이다. 일반의 수요에 맞추다 보면 굳이 까다로운 공정을 거쳐야 하는 청자를 만들지 않아도 되었던 것이다. 또한 왕실이나 대감집에서도 청자보다 백자를 선호했다. 이렇게 되다 보니까 자연스럽게 청자를 만들 일이 없어지고 어느 덧 그 기술이 단절되었던 것이다.

물론 당시에는 청자에 대해 훌륭한 문화유산이니 하는 그런 식의 가치를 두지 않았기 때문에 그 기술이 소멸되어도 그만이었다. 일반민들이 자기를 사용할 수 있는 여유가 생겼다는 것은 분명 역사의 발전인데, 역설적으로 오히려 이 때문에 청자와 같은 고도의 기술이 사장되었다는 것은 역사의 아이러니가 아닐 수 없다. 악화가 양화를 구축하는 셈이다.

청자를 생산하던 특수행정단위인 소所 제도의 붕괴나 까다롭고 고역인 청자 제작 자체에 대한 장인들의 거부 등도 단절의 한 원인이 되었을 것이다.

세계 최초의 금속활자 인쇄

고려의 문화 가운데 또 손꼽을 수 있는 것이 인쇄 문화이다. 현존하는 세계의 대장경 가운데 가장 오래된 것이 국보 제32호 팔만대장경인데, 이는 불교자료로서의 가치가 높을 뿐 아니라 고려 시대 목판 인쇄술의 발달 수준을 한눈에 보여 주고 있다. 1237년(고종 24)부터 1248년(고종 35) 사이에 조판이 이루어졌는데 같은 시기에 세계 최초의 금속활자 인쇄도 활발하게 진행되었다.

세계 최초! 이는 어느 나라나 자랑할 만한 것일 텐데 그 중 우리나라를 대표하는 세계 최초의 과학기술 성과 중 하나가 금속활자이다. 이 세계 최초의 금속활자를 13세기 초 고려인들이 발명하였다. 《남명천화상송증도가南明泉和尚頌證道歌》중조본重彫本의 말미에 있는 최이崔怡의 지誌에 의하면, "이 책은 선문禪門에서 가장 긴요한 책인데, 전하는 것이 드물어 얻어 보기 어려워 주자본鑄字本에 의거하여 1239년(고종 26) 다시 새겨 널리 전하게 하였다."고 되어 있다. 그러니까 1239년 이전에 금속활자로 인쇄한 원본이 있었다는 뜻이다.

한편, 지금까지 금속활자 최초의 인쇄본으로는 《상정예문詳定禮文》이라고 알려져 왔다. 이 책은 최윤의 등 17명의 유신儒臣들이 고려 왕실의 예禮를 정리한 것으로 총 50권이나 되는 거질이었다. 이규보李奎報의 《동국이상국집東國李相國集》에 실려 있는 〈새로 편찬한 상정예문에 대한 발미新序詳定禮文跋尾〉에 따르면, 몽골의 침략에 따라 강화로 천도할 때 예관禮官이 이를 미처 가져 오지 못했는데, 다행히 최이가 다른 한 질의 책을 갖고 있어 이를 "주자鑄字를 사용하여 28부를 찍어 여러 관서에 나누어 보내 간수하게 하였다."라고 되어 있다. 이를 통해 이 책이 1234년에서 1241년 사이 어느 때 금속활자로 인쇄되었음을 알 수 있다. 이 상정예문과 앞서 본 《남명천화상송증도가》는 모두 정확한 인쇄 연도를 특정할 수 없기 때문에 어느 것이 최초라고 확정하기는 어렵다.

한편 현존하는 가장 오래된 금속활자 인쇄본은 1377년(우왕 3) 청주목淸州牧의 교외에 있던 흥덕사興德寺에서 찍어낸 《백운화상초록불조직지심체요절白雲和尙抄錄佛祖直指心體要節》이다. 백운화상 경한景閑이 선禪의 요체를 깨닫는 데에 필요한 내용을 뽑아 펴낸 불교 서적이다. 이 책은 1972년 유네스코가 지정한 세계 도서 박람회에 공개되었다. 2001년 9월 4일에 《승정원일기》와 함께 유네스코 세계기록유산에 등재되었다. 원래 상·하권으로 만들어졌으나, 아쉽게도 현재는 하권 2장부터 39장까지만 프랑스 국립도서관에 남아 있고 상권은 진본 없이 목판본만 존재한다.

최근에는 이른바 '증도가자證道歌字'라 하여 세계 최고最古 금속활자로 추정되는 고려활자가 공개되어 그 진위 여부를 둘러싸고 논란에 휩싸여 있다. 증도가자는 《남명천화상송증도가南明泉和尙頌證道歌》(보물 제758호·삼성출판박물관 소장)와 서체가 같아 붙인 이름인데, 《남명천화상송증도가》는 애

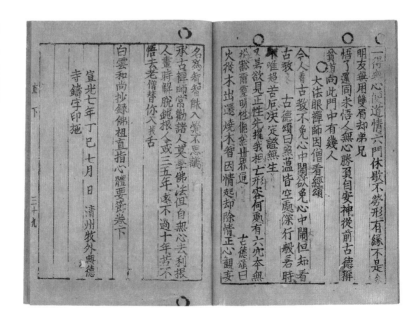

현존하는 가장 오래된 금속활자 인쇄본 《직지》

유네스코 세계기록유산에 등재되었으나 아쉽게도 하권만 프랑스 국립도서관에 남아 있다.

초 금속활자로 인쇄한 것을 1239년 목판에 옮겨 새긴 번각飜刻본이다. 그러나 이 책 역시 최근에 문화재청에 의해 조선 시대에 인쇄됐을 가능성이 높을 것으로 판명되어 파문이 일고 있다.

어느 경우든 우리가 대개 알고 있듯이 1230년대 경에 고려가 세계 최초로 금속활자 인쇄를 하였음은 분명하다. 서양의 구텐베르크가 만든 금속활자보다 약 150년 정도 앞섰다. 금속활자는 목판과는 달리, 여러 종류의 다양한 책을 소량으로 신속하게 찍어내는 데 효과적이었다. 이는 당시 고려의 현실에 적합한 인쇄 규모이면서 또 전란으로 소실된 책들을 신속하게 복간할 수 있는 장점도 있었기 때문에 이 기술이 활성화될 수 있었다.

당시 나온 책들이 물론 모두 금속활자로 인쇄했던 것은 아니다. 다만, 금속활자까지 사용했다는 것은 그만큼 활발한 출판활동을 했다는 것이고 또 그만큼 책의 수요가 많았다는 것을 뜻한다.

인쇄 문화는 곧 지적 문화의 수준을 읽을 수 있는 지표가 된다. 그 때 나온 책들 가운데에서 지금 현존하고 있지는 않지만 중요한 것이 《고려왕조실록》이다. 고려 왕조의 정사正史 라고 할 수 있다. 그리고 《고려왕조실록》과 같은 당대사 뿐만 아니라 그 이전에 대한 역사책들도 꽤 많이 나왔다. 《삼국사기》, 《삼국유기》, 《삼한고기》, 《해동고기》 등 여러 책들이 많이 발간되었다. 뿐만 아니라 책의 수입도 많았다. 고려 중기 문종 때에는 거의 5천 권의 책이 송나라에서 수입됐다고 한다. 그만큼 책 문화가 발전했던 것이다.

호족의 얼굴, 은진미륵

요즈음 옛 유물을 보는 사람들은 예술적 가치에만 비중을 두고 접근하는데, 앞에서도 말했듯이 그것을 만든 사람들, 그것을 쓰는 사람들이 어떤 사람들이었는가를 살펴보는 것이 중요하다. 즉 과거 문화의 유적이나 유산

을 단순히 오늘날의 미적 감각으로만 분석하기보다는 당시 그것을 만들고 썼던 사람들의 생활을 통해서 또 그 사람들의 눈을 통해서 살펴본다는 것이다.

물론 당시 사람들의 생활이나 그 사람들의 눈이 어땠는가를 아는 것 자체가 쉬운 일이 아니다. 당시 사람들의 모습을 아는 것조차도 쉽지 않다. 그 외형적인 모습을 그래도 비교적 실제와 가깝게 엿볼 수 있는 방법이 하나 있다면 그림이다. 고려의 불상이나 불화佛畵 같은 데에 나타난 사람들의 모습을 살피는 것이다. 불상이나 불화를 보면, 통일신라기에는 매우 정교하고 우아한 사람들의 모습이 나오는 반면, 고려 시기에는 굉장히 투박한 사람들이 나온다. 이런 조각품이나 그림에서 볼 수 있는 인간의 모습이 그 당시 살고 있던 사람들의 바람이라든가, 현실 속에 살고 있는 사람들의 모습이었다.

이런 관점에서 본다면 논산 관촉사에 있는 은진미륵 같은 것도 달리 볼 수 있다. 관촉사라는 절은 고려 광종 때 승 혜명이 창건하였다. 그리고 38년이라는 긴 세월이 걸려 은진미륵을 만들었다. 이 불상은 당시 지방호족들이 자신들의 세력을 과시하기 위해서 자신들의 모습을 상징화하여 만들었다고 한다. 따라서 그 속에서 그 시대 사람들의 모습을 엿볼 수 있는 것이다. 은진미륵의 얼굴을 보면 매우 현실적이다.

위엄이 있고 권위를 담고 있다. 이런 은진미륵의 얼굴이 당시 호족들이 원했던 사회적인 모습이 아니었나 한다.

이런 은진미륵의 모습을 보고 "균형이 잡혀 있지 않다.", 그러므로 "고려 문화가 통일신라 문화보다 쇠퇴했다."는 식으로 많이 이야기한다. 사실 석굴암을 가보면 부처님의 모습이 매우 온화하다. 그러나 은진미륵의 경우는 머리가 몸체에 비해 지나치게 크고 얼굴도 단아한 느낌을 주지 못한다. 크고 투박하다. 그러나 모습을 표현하는 방식이 달라졌다고 해서 고려 문화가 쇠퇴했다고 단정하는 것은 곤란하다. 왜냐하면 그런 판단 기준은 현대 사람들의 미술적인 안목일 뿐이지, 당시의 감각으로는 그렇지 않을 수도 있기 때문이다. 문화는 서로 다를 뿐 우열이 있는 것은 아니다.

은진미륵이 만들어진 시기는 고려 광종 때이다. 광종은 황제를 칭하고 독자적인 연호를 쓰는 등 당시 중국에 대해서 독립과 자존을 높이려고 노력했던 인물이다. 바로 그러한 당당함, 거대함을 바라고 있던 고려 사람들의 눈으로 본다면 은진미륵의 얼굴이야말로 그런 거대함을 담고 있는 그래서 아름다운 모습이었던 것이다. 그들의 눈에 그것은 결코 쇠퇴가 아니라 새로운 아름다움의 정형이었던 것이다. 미의 기준이 시대에 따라 다르다는 것은 상식이다. 이 시기에 많이 만들어지는 철불도 마찬가지다.

부여 대조사 석조미륵보살입상

관촉사의 은진미륵과 같은 계통의 거상으로, 거칠지만 당당한 호족의 모습을 만나는 듯하다.

지옥도와 보통 사람들

은진미륵이 호족의 모습이라면 보통 사람들은 어떤 모습을 하고 있었을까? 이걸 알기는 매우 어렵다. 왜냐하면 그들은 그림에도 잘 나타나지 않기 때문이다. 그런데 당시 불교계의 그림 즉 불화 중에 〈지옥도 地獄圖〉라는 그림이 있다. 그 그림을 보면 혹시 이 사람들이 보통 사람들이 아니었을까 하고 연상케 하는 모습들이 있다. 가령 지옥도의 그림을 보면 지옥에서 사람들이 벌을 받는 모습들이 나온다. 곤장을 맞거나 끓는 물에 들어가거나 족쇄를 차거나 하는 사람들이 보인다. 그리고 그들 바로 위에 있는 사람들이 극락 사자들이다. 또 그 바로 위에는 염라대왕이 있다. 서 있는 위치도 다르지만 사람의 크기도 다르다. 염라대왕이 가장 크고 그 다음에 지옥사자, 그리고 일반 사람들은 아주 조그맣게 그렸다.

그대로인지는 모르겠지만, 염라대왕은 왕, 지옥사자들은 지배계층들, 그리고 고통을 당하는 사람들은 당시의 일반민들이라고 할 수 있다. 족쇄를 채운다, 곤장을 친다 하는 것들도 사실은 현실사회에서의 고통스러운 모습이라고 할 수 있다. 이런 데서 일반민들의 모습을 찾아볼 수 있지 않을까. 물론 일반민들의 삶이 이렇게 어렵고 고통스럽기만 한 것은 아니었을 것이다. 밝고 즐거운 면도 있었을 것이다. 그러나 그보다는 삶의 고통이 더 부각되던 그런 때였을 것으로 여겨진다.

다음 세상에 올 부처인 미륵의 설법을 듣는 모습을 그리고 있는 〈미륵하생경 변상도彌勒下生經 變相圖〉라는 그림에는 농사짓는 모습, 추수하는 모습들이 그려져 있다. 그 그림에는 왕과 신하, 시종, 백성을 옷차림이나 서 있는 위치를 달리해 그림으로써 신분적 차이를 드러내고 있다. 역시 이런 그림을 통해서 보통 사람들의 사회적 지위나 모습을 볼 수 있다.

고려가요에 비친 삶의 모습

고려가요 같은 것을 통해서도 당시 일반민들의 생활을 알 수 있다. 〈가시리〉, 〈동동〉, 〈청산별곡〉 등 여러 가지가 있는데, 특히 농민들의 생활을 알 수 있는 가요로는 이인로李仁老의 《파한집破閑集》에 실린 〈해종일 밭 갈아도〉라는 것이 있다. 요즈음 말로는 '하루 종일 밭 갈아도'라는 뜻일 것이다.

햇볕에 등 쪼이며
해 종일 밭 갈아도
농부에게 차례진 것
한말 조도 없다
이 내 팔자 바꾸어서
관청에 앉았으면
놀고도 쌓인 곡식
만 섬에 이르련만

이 가요는 신분제 사회에서의 가련한 농민의 처지를 반영한 것이다. 아무리 고생하면서 애써 일해도 고생만 하는 농민의 처지를 표현한 것이다. 말없는 문화유산속에서 보통 사람들의 목소리를 듣는 것이 이처럼 불가능한 것만은 아니다.

4 가족과 친족, 그리고 여성

KOREA

고려 시기 친족의 범위는 부계 혈연집단 뿐 아니라 모계 또는 처계까지도 포함해서 규정해야 한다는 것만은 분명하다. 이른바 양측적 친속사회로, 친족의 범위는 부계와 모계를 가리지 않고 8촌 이내로 보는 것이 일반적이다.

신분제

고려도 신분제 사회였음은 물론이다. 그 구분은 어땠을까? 국가의 일원적인 인민지배를 관철하려는 신분 규범으로 양천제가 채택되었다. 양천제란 국역 부담의 여부에 따라 전체 인민을 양인과 천인으로 구분하는데, 양인에게는 국역을 지우는 대신 관직에 나갈 수 있는 기회를 원칙상 인정해 주고, 천인에게는 부담을 지우지 않는 대신 권리도 인정하지 않는 제도였다. 이는 동아시아 지역의 중세 사회에 보편적으로 해당하는 신분제였다. 그러나 이는 국역 부담이라는 원칙적인 측면에서의 구분일 뿐, 고려 시기만 해도 양인 신분층 내 차별성이 컸다. 양반·귀족과 일반 양인은 사士와 서庶로 표현되듯이 상하로 뚜렷이 구별되었다. 실제 기록에 나타나는 양인은 양반·귀족이 아닌 일반 양인만을 일컫는 의미로 사용되었다. 조선 시기에 들어와서 신분적 동질성을 어느 정도 확보하면서 양천제가 확립되었다고 볼 수 있다. 물론 이때에도 귀족은 없지만 양반이 역시 양인층 내에서 일반 양인과는 구별되는 지배 신분이었다.

정호丁戶와 백정白丁

고려 시기의 양반·귀족이 아닌 보통 사람들, 즉 일반 양인은 정호丁戶와 백정白丁으로 나뉘어져 있었다. 오늘날 백정은 보통 '개백정'이니 '소백정'이니 해서 전문적으로 짐승을 죽이는 사람들을 천하게 부를 때 사용하는 말이다. 그러나 고려 시기에 나오는 백정은 말은 같지만 뜻은 전혀 다르다. 조선 시기의 백정은 천민이지만 고려 시기의 백정은 일반 백성이다. 조선 시기의 백정은 고려 시기에는 '백정'이 아니라 '화척禾尺'이라고 불렀다.

고려 시기 사람들은 그들이 국가와 어떤 관계를 맺고 있는가에 따라 정호가 되기도 하고 백정이 되기도 한다. 즉 경제력의 차이에 따라 국가의 직역 체계에 들어간 사람들은 정호라고 하고 들어가지 못한 사람은 백정이라고 했다. 직역 체계라는 것은 군인이나 향리의 역役을 지는 사람들, 그리고 관직 체계에 들어간 사람들까지 포함해서 이루어진 국가의 대민관리 방식이라고 할 수 있다. 이런 직역 체계에 들어간 사람들, 즉 군역軍役 기간이 어느 정도 이상 길었던 사람들이 정호이다. 그러므로 정호에게는 국가에서 직역을 수행한 대가로 토지를 주었다. 그 대가가 토지에 대한 수조권의 분급이다.

백정은 정호와는 달리 국가에 대한 직역 부담이 없고, 그 때문에 국가로부터 수조권도 분급받지 못한 사람들을 말한다. 대신 이들은 국가에 대해서 조租·용庸·조調 체제를 바탕으로 한 3세稅를 부담했다. 이들은 주로 농업에 종사하였으며 수공업이나 상업에 종사하는 사람들도 있었다.

수공업자나 상인은 법제적인 면에서는 농민과 차이가 없었지만 국가에서 특별히 관리했다. 가령 수공업에 종사하는 사람들을 공장工匠이라고 하는데, 이런 사람들의 명부인 공장안工匠案을 만들어서 별도 관리를 했던 것이다. 상인들도 지금까지 밝혀지지는 못했지만 어떤 식으로든지 특별 관리되었을 것이다. 또 이들은 일반 농민인 백정에 비해서 교육이라든가 과거 응시에 제한을 받았다. 그러므로 사회적으로 보면 일반 농민들보다 상대적으로 낮은 지위에 있었다고 할 수 있다.

가족의 구성

그러면 고려 시기의 가족에 대해서 살펴보도록 하자. 요즈음 보면 핵가족이라고 해서 부모와 자식 두 세대만으로 구성하는 것이 일반적인데, 아마 당시도 가족은 핵가족이라고 할 수 있는 소가족이었던 것으로 짐작된다. 그런데 가족과 가구는 서로 다른 개념이다. 가족은 혈연 관계를 맺는 혼인이나 입양 등을 통해서 묶어지는 것이고, 가구는 요즈음의 세대라는 개념과 유사한데, 주가主家는 물론, 노비나 동거 친척 등까지도 포함한다. 말하자면 가족이 혈연에 기초한 자연적인 단위라고 한다면, 가구는 국가가 특수 목적을 위해 한 울타리에 사는 사람들을 하나의 단위로 설정한 인위적인 구분이다.

　이 시기의 가족에 대해서 알아볼 수 있는 가장 기초적인 자료는 호구단자戶口單子이다. 고려 전기의 것은 없고 말기의 것이 몇 가지 남아 있어서 대략을 알 수 있다. 호구단자는 호구의 상황을 기록한 문서라는 뜻이다. 요즘도 우리가 결혼할 때 함 속에 넣어서 보내는 것으로 사주단자라는 게 있다. 그때 단자라는 말을 쓴다. 하나의 딱 떨어지는 문서가 곧 단자라고 할 수 있다. 그러니까 호구단자는 호주가 각 개인의 호구 상황을 적어서 관청에 제출하는 호적신고서라고 할 수 있다.

　이런 호구단자를 통해서 가족 구성을 살펴보면 소가족 형태가 많다. 한 예를 보면, 나이를 알 수 없는 어머니와 그 밑에 32살, 28살, 24살, 그리고 19살의 네 아들을 둔 사람이 있다. 대부분 이런 정도의 규모이므로 소가족이라고 할 수 있다.

대가족이 전혀 없었던 것은 아니다. 재미있는 것은, 요즈음에는 대가족 하면 며느리를 연상하는데 그 당시에는 데릴사위도 가족이었다. 가령 어느 집안을 보면 61살 정도의 호주에 부인이 58살로 터울이 3살 정도 진다. 큰 딸은 37살 정도이고 사위는 40살이다. 그리고 큰아들도 같이 있는데 30살이고 며느리는 나이를 알 수 없지만 서너 살 터울이었다고 여겨진다. 또한 29살 정도의 둘째 아들이 있고 며느리는 24살이다.

아들 내외가 같이 사는 것은 요즘으로 봐서도 이상하지 않은 일이지만 딸과 사위가 한 가족에 포함되어 있었다는 것이 흥미롭다. 그 이유는 고려의 혼인 제도에 남자가 여자 집으로 들어가는 솔서혼率婿婚이 있었기 때문이다. 그러나 이런 현상도 지금 우리에게는 흥미로울지 몰라도 앞으로는 하나도 이상하지 않은 일이 될 것이다. 아들보다 딸을 선호하는 경향이 분명 많아지고 있고, '잘 키운 딸 하나 열 아들 안 부럽다.'는 말에 공감이 가는 세상이 되고 있으니….

어쨌든 고려나 조선의 대부분의 가족구성은 소가족이었다. 대가족은 지금 상식과는 달리, 그 가족 구성을 유지할 만한 신분이나 경제력이 있을 때나 가능한 것이었다.

친족의 범위

이제 친족으로 넘어가 보자. 우리에게는 친족이란 말 보다는 친척이란 말이 더 익숙하다. 고려 시기 친족의 특징은 남녀의 지위가 대등하다는 점, 즉 어머니 쪽과 아내 쪽의 비중이 컸다는 점이다. 그리고 이런 친족의 범위는 상피제相避制를 통해서 알 수 있다. 상피제는 친족이 같은 관서 내에서 관직을 가짐으로 인해 생길 수 있는 정실인사를 막기 위해서 관직을 임명할 때 아예 서로 피하게 했던 제도이다.

상피제의 범위를 보면 부계인 경우 보통 본인을 기준으로 해서 4대이고, 4대 안에서 남자형제는 6촌까지였다. 여자 형제의 남편 같은 경우에는 4촌까지 관직에 있는 것을 금하고 있다. 그리고 모계인 경우에는 외조나 외숙, 외사촌, 이종사촌 같은 사람들이 같은 관직을 가질 수 없었다. 처계인 경우에는 처의 형제, 또는 그 남편과 부인들도 포함되어 있었다. 특히 사람을 뽑는 선발권을 가지거나 자리를 옮기는 인사 부서에 있는 사람들에 대해서는 더욱 엄격하다. 그런 것을 통해서 당시 관행상 인정되는 친족의 범위를 알 수 있다.

또 하나 조선과 차이가 있는 것은 동성동본끼리의 결혼이다. 조선에서는 이것을 금하였으나 고려에서는 동성동본끼리 결혼하는 예가 상당히 많았다. 극단적인 경우가 왕실인데, 왕실의 경우에는 근친혼을 하는 경우도 적지 않았다. 오히려 특정 계층, 예를 들어 관인층에 속하는 사람들이 10촌혼寸婚이나 동성동본혼을 피하는 경우가 있었을 뿐이다. 그 이유로는 크게 두 가지를 들 수 있다. 우선 아무래도 유교 지식인이라는 것이 상당한 영향을 미쳤을 것 같다. 다음으로 당시 고려 전기의 귀족들은 문벌귀족들인데, 이 문벌귀족의 틀은 유지하면서 결혼의 범위를 확장하기 위해서 같은 성씨끼리의 결혼을 피하지 않았나 여겨진다.

음서제를 통해서도 친족의 범위를 엿볼 수 있다는 주장도 있다. 실제 사례를 보면 공신의 경우 부계는 5대조뿐만 아니라 7대조 할아버지의 음덕으로 벼슬에 올라가는 경우가 있었다. 그리고 모계는 5대조까지 영향을 받아서 벼슬에 올라간다. 하지만 처계는 음서가 적용되지 않았다. 하지만 이것만 가지고 부계 7대가 친족이다, 아니면 모계 5대가 친족이라고 주장하는 것은 어렵다.

이런 이야기들을 종합해 볼 때 고려 시기 친족의 범위는 부계 혈연집단뿐 아니라 모계 또는 처계까지도 포함해서 규정해야 한다는 것만은 분명하다. 이른바 양측적 친속사회로 친족의 범위는 부계와 모계를 가리지 않고 8촌 이내로 보는 것이 일반적이다.

이는 조선 시기 아니 근래까지도 부계 8촌 모계 4촌으로 규정한 것과는 크게 다르다. 1990년에 와서 개정된 민법 제777조에 따르면, 친족의 범위를 '부계父系·모계母系차별 없이 8촌 이내의 혈족, 4촌 이내의 인척姻戚, 배우자'로 하여 모계혈족 및 처족인척범위妻族姻戚範圍를 확대하였다. 개정민법은 친족범위를 부모양계친족개념父母兩系親族槪念으로 전환시켰다. 현대 문명 국가의 친족관념은 부모양계개념으로 보고 있는 것이 일반적이다.

그리고 보니 개정민법에서 취한 개념의 전환이나 확대한 친족 범위가 이미 고려 때 나타난 것이었다. 이 법은 현대 여성의 지위가 높아졌다는 근거가 되는 법인데, 그렇다면 고려 여성의 지위도 그만큼 높았다고 말할 수 있다.

혼인 제도와 여성의 지위

고려의 혼인 제도와 관련해서는 일부일처냐, 다처냐의 논란이 있다. 요즘 흔히 막장이라 불리는 재벌 소재의 TV 드라마를 보고 있으면 마치 우리나라에 축첩제가 일상적인 것처럼 보인다. '작은 마님'이란 표현이 서슴없이 등장한다. 이런 걸 보고 현대 한국의 혼인제를 오해한다면 물론 잘못이다.

그런데 지금까지 고려의 혼인 제도에 대해서도 적지 않은 오해들이 있어 왔다. 고려 시대에는 다처제가 축첩제를 포함하는 일부일처제와 병립하였고, 조선 중종 대에야 비로소 폐지된 것으로 이해하고 있다. 그러나 이는 잘못이다. 사실 다처제가 허용되었다 하더라도 다처를 유지하려면 그만한 경제력이 있어야 하기 때문에 주로 지배층이나 부유층에 해당하는 일이었지 일반적인 것은 아니었다. 따라서 어느 시대가 다처제 사회인가, 아닌가의 판단은 다처와 일처의 양적 크기에 있는 것이 아니라 다처를 두는 행위가 법적으로 허용되었는가의 여부에 달려 있다.

혼인 제도를 파악하는 데 흥미로운 자료 하나를 소개한다. 《고려사》에 전하는 박유朴褕의 이야기이다. 충렬왕 때 대부경大府卿에 임명된 박유가 서처제庶妻制, 즉 다처제를 시행하자는 상소를 올린다.

"우리나라는 본래 남자는 적고 여자가 많은데, 지금 신분의 고하를 막론하고 처를 하나 두는 데 그치고 있으며 아들이 없는 자들까지도 감히 첩을 두려고 생각하지 않고 있다. 그런데 다른 나라에서 온 자들은 처를 취함에 정해진 한도가 없으니 사람들이 앞으로 모두 북으로 흘러 들어갈까 두렵다. 청컨대, 여러 신하, 관료로 하여금 여러 처를 두게 하되, 품위에 따라 그 수를 점차 줄이도록 하여 보통 사람에 이르러서는 1처 1첩을 둘 수 있도록 하며, 여러 처에서 낳은 아들도 역시 본처가 낳은 아들처럼 벼슬을 할 수 있게 하기를 원한다."

그런데 이 상소에 대한 반응이 재미있다. 즉 아래 글과 같이 이어진다.

"부녀들이 이를 듣고 원망하고 두려워하지 않음이 없었다. 마침 연등회 날 저녁 박유가 왕의 행차를 호위하여 따라갔는데, 어떤 노파가 그를 손가락질하면서 '첩을 두고자 요청한 자가 저놈의 늙은이이다.'라고 하니, 듣는 사람들이 서로 전하여 서로 가리키니 거리마다 여자들이 무더기로 손가락질하였다. 당시 재상 중에 부인을 무서워하는 자들이 있었기 때문에 그 건의를 정지하여, 결국 실행하지 못하였다."

다처제에 대한 논의가 발의되었다가 폐기하기에 이른 사정을 알 수 있다. 이를 통해 종래 고려 사회에서 다처 행위가 법으로 금지되었다는 것을 알 수 있고 다처제 논의가 결국은 폐기되었다는 것을 통해 일부일처제가 강고하게 유지되었음을 알 수 있다.

《역옹패설櫟翁稗說》에도 "국가의 법에 비록 고관이라도 감히 두 아내를 두지 못하게 하였다."라고 한 것 등으로 보아 고려 사회가 법제적으로 일부일처제 사회였다는 사실은 분명하다. 서긍徐兢이 《고려도경高麗圖經》에서 고려의 풍속을 소개하면서 "부잣집에서는 3~4인에 이르는 처를 취한다."라고 하였고 이 때문에 다처제의 유력한 증거로 자주 거론되었는데 이는 일부 부유한 사람들이 여러 명의 첩을 거느린 것을 처로 기술한 데서 비롯된 것으로 보인다. 이상의 논의를 통해 보면, 이는 일부 부잣집의 축첩을 오해한 것으로 마치 막장 드라마를 보고 현대 한국에도 축첩제가 있는 것처럼 오해하는 거나 다름없다고 여겨진다.

고려 말 일부 관인층에서 다처병축多妻並畜 현상이 나타났다. 이는 단순히 기강의 해이라기보다는 원 간섭기 다처제였던 몽골 풍습의 영향, 그리고 다년간의 전쟁으로 남녀 성비의 불균형에 따른 부득이한 현상으로도 볼 수 있다. 이에 따라 차처봉작제次妻封爵制나 '부득이 한때의 편의한 변례變禮' 조치로 1413년(태종 13) 이전의 불법적 다처병축을 인정하는 조치 등이 있었지만, 병축 자체를 공인하거나 권장했던 사실은 없었다.

물론 일부일처라 해서 여성의 지위가 높았던 것은 아니다. 일부일처가 자리 잡는 조선 시기에 오히려 여성의 지위가 떨어지는 것을 보아도 그렇다. 하지만 다처나 축첩이 공인된 때에 비하면 지위가 나은 것은 사실이다. 조선 시기에는 "시집을 가면 죽어서도 그 집 귀신이 된다."는 말이 있는데 이는 고려에서는 안 통하는 말이었다. 고려의 혼인 제도는 솔서혼·남귀여가혼이 일반적이었다. 그래서 여성은 장기간 친정에서 생활하였으며, 남편이 죽으면 그 집 귀신이 되는 대신 친정으로 돌아갔다. 출가외인이 아니었다.

고려 고종 때 문인 이규보는 "지금은 처에게 장가들어 남자가 여자에게 귀속하여 대개 자신이 필요한 것을 처가에 의지하니 장인, 장모의 은혜가 친부모와 같다. 아아, 장인이여! 저를 위해 돈돈하게 두루 마련하시다가 세상을 떠나시니 저는 장차 누구에게 의지하란 말입니까?"라 하였는데 이처럼 오히려 남자의 처지가 측은할 지경이었다.

재산도 아들과 딸 간에 균등히 분배되었다. 재혼도 자유로웠고 재혼녀에 대한 불이익도 없었다. 내외법이 없어 자유로운 일상생활을 할 수 있었고, 수절하는 부인[節婦]뿐 아니라 아내가 죽은 뒤 재혼하지 않고 혼자 사는 남편인 의부義夫에 대한 표창도 있었다. 충렬왕 때의 가요인 〈쌍화점雙花店〉에 잘 나타났듯이 성풍속도 매우 개방적이었다. 이런 사정이었기 때문에 여성의 지위가 조선 보다는 훨씬 높았고 때로는 지금조차도 고려 때만 못한 점이 있을 정도다.

앞서 보았듯이 다처제 시행을 청하는 박유의 상소에 대하여 여인들은 집단적이면서도 강력하게 반발하였고, 그 결과 논의가 폐기되었다. 이는 그만큼 여성들의 사회적 영향력이 컸음을 뜻한다. 비록 한계는 있었지만, 고려 시기에 남녀는 여러 면에서 대등한 지위를 지녔다고 보아 지나치지 않을 것이다.

5 본관제와 향도

성이 비교적 오래전부터 쓰이고 있었는데, 왜 본관이라는 것을 또 만들었을까? 국가 입장에서는 조세나 역역을 징발하는 하나의 단위로 설정하는 편의성이 있고, 공동체 입장에서는 공동체의식을 보다 활성화할 수 있는 조건이 되었다.

본관本貫이란 무엇인가?

우리나라 사람들은 그 이름만 보아도 대체로 어느 가문, 어느 세대의 누군 인가를 알 수 있을 만큼 세계에서 유래를 찾을 수 없는 독특한 성명 체계를 갖고 있다. 그중에서도 본관이란 것이 있어 특히 그러한 가계의 정서를 드러내고 있다. 어떤 사람에 대한 고유한 호칭을 이름이라고 한다. 좀 더 정확히 말하자면 한 사람의 이름은 한자로 말하면 '성姓'과 '명名'으로 이루어져 있다. 이때 명은 그야말로 개인에게 고유한 호칭이지만 성은 고유명사이면서도 어떤 집단에 속하는 사람들이 함께 사용하는 일반성을 가지고 있다. 그런데 우리들의 경우는 다른 나라와 달리 이런 '성'과 '명' 외에 또하나의 구분하는 기준이 있다. 그것이 바로 '본', 즉 '본관本貫'이다.

성씨姓氏라고 하면 어떤 한 인물을 시조로 해서 대대로 이어져 내려오는 단계혈연집단의 명칭이다. 곧 족적 관념의 표현이라고 할 수 있다. 그런데 같은 성씨라고 하더라도 혈연관계가 전혀 없을 수 있다. 이것은 본이 다르기 때문이다. 그래서 우리는 동성끼리는 혼인의 제약을 받지 않지만 동성에 동본이면 어느 정도 제약이 있다. 본까지 같다는 것은 그만큼 혈연적으로 직접적인 관계가 있다고 생각하기 때문이다. 물론 여러 세대를 내려오는 동안에 혈연성의 밀도가 상당히 약해졌겠지만 말이다.

본관의 유래

성은 '씨'라는 말과 같은 의미를 지닌다. 씨는 씨족을 연상케 한다. 그렇게 본다면 씨족사회부터 성씨가 있었다고 할 수 있다. 그러나 우리가 보통 김씨, 이씨, 박씨 하는 중국식 한자 성을 쓰기 시작한 것은 신라 말부터가 아닌가 생각한다. 그러니까 삼국 시대 말부터 통일신라기를 거쳐서 신라와 당나라 간에 물물교류가 활발해지고, 한반도가 전 영역에 걸쳐서 그 영향을 받으면서 한자로 된 성을 쓰기 시작했던 것이다. 본관도 중국식 한자 성을 쓰기 시작한 이후부터 사용했을 것으로 본다.

이렇게 성이 비교적 오래전부터 쓰이고 있었는데 왜 거기에 덧붙여 본관이라는 것을 또 만들었을까? 본관이 있었다는 것은 장적帳籍의 작성에서 알 수 있다. 지방 세력의 호구와 토지를 조사하여 장적을 작성할 때 등록된 지역을 본관으로 지정하였다. 이런 제도를 본관제라 부른다. 그런데 왜 본관이란 것을 지정하였을까? 여기에는 여러 가지 설들이 있다. 어떤 사람은 나말 여초에 전국적으로 광범위하게 일어나는 인구 유동 현상을 막기 위해서라고 주장하고, 또 어떤 사람은 호족이 지역사회에서 쌓은 힘을 바탕으로 중앙정계에 진출했기 때문에 본관이 필요했다고도 한다.

최근에는 본관제 연구가 심화되면서 본관제를 사회 구성과 같이 설명하고 있다. 즉 국가의 입장에서는 특정 지역민들을 본관으로 묶어 둠으로써 조세나 역역을 징발하는 하나의 단위로 설정하는 편의성이 있고, 또 공동체 입장에서는 같은 본관이 됨으로써 공동체의식을 보다 활성화할 수 있는 조건이 되었기 때문에 본관이 필요했다는 것이다.

본관을 사회 운영 원리로 설명하기 위해서는 신라 하대까지 올라가서 살펴보아야 한다. 신라 하대에는 개별 가문에 의한 농업 경영이 이루어지면서 소유권이 발달하고 있었다. 그러나 생산 조건이 전반적으로 불안정했기 때문에 공동체라 하더라도 그 구성원들 사이에는 빈부의 차가 컸다. 이때 부자가 된 사람을 호부豪富라고 한다. 뒤에 호족이 되는 계층이다. 그런데 이 호부층은 골품제 때문에 사회적으로 어느 선 이상 올라가기는 어려웠다. 어떤 때는 성장은커녕 오히려 골품제 귀족들의 만만한 수탈 대상이 되고 마는 경우도 있었다. 그래서 호부층은 자신을 지키기 위해 스스로 무장하고 공동체 안의 영세 농민들과 결합해서 신라 중앙귀족들의 수탈에 대응했던 것이다. 이 과정에서 기존의 공동체와는 다른 새로운 공동체의 운영원리인 본관제가 만들어진 것이다.

본관제는 어떠한 점에서 호부층과 영세농민층의 결합을 용이하게 했을까? 두 가지 정도를 들 수 있다. 우선 신라 말의 상황을 보면 각 지역들마다 서로서로 대립하는 경향이 심하였다. 그러므로 같은 지역에 살고 있다는 것이 공동체 의식을 갖게 하는 주요 요인이 되었던 것이다. 이런 점에서 그 지역의 대표자로서의 호부층을 중심으로 한 결합이 용이했던 것이다. 또 하나는 조상이 같다는 조건이 이들을 하나로 묶을 수 있는 요인이었다고 할 수 있다.

본관제의 특성

고려 전기 본관제적 질서는 나말 여초의 사회 변동기를 수렴하는 새로운 질서로 자리 잡아 갔다. 본관제적 질서가 적용되었기 때문에 공동체 내부의 결속력은 상당히 강하였다. 공동체 내부의 결속이 강하다 보니까 다른 공동체와의 차별성도 또한 강하였다. 이런 것이 이 시기 본관제적 질서의 특징이라고 할 수 있는데, 바로 이 점을 감안해서 국가에서는 지방 제도를 편성하거나 혹은 직역을 편성했던 것이다.

먼저 지방 제도를 살펴보자. 지방 제도를 보면 주현과 속현이라는 군현제 영역이 있었고, 향·소·부곡과 장莊·처處라는 부곡제 영역이 있었다. 두 영역 간에는 여러 가지 차별이 있었다. 고려의 지방 제도는 이런 지역 간 차별에 근거해서 편성되었는데, 이를 본관과 연결시켰다. 그러니까 본관을 군현제 영역으로 하느냐, 부곡제 영역으로 하느냐에 따라 신분과 부세 부담에서 차이가 났다. 이런 계서적 영역 규제가 있었기 때문에 본관은 거주지와 대부분 일치하였다.

다음은 직역 편성이다. 국가에서는 공동체 내의 계층 관계를 염두에 두면서 직역 편성을 하는 것이 편했기 때문에 자연스럽게 호부층을 중심으로 해서 직역 체계를 수립했다. 이들이 바로 정호丁戶이다. 그러므로 정호와 백정은 본관 소유자층과 비소유자층으로 나뉜 새로운 직역편성 구도라고 할 수 있다.

이것은 본관을 소유한 층과 소유하지 못한 층 사이에 상하의 서열이 있었다는 이야기인데, 이들 간에 갈등이 없을 수가 없었다. 본관 소유층은 경제적으로 힘이 있는 호부층들이고 본관을 소유하지 못한 층들은 영세 농민들이었기 때문에 이들 내부의 갈등은 필연적이라고 할 수 있다. 그렇기 때문에 공동체 내부에서는 이런 갈등을 피하기 위해서 호부층을 중심으로 해서 농사를 돕기도 하거나 교화를 통해 계층 간의 결속을 꾀하려는 시도도 있었다. 물론 말이 좋아 계층 간의 결속이지, 사실은 어떻게 하면 영세농민층을 안정적으로 지배할 수 있을까 하는 것이었다.

내부 갈등의 해소책, 향도

공동체 내부의 갈등을 해소하는 방식으로는 어떤 것이 있었을까? 대표적

예천 개심사지 5층 석탑
(보물 제53호)

향도의 실체를 알려 주는
귀한 기록을 새긴 석탑이다.

인 것으로 향도香徒가 있었다. 때로는 읍사邑司를 통해서 물리적 힘을 구사하기도 했다. 원래 향도는 불교의 신앙조직이었다. 불교 신앙 가운데 매향埋香, 즉 향나무를 묻는 신앙이 있었는데 이것은 현실적인 위기가 있을 때, 또는 불안감이 있을 때 미륵하생신앙彌勒下生信仰을 통해 벗어나려고 했던 데서 유래한 풍습이다. 미륵하생신앙은 미륵불이 빨리 내려와서 고난에 빠진 사람들을 구해 줄 것이라는 메시아신앙 같은 것이다. 결국 바닷가에 묻은 향을 매개로 해서 미륵을 만나기를 원하는 사람들의 소원이 이루어질 수 있다는 믿음이다. 이때 향나무를 묻는 무리들을 향도라고 불렀던 것이다. 향도는 조선 시기에는 상두꾼이라고 해서 주로 장사 지낼 때 상여 매는 사람들을 지칭했다.

향도와 본관제

이런 불교 신앙조직으로서의 향도가 본관제적 질서와는 어떠한 관계가 있을까? 바로 본관제적 질서를 주도한 호부층이 향도를 통해서 영세농민층을 묶어 내는 작업을 하였다. 고려 전기 사회에서는 불상이나 절을 만들거나 석탑을 세우는 일들이 많았다. 이런 경우 반드시 대규모 인력이 동원되었는데, 이 과정을 통해서 호부층은 영세농민들을 묶어 냈던 것이다. 뿐만 아니라 호부층은 이 사람들을 매개로 불교신앙 활동을 하기도 했다.

한 예를 보면, 경북 예천에 개심사지開心寺址라는 절터가 있는데 거기에 석탑이 하나 서 있다. 유명한 석탑인데 바로 이 석탑이 향도가 중심이 되어 현종 1년인 1010년 3월부터 이듬해 4월까지 한 해에 걸쳐서 만든 것이다. 이 석탑을 만들기 위해서 군에 있는 모든 사람들을 동원했다. 그런데 이 석탑을 만들 때 두 부류의 향도가 있었다고 한다. 그 인원을 보면 각각 42명과 95명의 임원이 있었고, 또 한편으로 1만여 명의 무리들이 있었다고 한다. 여기에서 말하는 42명, 95명의 임원들이 바로 호부층의 모임이고, 1만여 명의 무리들이 기층민인 것이다. 그러므로 군현 단위의 공동노동에 호부층과 기층민이 각각 서로 다양하게 자기 사람들을 동원해서 서로 결속했다는 것을 알 수 있다. 결국 향도 조직 속에 본관제적 질서의 호부층과 기층민의 관계가 투영되어 있다는 점을 알 수 있다.

이런 본관제를 통한 지배 방식은 12세기 무렵부터 농민들의 유망이나 저항으로 무너지기 시작하였다. 유망은 영역 규제를 기반으로 하는 본관제 지배질서에 큰 위협이었다. 또 부곡제 지역민의 성장과 그에 따른 집단적 저항으로 부곡제가 해체되고, 속현에 감무가 파견되면서 군현간의 계서가 사라지는 등 향촌 사회가 동요하였다. 그 결과, 본관과 사는 곳이 일치하지 않거나 영역 자체의 위상이 변하면서 본관제적 지배질서는 기능을 잃게 되었다.

Korea

HISTORY OF KOREA

제8장 | 귀족 사회의 동요

1 이자겸의 난과 의천

이자겸의 난은 고려 전기 귀족들이 분화하는 과정에서 빚어진 갈등을 극명하게 드러낸 것이었다. 지배층들이 서로 얽혀 난맥상을 보이는 상태에서 고려는 12세기에 많은 농민들의 저항에 부딪힌다.

외척 이자겸

이자겸은 고려의 대표적 문벌이었던 경원慶源 이씨 가문 사람이다. 경원 이씨는 인주仁州 이씨라고도 하는데, 이자겸의 할아버지였던 이자연李子淵의 세 딸이 문종의 비妃가 되면서 외척으로서 큰 힘을 발휘하기 시작했다. 그리고 이자겸도 둘째 딸을 예종비로, 셋째와 넷째 딸을 인종비로 들여보내 여러 대에 걸쳐서 외척이 되었다.

이런 이자겸이 1126년 난을 일으켰다. 권력의 최정상에 있던 이자겸이 왜 난을 도모했을까? 외척 세도로는 만족할 수 없었기 때문일까? 아니면 외척 정도로는 권력의 유지가 어려웠기 때문일까? 이자겸의 난을 이해하기 위해서는 먼저 12세기를 전후한 고려 사회의 변화상을 살펴볼 필요가 있다.

고려의 당면 과제

당시 고려는 안팎으로 문제를 안고 있었다. 나라 안으로 보면 농민들이 농토를 떠나는 유리流離가 빈번해졌고, 그 결과 전주와 전객, 전주와 전주, 그리고 전객과 국가, 전주와 국가 사이에 새로운 관계가 형성되어야 했다. 또한 상업이 발달했지만 물건을 강제로 구입하고 값을 지불하지 않는 억매抑買가 성행하였다. 아울러 문벌귀족들 사이의 관계가 재조정되거나 농민들의 저항을 국가 제도 속으로 흡수해야 하는 문제들도 있었다.

나라 밖으로는 여진이 금이라는 국가로 확대 발전하면서 고려에 위협이 되었다. 12세기에 들어가서 여진의 국제적인 지위가 상당히 올라갔다. 바로 앞 시기인 숙종 때만 하더라도 윤관이 여진을 정벌하고 9성을 쌓기도 했는데, 12세기에 이르면 하얼빈 부근의 완안부完顔部가 전체 여진족을 통일해서 국가 체제를 형성하였다. 그리고 국호를 금이라고 하고 아골타라는 인물이 등장하여 스스로 황제를 칭하였다. 그때가 1115년이다. 그러므로 황제의 나라를 칭하는 금과 어떤 관계를 유지할 것인가에 대해서 고려 조정에서는 논란이 많았다. 바로 이때 이자겸이 금에 사대를 해야 한다는 주장을 한 것이다.

사대, 현실적인 판단인가?

이자겸은 왜 금에 대해서 사대를 해야 한다고 주장했을까? 이 문제에 답하기 전에 먼저 전근대 사회에서 사대가 갖는 의미를 검토해 볼 필요가 있다. 요즘 사대라고 하면 작은 나라가 큰 나라를 섬기는 것이라는 생각을 많이 하지만, 그렇게만 보는 것은 곤란하다. 당의 경우도 당 고조가 돌궐에게 신하의 예를 칭한 경우가 있었다. 그러니까 전근대 사회에서 사대라는 것은 국제 관계의 한 형태라고 생각하면 좋을 것이다. 사대를 한다고 해서 큰 나라에 대해 무조건 비굴하게 굴종한다는 것은 아니라는 말이다. 이렇게 본다면 이자겸이 금에 사대를 하자는 것은, 이제 금이 무시할 수 없는 엄연한 현실 정치 세력으로 등장했으므로 그것을 인정하자는 입장을 표명한 것이라고 볼 수 있다. 단, 현실을 인정하자는 논리가 반드시 사대로 이어져야 하는지에 대해서는 동의하기 어려운 측면도 있다. 한편 이자겸의 반대편에 섰던 사람들은 이런 사대 주장에 반대하였다.

한안인韓安仁의 죽음

당시 정치 세력 간의 갈등은 이미 예종 때부터 왕권을 둘러싼 측근 관료들과 이자겸 같은 외척 세력들 사이에 있어 왔다. 이자겸이 등장해서 처음 한 일이 한안인이라는 정적을 제거하는 일이었다. 한안인은 당시 문벌이나 외척의 부당한 정치참여를 반대했던 사람이었다. 이자겸은 한안인이 왕위를 찬탈하려 했다는 이유로 제거해 버렸다.

측근 관료 세력이었던 한안인 일파는 예종의 뒤를 이어서 예종의 동생인 대방공帶方公을 왕위에 세우려고 했다. 반면에 이자겸은 인종을 세우려는 입장이었다. 이 과정에서 두 사람은 서로 대립하게 되었던 것이다. 이 때문에 이자겸은 한안인 일파를 제거하려 했고 이자겸 덕분에 왕위에 오를 수 있었던 인종도 한안인 일파의 음모가 자신을 제거하려는 것으로 여겼기 때문에 한안인을 제거하자는 이자겸의 제의를 선뜻 받아들였던 것이다. 한 예를 들었지만 이런 식으로 정치 세력 간의 갈등이 심화되었던 것이다.

고려 전기 귀족들은 여러 분파로 갈라져 있었다. 이들을 범주화해 보면 크게 외척 세력과 문벌 세력, 그리고 측근 실무관료 세력으로 구분할 수 있다. 어떻게 보면 분화가 반드시 나쁜 현상만은 아니다. 이들의 분화에는 분화를 이룰 만큼 관료층의 폭이 넓어졌다는 것이 전제가 된다. 또 고려 사회의 지배이념이 복잡한 데서 오는 이유가 있다. 유교를 중심으로 하느냐, 아니면 불교나 도교를 중심으로 하느냐 하는 사상적 차이가 적지 않은 영향을 주었다. 이는 또 그만큼 사상의 폭이 넓어지고 다양해졌다는 증거도 된다. 그러나 당시 분화의 내면까지도 긍정적이었던 것은 아니다. 결국은 권력의 구심점을 둘러싼 갈등 양상으로 나타났기 때문이다. 보다 정확히 말하면 왕을 중심으로 해서 왕권을 보조하는 사람들이 측근 실무관료군을 이루고, 예전의 귀족들로 기득권을 유지하려는 세력들이 외척 세력 또는 문벌 세력을 이루고 있었다. 이런 분파적 분위기 속에서 이자겸의 난은 일어났던 것이다.

이자겸의 난

이자겸은 원래 인종의 정치적 후원자였다. 그런 이자겸이 왜 인종을 제거하려는 난을 일으켰을까? 그 까닭은 당시 정치상황이 이자겸에게 불리하게 돌아갔기 때문이다. 비록 한안인 일파를 제거하는 데는 성공했지만 반이자겸파의 도전도 만만치는 않았다. 이자겸 일파가 외척과 문벌 세력들을 옹호하고 금나라에 사대를 요구하는 정치적 성향을 보였던 데 비해서 측근 실무관료들은 이에 반대하였다. 이러한 와중에서 정치적 실권을 장악하려는 이자겸이 1126년 난을 일으켰던 것이다.

이자겸은 척준경과 함께 난을 일으켜 군대를 이끌고 궁궐에 침입해 인종을 가둔다. 그런 다음 인종을 독살하려고 하는데 인종비가 막는 바람에 인종은 죽지 않고 목숨만은 부지하게 되고 정치권력은 이자겸이 장악한다. 일단 쿠데타는 성공하였다. 그런데 함께 난을 일으켰던 척준경과 이자겸의 사이가 벌어진다. 이 틈을 타서 인종이 이자겸을 제거하고 척준경도 그 후에 서경 세력인 정지상에 의해 제거당하였다.

이자겸의 난은 결국 실패하였다. 그렇다면 이 난은 어떤 역사적 의미를 지닐까? 하나는 소수 문벌귀족들이 독점했던 정치권력이 여러 계층에게까지 크게 열리게 되었다는 것이고, 다른 하나는 전시과 제도를 포함해서 관료들의 경제적 기반에 대하여 분산을 통한 균형의 필요성이 제기되었다는 것이다. 결국 이 난으로 인해 고려 문벌귀족 사회는 크게 동요하기 시작하였다.

대각국사大覺國師 의천義天

이 시기 정치계의 이런 변동은 고려 시기인 만큼 불교계의 동향과도 관계가 깊다. 이 점은 이자겸의 난이 일어나기 얼마 전에 죽지만 당시 불교계를 대표하던 인물인 대각국사 의천(1055~1101)을 통해서 살펴볼 수 있다.

의천은 천태종을 중흥한 인물로 문종의 아들이다. 그는 문종의 뜻에 따라서 승려가 되었다고 한다. 11살에 영통사에서 출가를 했는데, 화엄을 중심으로 한 불교 교리 일반과 불교 경전에 대단히 해박했다고 한다.

왕실의 한 사람인 의천은 일찍부터 법상종法相宗 세력에 대한 견제 의도

문종의 셋째 아들로서 왕실 중심의 천태종을 제창한 대각국사 의천

도 아울러 가지면서 화엄종을 중심으로 천태종을 제창하였다. 법상종을 견제한 까닭은 법상종이 문벌귀족을 후원하고 있었기 때문이다. 왕실을 중심으로 했던 천태종은 애초부터 이렇듯 법상종과는 대립적이었다.

이처럼 일찍부터 의천이 법상종을 견제해 왔던 것이 마치 그럴 만한 이유라도 있음을 증명하듯이 1126년 이자겸의 난 때 법상종 세력이 왕실에 정면으로 도전을 해왔던 것이다. 이자겸의 아들인 의장義莊이 법상종 승려 300명과 함께 정변에 참여했던 것이 그 뚜렷한 증거다. 의장도 법상종 승려였다.

의천과 윤관

의천은 화폐를 만들어 유통할 것을 주장하는 등 상공업 정책에 대한 의견을 피력하였고 아울러 남경의 건설을 주창하였다. 남경은 지금의 서울이다. 이러한 주장들은 전반적으로 왕권 강화에 목적을 둔 것으로, 윤관의 정치노선과 아주 유사했다.

윤관의 경우 북방 정책으로는 여진에 대한 정벌을 주장했고, 국내 정책으로는 상공업 진흥책을 이야기했는데, 모두 왕권 강화와 밀접한 관련이 있다고 할 수 있다. 비록 의천은 이자겸의 난이 일어나기 전인 1101년에 죽기 때문에 이자겸의 난에 직접적인 관련은 없지만 이자겸의 노선과는 다른 현실관료적인 입장을 취하면서 왕권을 강화하려 했던 것이다.

결국 이자겸의 난은 고려 전기 귀족들이 분화하는 과정에서 빚어진 그들 사이의 갈등을 극명하게 드러낸 것이었다. 이처럼 지배층들이 서로 얽혀 난맥상을 보이는 상태에서 고려는 12세기에 많은 농민들의 저항에 부딪힌다. 지배의 난맥상과 농민층의 저항은 동전의 양면과 같다.

2 묘청의 난과 풍수지리설

예언적 풍수지리설은 서경 천도의 정당성을 뒷받침하는 이념적 배경이 되었다. 풍수지리설은 단순히 미신에 그치지 않았고 국가 차원에서도 중시되는 중요한 정치적 의미를 지녔던 것이다.

'조선 역사상 1천년래 제일대 사건'

근대 민족주의 역사학의 선구자 단재 신채호 선생은 '묘청의 난'을 '조선 역사상 1천년래 제일대 사건'이라고 평가하였다. 묘청의 난은 전근대 사회에서 일어난 수많은 정변 가운데 하나일진대 왜 단재는 제일대 사건이라고 거창하게 이름을 붙였을까?

단재는 민족혼으로 전통적인 낭가사상郎家思想을 강조하였다. 따라서 묘청을 낭가와 불가를 대표하는 국풍파國風派 인물로 부각시키고 대외적으로는 독립당의 성격을 지닌 진취적인 인물로 파악하였다. 반면, 김부식은 유가를 대표하는 한학파漢學派 인물로서 대외적으로는 사대당의 성격을 갖는 보수적 인물로 폄하하였다.

그리고 묘청의 난은 이 두 세력이 격돌했던 사건으로 파악하였다. 그 격돌의 결과, 김부식이 승리하고 묘청이 졌기 때문에 이후 우리나라 역사는 보수적이고 사대적인 유가에 의해서 이끌려 왔고 결국은 일제의 식민지까지 되었다고 생각하였다. 이 때문에 묘청의 난을 그로부터 천년 뒤 우리나라가 식민지가 되도록 정해 준 운명적인 사건이었다고 해서 우리나라 역사상 1천년 동안 있었던 일 중 가장 중요한 사건이라고 평가했던 것이다. 물론 이런 신채호의 해석에 전적으로 동의하는 것은 아니다.

난의 원인

하나의 사건이 일어나는 데는 여러 가지 원인이 있겠지만, 묘청의 난이 일어난 직접적인 원인은 정치사적으로 파악할 때 왕권의 약화, 집권 세력 내부의 갈등 등에서 찾을 수 있다.

대개 고려 중기, 특히 문종 이후의 고려 정치사는 외척 세력으로 자리를 잡은 인주 이씨의 전횡이 두드러진 역사였다. 그 와중에서 1095년(헌종 1) 이자의李資義의 난이 발생하자 이를 숙종(당시는 鷄林公)이 진압했고 숙종은 곧 왕위에 올라 왕권을 강화해 나갔다. 그런데 그 뒤에도 인주 이씨는 계속 득세했고 또 1126년(인종 4)에는 이자겸이 난을 일으켰던 것이다.

이자겸의 난 이후에는 김부식 형제와 이수·이지저 부자, 그리고 새롭게 등장한 외척인 정안定安 임씨任氏의 임원후 등이 고려의 정계를 주도하는 위치에 있게 된다. 한편 척준경을 탄핵한 서경 출신의 정지상이라는 인물이 새롭게 부상하면서 역시 서경 출신이었던 승려 묘청과 백수한 등을 추천해서 왕의 신임을 얻는다. 그리고 왕의 가까운 신하였던 김안, 문공인 등이 정지상 등에 동조하여 이들은 하나의 새로운 정치 세력을 이루게 된다. 이 세력이 기존의 문벌 세력에 대한 카운터파트가 되었던 것이다.

이들은 마침 그때 새로이 등장하고 있던 금에 대한 정책을 어떻게 세울 것인가를 놓고 의견 대립을 벌이게 된다. 잘 알다시피 금나라는 여진족이 세운 나라이다. 여진족은 우리보다는 후진적인 종족이었지만, 12세기에 들어오면서 만주 지역의 새로운 강자로 떠올랐다. 그리하여 1115년(예종 10)

에 금나라를 세우고 1117년(동 12)에는 고려에게 자신들을 형으로 부르라는 요구를 해 온다. 고려에서는 이를 묵살하였다.

그러다가 1125년(인종 3)에는 금이 마침내 요를 멸망시키고 고려에게 한 발짝 더 나가서 신하가 될 것을 요구한다. 이에 대해 이자겸과 김부의 등은 사대적인 입장을 취하고, 반면 묘청이나 윤관의 아들인 윤언이, 정지상 등은 강경한 입장에서 금을 정벌할 것을 주장한다. 이렇게 해서 두 세력 사이의 갈등은 깊어진다.

물론 외교 관계를 어떻게 세울 것인가를 놓고 벌어지는 대립은 고려 초부터 있어 왔다. 고려의 자주성과 정체성을 강조하는 강경한 입장과 정치 현실을 주목하는 온건 또는 타협적 입장의 대립이었다. 그 이면에서 이는 정권을 둘러싼 대립과 연결되어 있었다. 그런 대립은 어느 시기에나 찾아볼 수 있다. 이 시기의 대립은 기득권 세력이라고 할 수 있는 문벌 가문과 신진관료의 대립이라는 양상을 띠었다.

이 대립을 사실상 조정하고 통제하는 역할은 왕의 몫이었다. 그러나 이 때의 왕은 제 몫을 다하지 못하였다. 이미 이자의의 난이나 이자겸의 난을 거치면서 왕권은 위축되어 제 구실을 하지 못하는 상태였다. 여기에 서경 천도라는 문제가 끼어들어 서경과 개경 간의 지역적 갈등까지 나타나면서 대립의 양상은 점점 복잡하고 심각해져 갔다.

지역 간의 갈등을 야기하게 되는 서경 천도 운동은 왕권을 강화하기 위한 방편의 하나였다. 왜 하필이면 서경으로의 천도를 주장했는가는 당시 서울이었던 개경이 왕경王京으로서는 지덕을 잃어 간다는 위기의식이 깔려 있었기 때문이다. 그런 위기의식 때문에 서울을 다시 정해서 국가의 운명을 연장해 보려는 의도를 가지고 새로운 수도를 찾아나서는 일들이 이미 벌어지고 있었던 것이다.

서경 천도 운동은 이런 맥락에서 일어난 것이지, 처음부터 지역 간의 갈등이 있어서 일어난 것은 아니다. 선후가 다르다는 이야기이다. 이때 서경 출신 인물들은 고려 초기 이래로 중시되었던 서경이 이런 위기를 해소하는 데 적합하다는 생각을 갖고서 서경 천도를 추진했던 것이다. 그리고 묘청은 천도를 통해서 정권을 장악하려고 기도했다. 다만 이를 가급적이면 정치적인 방법으로 해결하려고 했지만, 불가능해지자 결국 무력적인 힘을 빌려 난을 일으켰던 것이다.

묘청의 난

난의 진행 과정을 조금 실감나게 살펴보기 위해서 먼저 묘청 진영과 토벌군으로 나서는 김부식 진영을 서로 비교해 보면 좋을 것 같다. 묘청 진영의 주요 인물들은 묘청, 정지상, 조광, 백수한 등이었다. 묘청은 서경의 승려로서 도교적인 요소와 풍수지리, 도참사상 등을 함께 익혔던 다분히 영웅의 끼가 있던 인물이었다. 그는 서경의 임원역林原驛을 특히 중요하게 보고, 그곳에 왕궁을 지으면 좋겠다는 이야기를 하고 그것을 근거로 서경 천도를 주장하였다.

정지상은 우리들에게 시인으로도 잘 알려져 있는 사람이다. 고려 12명의 시인 가운데 한 사람으로 꼽히는 문학사상 중요한 인물이다. 그는 과거를 통해서 관계에 진출했고 주로 언관 계통에서 일을 하면서 정치에 깊이 관여하였다. 그 역시 음양주술에 관심이 많아서 묘청, 백수한 등과 친하게 지냈던 것이다.

한편 김부식 진영의 주요 인물들은 김부식과 동생인 김부의, 윤언이·윤언민 형제, 임원후 등이었다. 김부식은 잘 알다시피《삼국사기》를 쓴 사람이다. 그는 토벌군의 총사령관으로 나선다. 윤언이와 윤언민 형제는 윤관의 아들이고 임언후는 이자겸의 난 이후 새로이 등장하는 외척인 정안 임씨의 대표적 인물이다. 윤언이도 유명한 유학자 가운데 한 사람이다.

묘청의 난이 일어난 때는 1135년(인종 13) 정월이었다. 묘청은 서경에서 분사分司 기구를 이용해서 거사를 했다. 나라 이름을 대위大爲, 연호를 천개天開로 하고 자비령 이북을 차단하여 경계로 삼았다. 그런데 난의 과정은 치밀하지 못했던 것으로 여겨진다. 김부식의 기록에 의하면, 묘청의 난이 수년 전부터 계획된 것처럼 서술을 했지만, 실제로는 서경 천도가 좌절된 1134년 8월 이후에나 계획했던 것 같다. 이것은 천도 운동의 핵심 인물인 정지상, 백수한, 김안 등이 반란이 일어난지도 모르고 개경에 그대로 남아 있다가 처형당하는 모습에서도 짐작할 수 있다.

토벌군들은 출정에 앞서 개경에 남아 있던 정지상 등을 처벌하고 서경으로 진군한다. 주로 지구전법持久戰法을 사용했다고 한다. 이런 상황에서 묘청 진영에서는 내분이 일어나 조광이 묘청을 죽이고 항복할 의사를 표명하였다. 그러나 조정에서는 강경하게 거부하고 계속해서 토벌 작전을 추진한다. 결국 조광 세력은 끝까지 항쟁하다가 대략 1년 만인 이듬해 2월경에 진압당하였다.

풍수지리설의 역할

묘청이 서경 천도를 주장하면서 내세운 것은 예언적 도참圖讖을 내포한 풍수지리설이었다. 풍수지리설은 음양론陰陽論과 오행설五行說을 기반으로 한 땅에 관한 이치라고 할 수 있다. 즉 땅의 이치를 전통적인 논리 구조로 체계화한 사상이며, 《주역》을 주요한 준거로 삼아서 길한 것은 좇고 흉한 것은 피하는 것을 목적으로 하는, 땅을 보는 기술학이라고 할 수 있다. 풍風은 기후와 풍토를 지칭하고, 수水는 물과 관계되는 모든 것을 지칭한다. 따라서 풍수의 대상은 현대 지리학의 관심 분야와 같고, 땅을 보는 기본 시각도 인문지리적 입장과 같다.

한편 도참圖讖은 미래의 길흉화복을 예측하는 예언서, 다시 말하면 미래기라고 할 수 있다. 대표적인 예가 바로 조선 후기의 《정감록》이다. 그런데 우리나라에서는 도참이 특히 풍수지리와 연결되어서 나타나기 때문에 풍수도참이라고도 한다.

이 묘청의 난이 일어나던 때 우리나라에 유행했던 도참설은 그 당시 서울이었던 개경의 기가 쇠했다는 설과 왕기王氣의 기업基業을 연결하려는 생각이 중심이었다. 다시 말하면 새로운 길한 땅을 택해서 이궁離宮이나 이경離京을 지어서 왕이 거기에 머무는 방법으로 기업을 연장시키려고 했던 것이다. 바로 묘청도 개경의 기가 쇠했다는 설을 이용해서 아래와 같이 서경 천도를 주장했다.

'서경, 그 가운데서도 임원역의 땅은 음양가들이 이르는 바 대화세大華勢의 곳이다. 만약에 궁궐을 짓고 왕이 여기에 옮겨 온다면 가히 천하를 합병할 수 있다. 금나라는 폐백을 가지고 와서 스스로 항복할 것이며, 36국이 모두 신첩臣妾이 될 것이다.'

결국 당시의 예언적 풍수지리설은 서경 천도의 정당성을 뒷받침하는 이념적 배경이 되었던 셈이다. 이때의 풍수지리설은 단순히 미신에 그치지 않았고 국가 차원에서도 중시되는 중요한 정치적 의미를 지녔다. 따라서 고려의 사회사상을 보다 정확히 이해하려면 풍수지리나 도참 같은 것도 충분히 고려해야 할 것이다.

난의 역사적 의의

묘청의 난은 한마디로 지배층 내부의 갈등이 대외 정책을 빌미로 일어난 정쟁이었다. 왕을 새롭게 옹립하지 않은 점으로 봐서 왕권 자체에 대한 도전이라기보다는 중앙의 문벌에 대한 도전이었으며, 그 때문에 이 난은 한계를 지닐 수밖에 없었다.

외교 노선에서 보더라도 고려는 전통적으로 현실적인 외교 노선을 유지하고 있었다. 그래서 송, 요, 금 이런 나라들과 함께 안정된 동아시아 질서 속에서 서로 공존하는 외교 정책을 추진하고 있었다. 이때 묘청 세력들은 이러한 고려의 현실적인 외교를 부정하고 과감하게 북진과 금나라의 정벌을 주장하였다. 그 과감성이 지니는 나름의 역사적 의미는 충분히 평가할 수 있다 하더라도 그것의 실현가능성은 의문이었다. 또 하나 중요한 것은 그 당시 민에 대한 배려나 민의 참가가 이 난에서는 그리 비중 있게 보이지 않았다는 점이다.

묘청의 난을 정리하면서 남는 생각은 북진을 추진할 정도로 적극적이었던 묘청의 기상과 실리적이고 합리적인 현실인식을 갖고 있던 김부식의 감각이 고스란히 살아남을 수 있었다면 어땠을까 하는 아쉬움이다.

3 무신 정권의 성립

KOREA

무신 정권은 귀족 상호 간의 대립이 아니라 지배층 내에서 하급지배층을 구성하고 있던 무신들이 주
도했고, 그 성공으로 해서 문신귀족 사회를 붕괴시켰다는 점에서 통상적인 지배층 내부의 대립과는
차이가 있다.

무신 정권과 군사 정권

무신난武臣亂 하면 퍼뜩 스치고 지나가는 것이 군사 정권일 것이다. 우리 현
대사가 1960년대 이래 30여 년간 군사 정권이란 비정상적인 통치 구도 속
에서 지나 왔기 때문이다. 또 반대로 군사 정권을 보면 자꾸 무신 정권이
중첩되어 떠오르는 것은 비단 역사 공부를 한 사람들에게만 있는 현상은
아닐 것이다.

  5·16 쿠데타로 군사 정권이 들어선 이후에 실제로 무신 정권의 의미를
묘하게 설명하는 경우들이 없지 않았다. 무신 정권의 주동자들을 영웅으
로까지 부각시키지는 않았지만 무신난의 필연성을 강조하는 설명을 하기
도 했다. 반면에 무신 정권이 가지고 있었던 문제, 예를 들면 대토지 겸병
과 같은 사회경제적인 모순의 심화라든가, 몽골과 전쟁하는 과정에서 국
력을 효과적으로 동원하지 못해 결국 전 국가적인 어려움을 초래하게 했
다든가 하는 문제들은 짚어지지 못하였다.

어쨌든 무신 정권에서 원 간섭기, 그리고 원 간섭기 말기의 일련의 개혁, 이런 격변의 역사들이 우리가 직접 겪었던 현대사의 전개와 유사한 점이 많아서 우리들의 흥미를 끈다.

무신난의 발생

무신난은 1170년(의종 24) 8월에 일어났다. 의종이 경기도 장단의 보현원이라는 곳에 놀러갔을 때 이를 호위하고 있던 무신들이 거사를 해서 정권을 장악하였다. 이때 무신들은 '오병수박희五兵手博戲'라는 놀이를 하고 있었는데, 서로 힘을 겨루는 놀이였던 것 같다. 이때 대장군이었던 이소응이 나이도 들고 해서 견디지 못하고 달아났다. 이때 그가 달아났다고 해서 그보다 하위 관직에 있던 한뢰라는 문신이 이소응의 뺨을 때리는 일이 벌어졌다. 이것이 무신난의 촉발제 역할을 했던 것이다.

무신난의 주동자는 대장군이었던 정중부와 견룡행수牽龍行首로서 산원이었던 이의방이고, 이 세 사람을 꼽을 수 있다. 이들이 순검군巡檢軍을 동원해서 거사를 했는데, 모두 왕의 호위군이었다. 무신난은 왕의 근위 부대가 일으킨 정변이었던 것이다.

무신난이 일어난 원인에 대해서는 몇 가지로 얘기하고 있지만, 가장 전통적인 견해는 무신에 대한 차별 대우와 그에 대한 무신들의 반발을 들고 있다. 그러나 이런 인식은 지금 보면 단편적이고 근시안적인 견해라고 생각한다. 그런 것보다는 오히려 좀 더 깊은 측면에서 무신난이 일어나게 된 배경을 살펴볼 필요가 있다.

대략 12세기 무렵은 고려가 정치적으로 뿐만 아니라 사회·경제적으로 격심한 변동을 겪고 있던 시기였다. 경제적인 측면에서는 생산력이 증대하고 있었지만, 사회적으로는 고려의 특징을 이루었던 본관제와 부곡제 등이 해체되면서 사회 전 부문에 걸쳐서 커다란 변화가 일어나고 있었다.

사회적 부富도 상당히 커졌지만, 그 커진 부가 극히 일부의 문신들에게 독점되었고, 같은 지배층에 속해 있으면서도 문신들보다 열악한 처지에 있었던 무신들은 부의 분배 과정에서 소외되었다. 또한 일반 농민들은 문신들의 토지 겸병과 국가로부터 가중되는 과세 등으로 인해 자기 토지를 상실하고 떠돌아다녀야 하는 지경이었다. 아마 이런 사회경제적인 모순의 심화가 정치권에서 폭발한 것이 무신난이었다고 보는 것이 보다 합리적일 것이다. 따라서 문신에 반대했다고 해도 문신 모두는 아니었고 주로 상층 문신들이 반란의 대상이었다고 보는 것이 옳을 것이다.

무신 정권의 성립

무신 정권은 1170년에서 1270년까지 장장 100년 동안 지속되었다. 따라서 무신난은 일회적인 우연한 사건으로 치부할 일은 물론 아니다. 긴 시간 동안 계속되다 보니까 무신 정권을 이해하기 위해서는 무신 집권기를 시기 구분할 필요가 생긴다. 그래서 크게 성립기, 확립기, 붕괴기로 나눈다.

먼저 무신난이 일어났던 1170년부터 최충헌이 정권을 잡는 1196년까지의 시기를 성립기라고 한다. 이 시기에는 난을 일으켰던 정중부와 이의방, 이고 등이 정권을 잡고 있다가 경대승이 정중부를 살해함으로써 정권을 빼앗고, 다시 경대승의 병사病死로 인해 이의민이 집권하는 복잡한 정권교체 과정을 거치기도 한다.

이 시기의 특징은 우선 정권을 잡은 무신 집정의 지위가 확고하지 못했다는 점이다. 그래서 장군들의 회의체였던 중방重房을 이용해서 집단 지도 체제로 운영되었다. 또 조직적인 사병을 갖추지 못했기 때문에 무신들 간에 서로 정권 쟁탈전을 벌일 때도 금군禁軍과 같은 국가의 공병을 이용하였다. 그리고 문관에 대해서는 아주 심한 탄압을 하였다. 이런 일들은 결국 여러 면에서 아직 정권이 안정되지 못했다는 것을 보여 주는 증거이다.

최씨 무신 정권

무신 정권은 성립기의 복잡한 과정을 거친 후 최충헌崔忠獻(1149~1219)에 의해서 최씨 정권이 성립되었다. 최충헌은 무신 가문 출신이었지만, 이의민 정권하에서 정치적 성장에 제약을 받았다. 비록 정치적으로 소외되었으나 가문 출신이 좋은 무반들은 최충헌을 중심으로 세력을 모으고 있었다. 이때 이의민의 아들 지영至榮이 최충헌의 동생 충수忠粹의 집비둘기를 빼앗은 사건이 도화선이 되어 1196년 최충헌 형제가 이의민을 살해하였다. 이처럼 이의민이 죽자 "여러 해를 막히고 뜻을 얻지 못한 많은 사람이 이로써 희망을 품었다."고 기록할 정도였다. 즉 이의민의 죽음은 이의민 정권에서 소외된 세력들이 비둘기 쟁탈이라는 사건을 계기로 그 불만을 폭발시키는 과정에서 일어났던 것이다. 이로써 이의민 정권이 붕괴되고 최씨 무신 정권 시대가 개막되어 4대 62년간 지속되었다. 이때를 확립기라고 한다.

최충헌은 집권한 직후에 〈봉사십조封事十條〉라는 상소를 올려서 당시의 폐단을 지적하였다. 이 상소만을 보면 최충헌은 꽤 진실한 개혁의지가 있었던 것으로 보인다. 그러나 그것은 다만 구두선口頭禪으로 그쳤을 뿐이었다. 실제로 최충헌은 집권한 뒤에 〈봉사십조〉에서 지적한 내용들을 바로잡지 못했다. 형식적인 개혁의지만 내세웠을 뿐 실천의지가 없었던 것이다. 그는 여러 왕을 옹립하기도 하고 폐위시키기도 하면서 국왕권을 능가하는 권력을 행사하였다. 또한 도방都房을 이용해서 승도와 농민, 그리고 천민의 항쟁을 진압했고, 정치를 하는 집정부로서 교정도감教定都監이라는 기구를 설치하였다. 그리고 그 다음 대인 최우 역시 교정도감을 중심으로 정치를 했으며, 최항과 최의에 이르기까지 4대에 걸쳐 60여 년간 최씨 일가가 정권을 장악하였다.

이 기간은 무신 정권기 동안 가장 안정되었던 시기였다. 그 안정된 정치 행태를 잠깐 보자. 이들은 우선 무가막부武家幕府에 의한 무단정치를 실행

했는데, 그 중심이 된 것은 교정도감이었다. 그리고 최우 때가 되면 집정자가 국가의 공직을 가지고 있건 말건 그것은 문제가 되지 않을 정도로 무신정권 자체의 권위가 확립되었다. 교정도감의 책임자였던 교정별감, 이 직책 하나만 가지고도 정치를 할 수 있었던 것이다. 그리고 도방과 같은 사병조직이 이를 힘으로 뒷받침하고 있었다.

나아가 정치가 어느 정도 안정되었기 때문에 실제로 정치 실무를 해 나가는 데 필요한 문신들을 등용하기 시작했다. 그 가운데서도 능문능리能文能吏라고 하여 문학적인 소양과 행정적인 실무능력을 고루 갖춘 인물들을 등용하였다. 이들이 당시에는 이상적인 관리로 설정되어 있었다. 그리고 사설私設 전주기관銓注機關인 정방政房을 설치하여 이들의 진출을 위한 통로를 열어 주는 동시에 이들을 장악해 나갔다. 전주란 관리를 임명하기 위해 직임에 합당한 인물을 왕에게 추천하는 일을 말한다. 이렇게 하면서 무신

최충헌과 그의 가족들이 지니고 다녔던 경전과 경전을 넣는 상자

국립중앙박물관 소장

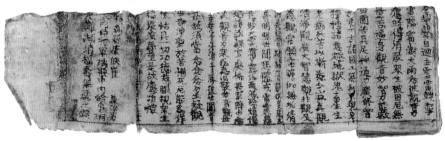

정권은 정치적으로 안정을 이루었다. 그러나 그 당시의 시대가 안고 있었던 문제들, 그것들을 해결하는 데는 적극적이지 않았다. 때문에 대토지 겸병 현상과 같은 것은 오히려 심화되었다.

그리고 정쟁으로 인해 중앙정부의 지방 통제력이 이완되면서 이전까지는 유리流離와 같은 소극적인 방법으로 저항하던 농민과 천민이 대규모로 봉기하는 사태가 일어난다. 그와 함께 국가질서도 약화되었다. 예를 들면 이 무신 집권기에 사병은 강력해졌지만 그 반면에 관군은 허약해졌다. 그리하여 몽골이 침입했을 때 자기 집을 호위하는 데는 열중했지만 몽골군과 전투하는 데는 소극적이었던 것이다.

이런 연장선상에서 강화 천도의 의미도 국가나 민족의 보전보다는 자신의 정권을 수호하는 데 주안점을 두는 행위였다는 평가도 나오고 있다. 한마디로 국가정치의 발전 방향이나 이익을 생각하기보다는 정권의 보위, 그것을 위한 체제와 구성, 이런 것들에 집착했던 것이 최씨 정권의 특징이었고, 그 때문에 국가질서가 약화되고 몽골의 침입이라는 상황에 능동적으로 대처하지 못하게 되었던 것이다.

무신 정권의 붕괴

무신 정권은 하루아침에 붕괴되지는 않았다. 1258년 최씨 정권이 무너지고 나서도 무신 정권이 완전히 끝나기까지는 대략 10여 년의 세월이 더 걸렸다. 그 가운데 김준, 임연과 임유무 부자가 무신 집정으로 활약하였다. 무신 정권이 붕괴되는 원인은 내부에도 있었지만 몽골 침입이라는 외부의 요인이 컸다.

최씨 정권의 마지막 집정자였던 최의를 몰아내는 사건이 무오정변戊午政變인데, 여기서도 정권을 장악한 것은 역시 무신들이었다. 그 대표자가 김준이었다. 김준은 1264년(원종 5)에 교정별감이 되어 권력을 장악하였다.

그러나 그 이전에 비하면 이미 힘이 많이 빠져 있었다.

1268년(원종 9)에는 임연이 거사를 했고, 여기에는 원종과 왕의 측근들도 가담하였다. 그러나 곧 임연과 왕 사이에 갈등이 발생하였다. 개경으로 환도할 것이냐, 아니냐를 둘러싸고 일어난 갈등이었다. 왕은 개경으로 환도해서 왕권을 회복하려 했고, 무신 집정자들은 반대하였다. 여기에 원이 끼어들게 된다. 그래서 원종이 한때는 폐위당하기도 했지만, 원의 지원을 받아서 다시 왕위에 오르면서 권력을 장악하고, 이 과정에서 개경으로 환도한다. 이때 임연은 병으로 죽고 임유무가 이를 계승을 했지만 출륙出陸 명령을 거부하던 임유무가 끝내 살해됨으로써 원종 11년인 1270년 무신 정권은 완전히 끝을 맺었다.

무신 정권의 역사적 의의

100년 동안 계속된 무신 정권이었지만 여기에 반대하는 움직임들도 많았다. 내부에서 작은 규모의 움직임도 있었지만 대표적인 것으로 꼽을 수 있는 것은 동북면 병마사였던 김보당이 일으킨 '김보당의 난'과 서경유수였던 조위총이 일으킨 '조위총의 난'이다. 이들은 모두 무신을 타도하고 문신들이 다시 정권을 잡아야겠다고 하는 반反무신난이었다.

이와 더불어 승도들의 항쟁도 대단히 거셌다. 특히 교종 세력들은 문신과 서로 깊은 관계를 맺고 있었는데, 이들이 반무신 운동에 앞장섰던 것이다. 그리고 당시 가장 큰 피해자였던 농민과 천민의 항쟁도 거세게 일어났다.

이런 무신 정권이 가지는 역사적 의미는 무엇일까? 여기에 대해서는 크게 두 가지 견해가 있다. 하나는 하부 구조인 전시과 체제의 모순이 정치적으로 폭발한 것이라고 파악하는 것이다. 매우 일리가 있는 견해다.

또 하나의 견해는, 물론 이런 사회경제적인 변동을 밑에 깔고 있기는 하

지만 기본적으로 무신 정권이나 무신난은 역시 지배층 내부의 정쟁이었기 때문에 이자겸이나 묘청의 난과 크게 다를 바가 없다고 보는 것이다. 그러나 비록 그렇다 하더라도 귀족 상호간의 대립이 아니라 지배층 내에서 하급지배층을 구성하고 있던 무신들이 주도했고, 그 성공으로 해서 문신 귀족 사회를 붕괴시켰다는 점에서 통상적인 지배층 내부의 대립과는 차이가 있다고 보아야 할 것이다.

4 만적의 난

"장상將相의 씨가 어찌 따로 있겠는가! 시기만 만나면 될 수 있는 것이다. 이 나라에 다시는 천인이 없게끔 만들면 공경장상公卿將相일지라도 우리들이 누구나 다 얻을 수 있을 것이다!"

만적의 난

"우리나라에서는 경인년(무신난이 일어난 해) 이래 고관대작이 천민과 노비에서 많이 일어났다. 장상將相(대장이나 정승)의 씨가 어찌 따로 있겠는가! 시기만 만나면 될 수 있는 것이다. 우리들도 어찌 채찍 아래에서 뼈 빠지게 천역만 하겠느냐! …… 먼저 최충헌 등을 죽이고 이어 각자는 자기 주인 놈을 때려죽일 것이며 종문서賤籍를 불태워 버리자! 그럼으로써 이 나라에 다시는 천인이 없게끔 만들면 공경장상公卿將相일지라도 우리들이 누구나 다 얻을 수 있을 것이다!"

이 말은 《고려사》 〈최충헌전〉에 나온다. 최충헌전에 나온다고 최충헌이 한 말은 아니다. 바로 유명한 만적이라는 노奴가 다른 많은 노비들을 모아 놓고 같이 봉기하자고 선동하면서 한 말이다. "장상의 씨가 어찌 따로 있겠는가將相寧有種乎! 시기만 만나면 될 수 있는 것이다."라며 신분 해방을 소리

높여 외쳤던 것이다.

"왕후장상의 씨가 어찌 따로 있겠는가王侯將相寧有種乎?"라는 말이 유명한데 이는《사기史記》〈진섭세가陳涉世家〉에 나오는 것으로, 진시황의 막내아들 호해胡亥가 황제로 즉위하여, 환관들의 전횡으로 나라가 어지럽고, 대규모 토목사업을 벌여 농민들이 부역에 시달리던 때, 농민 출신인 진승陳勝과 오광吳廣이 반란을 일으키면서 한 말이다. '왕후'라는 말이 있고 없고의 차이는 있지만, 반란의 선동적 구호가 되었던 점은 같다.

1198년(신종 1) 개경에서 만적이 일으킨 이 난은 우리나라 최초의 천민 해방 운동이라고도 한다. 만적은 누구이며 어떻게 난을 일으켰을까?

만적에 대해서는 자세한 기록이 남아 있지 않아 알 수 있는 사실은 매우 단편적이다. 만적은 최충헌의 집에서 가사노동에 종사하는 노비였다. 그는 여러 가지 일을 했지만 그 가운데 하나로 나무하는 일을 하였다. 그래서 당시 개경의 많은 고관대작들 집에서 역시 같은 일을 하던 노비들과 함께 산에 모일 기회가 있었던 것이다. 그는 이 기회를 이용해서 그들을 이끌고 난을 일으키려고 했던 것이다.

자신들이 일단 거사를 하면 왕궁에 있는 노비들도 합세할 것이고 그러면 자기들이 정권을 잡을 수 있으리라는 기대를 가지고 계획을 세웠다. 그런데 실제로 거사하기로 한 날에 가 보니까 그 자리에 나온 노비들은 많지 않았다. 그래서 부득이 거사일을 연기했는데, 그러는 사이에 노비 중의 한 명이었던 순장이 자기 주인에게 이 일을 누설하고 말았다. 그 바람에 우리 역사상 최초로 기록될 천민들의 인간 해방의 실험은 실패로 끝나고 말았다.

최충헌의 사노私奴에 지나지 않던 천인 만적이 어떻게 천민 해방을 주장하는 난을 일으키려 할 수 있었을까? 무신 정권이 들어선 후에는 신분적으로 열악한 처지에 있던 사람들이 출셋길로 들어서는 일이 종종 있었다. 심지어는 이의민과 같이 천계賤系 출신이 최고 권력을 잡는 경우도 있었다.

이런 현상은 곧 무신 정권 이후 기존의 신분 질서가 크게 흔들리고 있었다는 사실을 말한다. 따라서 이렇게 동요하는 신분질서는 노비와 같은 천민들에게도 신분에 대한 인식의 전환을 갖게 하는 계기가 되었다. 말하자면 귀족제적 질서를 부정하면서 천민들도 해방될 수 있다는 생각을 할 수 있었던 것이다. 그렇기 때문에 만적뿐만 아니라 많은 공천公賤이나 사천私賤들이 이 봉기 대열에 참여했던 것이다.

농민들의 봉기

어떻게 보면 만적의 난은 당시 연이어 일어났던 많은 천민 항쟁 가운데 하나일 뿐이었다. 다만 그 내용이 《고려사》에 기록되었고 "장상의 씨가 어찌 따로 있겠는가?"라는 상당히 선언적인 표현으로 인해 우리가 특히 기억하고 있는 것이다. 그러니까 만적의 난 외에도 많은 농민들의 항쟁이 있었다. 12세기에는 어떤 농민 항쟁들이 있었을까? 또 왜 이렇게 많은 항쟁들이 일어났을까?

12·13세기에는 전국에 걸쳐서 농민들의 봉기가 일어났다. 공주 명학소의 망이·망소이의 난(1176년), 신라 부흥을 주장한 김사미의 난(1202년), 고구려 부흥을 주장한 최광수의 난(1217년), 백제 부흥을 주장한 이연년의 난(1237년) 등이 있었다. 이런 봉기들의 저마다 다른 이유들을 찾는 것도 중요하겠지만, 서로 공통되는 이유를 찾는 것이 더 중요하다. 특히 전체를 이해하려면 더욱 그렇다.

공통되는 이유들 중 제일 먼저 들 수 있는 것이 배고픔이었다. 그 당시 농민들은 토지에 묶여서 살고 있었는데, 토지 제도가 문란해서 힘센 자들이 토지를 빼앗아 가는 일이 비일비재하였고, 게다가 국가의 조세 수취가 늘어나 농민들에게 감당하기 어려운 부담이 되었다. 이 때문에 농민들은 생업을 포기하고 아예 땅을 떠나는 일들이 많아졌다. 이런 현상을 유망流

ㄷ이라고 한다. 이 유망도 저항의 한 형태였다. 다만 저항이긴 해도 아주 소극적인 저항일 뿐이었다. 이것이 좀 더 조직화되고 폭력을 갖추면서 봉기로 나타났다.

봉기가 일어나는 또 하나의 중요한 이유는 제 몫을 찾고자 하는 데 있었다. 이런 봉기에는 상당히 적극적인 주장이 담겨졌다. 그런 점에서 이런 저항의 힘은 사회 발전의 동력이 될 수 있었다. 12세기 무렵에는 농업생산력이 발전했는데, 그 발전의 결과가 그것을 자신의 손으로 직접 만들어 낸 농민들에게 돌아가지 못하였다. 농민들에게 정당한 몫이 주어지지 못하고 무신 집정자와 같은 권력을 가진 자들에게 부당하게 돌아갔다. 말하자면 분배를 둘러싼 불공평이 심화되었고 그로 인해 농민들이 정도를 넘어서는 궁핍에 처하게 되자 자신들의 몫을 찾아 저항에 나섰던 것이다.

당시 농민들의 궁핍상은 여러 문학작품들에도 반영되었다. 이런 문학작품들을 읽어 본다면 당시 농민들의 고통스러운 모습을 더욱 생생하게 이해할 수 있다. 그 가운데 《동명왕편》이란 글을 지어 유명한 이규보의 시 한 수를 예로 들어 보자.

한평생 일해서 벼슬아치 섬기는
이것이 바로 농사꾼이다.
누데기로 겨우 살을 가리고
온 하루 쉬지 않고 밭을 가노라
벼모가 파릇파릇 자랄 때부터
몇 번을 매가꾸어 이삭이 맺었건만
아무리 많아야 헛배만 불렀지
가을이면 관청에서 앗아가는 것
남김없이 몽땅 **빼앗기고** 나니

내 것이라곤 한 알도 없어
풀뿌리 캐어 목숨을 이어가다가
굶주려 마침내 쓰러지고 마는구나

서울의 호강스레 잘사는 집엔
보배가 산더미로 쌓여 있도다
구슬같이 흰 쌀밥을
개나 돼지가 먹기도 하고
기름같이 맛있는 술을
심부름꾼 아이들도 마음대로 마시누나
이것은 모두 다 농사꾼이 이룩한 것
그들이야 본래 무엇이 있었으랴
농민들의 피땀을 빨아 모아선
제 팔자 좋아서 부자가 되었다네.

농민들이 열심히 농사를 지어도 자기에게 돌아오는 것은 없고 빼앗기기만 하는 참담한 모습이 잘 그려져 있다. 벼슬아치나 부자들은 손가락 하나 까닥하지 않고도 호화롭게 살고 있고 피땀 흘려 일하는 농민들은 어렵게 사는 모습을 대조해서 당시의 현실을 비판하고 있다. 이런 당시의 사회 모순은 이규보와 같은 시인만이 인식하고 있었던 것은 아니다. 바로 농민들도 같은 생각을 했던 것이다. 아니 어쩌면 그 느낌이 더 절실했을 것이다. 농민들의 이런 느낌, 이런 생각들이 조직될 때 결국 봉기가 일어나게 된다.

봉기의 전개

어떻게든 현실을 바꾸어 보고자 했던 농민들의 움직임은 대체로 11세기 후반부터 나타났다. 주로 농토를 버리고 다른 삶을 찾아 떠나는 유망이었다. 그러다가 12세기 초에 가면 산골짜기에 농민들이 모여서 소규모로 봉기하는 모습들이 나타나고, 12세기 후반기에는 좀 더 규모가 커지고 본격화된다.

이렇게 해서 격렬해지는 항쟁은 1170년대 무렵 서북면 지역에서 처음으로 나타났다. 흔히 반무신 운동이라고 하는 서경유수 조위총의 난(1174년)이 그 예인데, 우리는 그 난에 서경의 주민들이 아주 자발적으로 참여하였다는 사실에 주목해야 한다. 이들은 처음에는 주진군州鎭軍의 지휘관으로부터 지휘를 받다가 뒤에 가서는 지휘관의 의도와는 달리 자기들이 스스로 수령과 향리를 공격 대상으로 삼기 시작한다.

이는 결국 서경 주민들의 봉기가 단순한 반무신 운동이라기보다는 중세의 지방 지배 자체에 대한 저항이었다는 것을 의미한다. 그래서 1176년에 관군에게 패퇴하고 난 뒤에도 그들은 해산하지 않고 산간 지대로 들어가서 저항을 계속했던 것이다.

그 이후에 양광도·전라도·경상도 등 거의 전국에 걸쳐서 농민들뿐만 아니라 다양한 봉기들이 일어났다. 양광도·전라도 쪽의 대표적인 농민 봉기는 1176년에 일어난 공주 명학소의 농민 봉기를 들 수 있다. 흔히 '망이·망소이의 난'이라고 하는 공주 명학소의 농민 항쟁은 소所라고 불리던 특수 행정구역의 농민들이 일으킨 봉기였다. 그리고 1182년 관성(옥천), 부성(서산) 지역에서 일어난 봉기는 향리가 주도했고, 같은 해에 전주 지방에서 일어난 농민 봉기는 주현군들이 관노官奴·중들과 합세해서 봉기를 일으켰다.

경상도 지역도 굉장히 치열했는데, 유명한 김사미와 효심의 봉기가 있었다. 이렇게 항쟁을 거듭하면서 농민들의 저항은 더욱 격렬해지더니 12세기 말에서 13세기 초로 넘어가면서 점차 조직화하고 상호 연계하는 발전적인 모습도 보인다.

농민 봉기의 의미

그러면 이런 12·13세기 농민 항쟁이 지니는 역사적 의미는 무엇일까? 농민 항쟁 자체는 항상 실패한다. 역사상 성공한 농민 항쟁이란 찾아보기 힘들다. 그렇지만 실패했다고 아무런 의미조차 없었던 것은 아니다. 그러면 왜 농민들의 항쟁이 실패할 수밖에 없었는가를 살핀 다음, 비록 실패했지만 역사적으로는 어떤 의미를 지니는가에 대해 알아보자.

먼저 실패한 원인의 하나는 농민들의 의식이 철저하지 못했다는 점이다. 개경을 공격하겠다는 이야기는 했으나 그것이 국왕으로 대표되는 당시의 중앙정부를 전면적으로 부정하는 데까지는 이르지 못하였다. 주로 무신 집정기에 발생했기 때문에 당시 무신 정권 집정자들에 대한 저항에 그치는 모습이었다.

또 하나의 원인은 현실을 부정하고 있지만 그 대안을 갖고 있지 못했다는 것이다. 새로운 이념의 제시 없이 단순히 현실만을 부정하는 데 그치고 말았다.

그리고 마지막으로 들 수 있는 원인은 힘의 분산이었다. 전국적으로 봉기가 일어나긴 했지만 각 지방에서 따로따로 일어났지, 서로 힘을 합치지는 못하였다. 연대하는 모습을 조금은 보이지만 변수가 될 정도는 아니었다. 결국 분산된 힘으로는 체제의 변화를 이루어 내기에 역부족이었다. 이처럼 힘을 합치지 못한 까닭은 각각의 봉기들의 양상이 서로 달라 연대의 고리를 만들 수 없었기 때문이었다.

그럼에도 불구하고 농민 봉기가 이룩한 성과는 적지 않았다. 12세기 이후로 붕괴되어 가던 고려의 사회질서를 재편하는 데 농민 항쟁은 매우 큰 역할을 하였다. 이를테면 부곡제의 해체 같은 것을 예로 들 수 있다. 그리고 민중의 역량이 이 기회를 통해서 역사 발전의 동력이 될 만큼 커졌다는 것이다.

조금 뒤의 일이지만 몽골이 쳐들어왔을 때 정부군과 합세해서 맹렬하게 항쟁할 수 있었던 역량도 이 시기에 축적되었다고 할 수 있다. 아울러 천민의 신분적인 지위도 어느 정도는 상승하는 효과를 거두었다. 이런 변화를 우리는 역사의 발전이라고 한다. 이처럼 농민과 천민들의 항쟁은 여러 면에서 사회의 질적 발전의 기초가 되었던 것이다.

Korea

HISTORY OF KOREA

제9장 | 대몽 항쟁과 개혁

1 대몽 항쟁과 강화도

민중들로서는 정부에 대한 저항도 중요했지만 외세의 침입에 대응하는 것이 먼저였다. 국가와 민족을 지켜야겠다는 생각이 앞섰던 것이다. 이에 비해 정부나 지배층은 그에 맞는 적절한 대응을 하지 못했다.

팔만대장경

경상남도 합천군 가야산 남쪽 기슭에 해인사라는 절이 있다. 그곳에도 더위를 씻어 주는 시원한 계곡이 있지만, 이 절이 우리나라의 대표적인 사찰의 하나로 유명해진 까닭은 바로 팔만대장경이 있기 때문이다.

해인사는 화엄 계통의 중요한 사찰로 이 팔만대장경을 보관하고 있기 때문에 법보사찰로 불린다. 법보法寶는 불보佛寶·승보僧寶와 함께 불교도의 세 가지 귀의처인 삼보三寶의 하나이다. 이를 보통 불·법·승이라고 말한다. 그리고 법보사찰인 해인사와 불보사찰인 통도사, 승보사찰인 송광사를 합쳐서 삼보사찰이라고 한다. 통도사는 부처님의 진신사리를 모셨다고 해서, 해인사는 부처님의 법문을 기록한 대장경을 보관하고 있다고 해서, 송광사는 큰스님을 많이 배출했다고 해서 각각 불보사찰, 법보사찰, 승보사찰이라고 이름이 붙여졌다.

팔만대장경은 몽골이 침입했을 때 부처의 힘을 빌려 그들의 침입을 물리

치고자 하는 염원 때문에 만들었다고 한다. 그러나 이면에는 훌륭한 군사
력인 승려가 포진해 있던 불교계에게 전쟁 참여 동기 내지 명분을 주기 위
한 때문이었다고도 하는데, 설득력 있는 주장이다.

　우리나라에서 대장경을 만든 것은 해인사의 팔만대장경이 처음은 아니
다. 이미 현종에서 선종 대까지 70년간에 걸쳐서 대장경을 만든 적이 있었
다. 그것이 처음이었다. 그 대장경은 대구 근처에 있는 팔공산 부인사符仁寺
에 보관하고 있다가 몽골의 3차 침입 때 소실되어 버렸다. 그래서 다시 대
장경을 만들게 되었는데, 그것이 바로 지금 남아 있는 팔만대장경이다.

　이 대장경은 1236년부터 1251년까지 16년간에 걸쳐서 만들었다. 지금
남아 있는 것은 약 8만 1,000여 장의 경판經板이다. 대장경을 만드는 일은
당시 무신 집정자였던 최우와 최항 부자가 주도하였다. 이 대장경을 만든
이유는 몇 가지가 있었다. 하나는 현종 때에 처음 대장경을 만들었더니 당
시 쳐들어왔던 거란군이 물러갔다는 것이다. 그래서 이번에도 몽골군이
물러가기를 바랐던 것이다. 물론 대장경을 만든다고 해서 침입했던 적군이

실제로 물러가는지는 확인할 수 없지만….

또 하나 이런 대규모의 국가적인 사업을 벌임으로 해서 백성들을 단합시키고 그것을 통해 대몽 항쟁도 지속하고 정권도 안정시킬 수 있다는 현실적인 이유도 상당히 강하였다. 몽골군에 의해 국토가 유린당하는 쓰라린 경험의 뒤안길에 바로 이처럼 세계에 자랑할 수 있는 팔만대장경이 만들어졌다는 것은 역사가 만들어 낸 또 하나의 아이러니가 아닐 수 없다.

몽골 침략의 배경

몽골은 왜 고려를 침략하였을까? 이를 알기 위해서는 먼저 12세기 말~13세기 초의 동아시아 정세를 살펴볼 필요가 있다. 그 당시 북중국과 만주 지역에는 금나라가, 남중국 지역에는 송나라가, 몽골 서쪽에는 서하西夏가, 그리고 한반도에는 고려가 자리를 잡고 있었는데, 초원 쪽에서 몽골족이 흥기하면서 동아시아에 커다란 변화가 일어난다. 13세기 초에 테무친(칭기즈 칸)이 출현해서 몽골족을 통합해 강대한 세력을 이루더니, 1206년에 마침내 칸의 지위에 오른다. 이렇게 강한 국가를 건설한 몽골은 곧 정복 전쟁을 벌이게 되는데, 서하를 정복하고 금나라도 정복하고, 그러다가 마침내 고려까지 침입하게 된다. 말하자면 몽골의 팽창 정책과 그에 따른 정복 전쟁의 수순 속에서 고려에 침입했던 것이다.

고려와 몽골이 처음으로 접촉한 것은 1219(고종 6)년 평양 동쪽의 강동성 전투에서였다. 강동성 전투는 몽골군에게 쫓겨서 압록강을 건너온 거란족을 토벌하는 전쟁이었다. 거란족이 몽골병에게 쫓겨서 고려를 침략하니까 고려는 군대를 출동해서 그들을 강동성으로 몰아넣었는데, 거란병을 쫓아오던 몽골병들 역시 강동성을 향해서 전투를 하게 됐다. 그래서 고려와 몽골의 군대가 연합해서 강동성을 치게 되었고, 그러면서 처음으로 접촉했던 것이다.

이때 고려와 몽골은 서로 싸울 이유가 없었기 때문에 형제의 맹약을 맺었다. 그 후로 몽골은 매년 고려에 사신을 보내 지나치게 많은 공물을 요구하곤 했다. 그들은 이렇게 공물을 요구하는 명분을 그들이 강동성 전투를 지원했다는 데서 찾았다. 그들이 공물을 요구했던 실제 이유는 그 공물을 가지고 남송 정벌에 필요한 물자를 조달하고자 했던 데 있었다.

그런데 이런 관계 속에서 찾아오는 몽골 사신들의 행패가 대단했다. 따라서 고려는 이래저래 불만이 많았다. 그러던 차에 마침 사신으로 왔던 저고여가 1225년(고종 12)에 몽골로 돌아가다가 압록강가에서 피살되는 사건이 발생하였다. 이것을 계기로 몽골이 외교 관계를 단절해 왔고 이 때문에 고려와 몽골의 관계는 상당히 악화되었던 것이다.

전쟁의 경과

고려와 몽골은 계속 싸웠던 것은 아니다. 몽골이 간헐적으로 침입해 왔기 때문에 싸우던 때도 있었고 싸우지 않았던 때도 있었다. 보통 6차에 걸친 침입이라고 한다. 1차 침입은 1231년에 있었고, 몽골군을 지휘한 장군은 살리타였다. 이때에는 고려가 매우 잘 싸웠다. 서북면 도병마사였던 박서가 귀주에서 커다란 승리를 거두었고, 자주부사慈州副使였던 최춘명도 역시 선전을 했다. 이렇게 되자 살리타는 별동대를 편성해서 개경을 위협해 왔다. 그 당시 집정자였던 최우는 대장군 채송년을 보내서 여러 도의 군대를 징발해 가지고 전투를 하게 했지만 지고 만다. 결국 개경이 포위되고 경기도 광주, 충주, 청주까지 몽골군의 공격을 받았다. 이런 상황에서 화해교섭을 벌여 마침내 몽골군의 철수가 이루어진다.

그러나 몽골은 철수하면서 서북면 40개 성에 다루가치達魯花赤 72명을 두었고, 이를 통해 고려의 정치에 간섭하게 되었다. 나아가 고려는 공물을 부담하는 의무까지 지게 되었던 것이다.

강화 외성

강화도로 천도한 고려 조
정은 강화도를 지키기 위
해 내성과 중성, 외성을 쌓
았다. 몽골은 강화 조건으
로 성을 모두 헐어 버릴 것
을 요구했다. 지금 남아 있
는 성은 조선 시대에 쌓은
것으로 일부가 고려 시대
의 것과 겹친다.

1259년 강화가 성립할 때까지 몽골은 여섯 번에 걸쳐 침입하였다. 침입할 때마다 침입하는 이유가 달랐다. 그 가운데 중요한 이유는 군사 전략적인 것이었다. 당시 몽골의 커다란 목표는 남송을 공격하는 데 있었다. 따라서 몽골은 고려와 남송이 서로 연합해서 몽골에 대항하는 상황을 사실 대단히 두려워하고 있었다. 그래서 배후를 차단한다는 전략적인 목표 아래 고려를 한 번씩 와서 치고는 돌아가고 다시 치고는 돌아가고 하는 작전을 구사했던 것이다. 야구로 비유하자면 계속 견제구를 던졌던 셈이다.

강화도 천도

최초의 침입으로부터 계산하면 40년이라는 상당히 긴 기간 동안 고려는 몽골의 공격에 저항하였다. 이 대몽항전의 중심이 된 곳이 바로 강화도였다.

최씨 정권이 강화도로 천도한 것에 대해, 일반 사람들은 보통 몽골군이 말은 잘 타지만 배는 타 본 적이 없어 해전海戰에 약하기 때문에 갔다고 알고 있다. 그렇지만 실제로 강화도에 가 보면 다리 하나로 이어져 있어서 섬이라는 느낌조차 들지 않을 정도로 육지로부터 아주 가까운 곳에 있다. 따라서 그런 강화도로 옮겨 간 이유가 통설처럼 몽골군이 해전에 약하기 때문이었다고 할 수 있을까? 과연 그랬을까?

몽골군은 기마병을 동원한 육전에는 아주 강한 군대였고, 특히 성을 공격하는 데는 능란한 전술을 구사하는 군대였다. 그러나 몽골군이 해전에 능숙하지 못한 것은 사실이었다. 그리고 강화도와 육지 사이의 해협은 매우 좁기는 하지만 실제로 물살이 빠르기 때문에 그곳을 건너기가 용이한 것은 아니었다. 그러므로 몽골군이 해전에 약하기 때문이라는 통설은 물론 이유가 된다. 그렇지만 만약에 몽골이 총력을 기울여서 강화도를 공격했다면 견디기는 어려웠을 것이다. 그러니까 몽골은 총력을 다해서 강화도를 공격하지는 않았다는 것이다. 왜냐하면 고려를 공격했던 주된 이유가 고려의 정복보다는 남송 공격을 위한 후방 견제의 필요성에 있었기 때문이다.

한편 최씨 정권은 어떻게 강화도로의 천도를 단행할 수 있었을까? 몽골이 처음 침입했다가 철수할 때 고려 쪽에서는 몽골군이 다시 침입할 것이라고 생각하였다. 그리고 거기에 적절하게 대응하기에 개경은 부적절하다고 판단하고 섬 지방으로 옮겨갈 생각을 하고 있었다. 그때 강화도가 적격지로 떠올랐던 것이다. 이 천도를 주관한 사람은 당시 집정자였던 최우였다. 물론 반대 의견도 있었지만 다 묵살하고 천도했던 것이다.

강화도 천도에 대한 평가는 대체로 두 가지가 있다. 하나는 수도를 옮겨서까지 적극적으로 외세에 대항하려 했던 자주성, 감투정신 등의 발휘로 보아 긍정적으로 평가하는 것이고, 다른 하나는 그 당시에 천도를 적극적으로 주장하고 주관했던 인물이 무신 집정자였기 때문에 무신 정권을 좀 더 유지하고 보위하려는 현실적인 목적에서 했다고 보는 것이다.

민중의 저항

몽골의 침입에 대해서는 정부군은 물론이지만 일반민들도 다 같이 저항하였다. 초기에는 관군이 주도적으로 전쟁을 이끌었다. 그러나 무신 정권이 장악하고 있던 도방都房이나 별초別抄 같은 당시 최고의 정예 군사력은 전력을 다해서 몽골과의 전쟁에 참여했다고 보기는 어렵다. 특히 강화도로 천도한 이후에는 강화도 방위에 전념하였으며, 다른 곳의 전투에는 간헐적으로 참여하고 그것도 일부만이 참여하였다. 왜 그랬는가 하면 그들이 전력을 동원해서 몽골과 싸웠다면 당시 정권을 보위하기 어려운 현실적인 이유가 있었기 때문이다.

이에 비해 민중들은 아주 과감하고 용맹스럽게 전쟁에 참여하였다. 그러므로 항전의 중심은 민중에 있었다고 할 수 있다. 당시 민중들은 정부에 대한 불만으로 농민 봉기라든가 천민 봉기를 통해 반기를 들고 있었던 때였다.

이런 과정에서도 농민과 천민들은 정부군과 협력해서 몽골과의 전쟁에 참여하였다. 1231년에 몽골이 처음 침입해 오자 평안북도 마산에 있던 초적草賊 5,000명이 자원해서 참전하였다. 관악산의 초적도 역시 자원해서 동선역洞仙驛 전투에 참여했고 커다란 공까지 세웠다. 이밖에 처인부곡이라든가 다인철소 등 향·소·부곡민들도 참여하였다. 유명한 처인성 전투에서는 처인부곡민들이 적군의 장수였던 살리타를 전사하게 했다.

당시 민중들로서는 정부에 대한 저항도 중요했지만 외세의 침입에 먼저 대응해야겠다는 생각을 했던 것이다. 우선 국가와 민족을 지켜야겠다는 생각이 앞섰던 것이다. 이에 비해서 정부나 지배층은 그에 맞는 적절한 대응을 하지 못하였다.

하나의 예를 들어 보자. 충주 관노들이 1232년 1월에 반란을 일으켰다. 그런데 이들은 바로 그 전 해인 1231년 11월에 몽골의 1차 침입이 있을 때

충주성을 몽골군의 공격으로부터 지켜낸 주력이었다. 몽골군이 침입하자 노군奴軍, 잡류별초雜類別抄 등이 모두 같이 몽골과의 전쟁에 참여했던 것이다. 그때 유감스럽게도 양반들은 모두 도망을 가 버리고 끝까지 싸운 것은 이들 노군과 잡류별초였다. 그런데도 싸움이 다 끝난 뒤에 돌아온 양반들은 성안에 있던 재물이 없어졌다는 이유로 노비들을 처벌하려고 했다. 1231년 1월 충주 노비들의 반란은 이렇게 해서 일어났던 것이다. 당시 지배층의 모순된 행태를 여실히 드러낸 사건이었다.

2 삼별초의 난

외세의 침입에 대해서 끝까지 저항하는 감투정신, 자주정신의 표현을 삼별초에게서 찾을 수 있다. 아울러 삼별초의 난은 12세기에 전개된 민중 봉기를 계승하고 수렴하는 모습도 보이고 있다. 실제로 삼별초의 난이 진압된 후에는 민중들의 봉기도 사라졌다.

수난의 섬, 제주도

제주도는 그 이국적인 모습과 독특한 풍류로 자타가 공인하는 세계적인 관광지이다. 지금은 중국 관광객들에게 점령당하다시피 되어 오히려 미래에 대한 불안감을 낳게 할 정도이다. 물론 여전히 국내 관광객들도 많이 찾는다. 그만큼 제주도는 언제나 평화롭고 낭만적인 장소로 기억되고 있다.

그러나 아름다운 섬, 제주도는 곳곳에 쓰라린 역사의 상처를 지니고 있다. 고려 시기에 제주도는 삼별초가 최후의 항전을 벌이다 전멸한 곳이기도 하다. 조선 시기에도 19세기 후반에 제주도 민란 등이 일어나 수난을 받기도 한다. 현대로 들어오면 제주도는 더욱더 비극의 섬이 된다. 우리가 잘 아는 1948년 4·3 사건 때 당시 인구 30만 가운데 2만 5,000명 내지 3만에 가까운 사람들이 희생되는 엄청난 참극이 발생하였다. 이 사건은 좌익분자들이 일으킨 폭동이라고만 규정되어 왔었는데, 오늘날 그 사건의 실상들이 새롭게 조명되고 있다.

1999년 12월 '제주4·3진상규명및희생자명예회복을위한특별법'이 제정되어 진상 조사에 들어갔다. 그 결과, 2003년 10월, 4·3 사건은 남로당 제주도당 무장대와 토벌대의 무력 충돌과 진압 과정에서 국가권력에 의한 대규모 희생이 이루어졌다는 점을 인정하고, 유족과 제주도민에게 공식 사과문을 발표하였다.

제주도를 여행할 때 물론 즐거워야 하겠지만 간간히 이런 고통스러운 역사의 현장을 둘러보면서 새로운 경험을 맛보는 것도 의미 있는 일이라고 생각한다.

삼별초의 형성

여기서는 바로 고려 시기 몽골군에 대항하여 최후 항전을 벌였던 삼별초에 대해서 살펴보려고 한다. 삼별초는 좌별초左別抄, 우별초右別抄, 신의군神義軍을 말한다. 그 기원은 야별초夜別抄에 있었다. 이 부대는 최우가 나라 안에 도둑이 많아지자 도둑들을 잡기 위해서 용맹한 군사들을 모아 밤에 순찰을 시킨 데서 비롯됐다고 한다. 그런데 당시에 도적들은 오늘날 우리들이 이야기하는 그런 도적만은 아니었다. 저항하는 농민들도 다 도적이라고 불렀던 것이다.

이런 도적들이 전국 각지에서 일어나게 되니까 별초를 보내서 잡게 했는

삼별초군호국항몽유허비(강화도 외포리 소재)

외포리는 삼별초가 진도를 향해 출발한 곳으로 추정되는 곳이다.

데, 그렇다고 도둑들이 줄어들기는커녕, 오히려 많아지고 그러다 보니까 도둑 잡는 별초도 많아지게 되었던 것이다. 그래서 그 별초를 좌우로 나누어서 좌별초, 우별초를 만들었고, 신의군도 만들었다. 이처럼 좌우별초는 도둑을 잡기 위해서 만들어진 군대였고, 신의군은 몽골과의 전쟁 과정에서 새로 만들어진 군대였다. 신의군은 몽골과의 전쟁에서 포로로 잡혀갔다가 도망쳐 온 사람들로 만들어진 부대였다.

삼별초는 엄연히 국가의 공병이었다. 따라서 무신 집정자들의 사병조직인 도방과는 계통을 달리하는 군대조직이었다. 따라서 대몽 전쟁에도 참여해 매우 중요한 역할을 수행하였다. 즉 강화도를 수호하는 책임을 맡았으며 때로는 육지에 나가 치열한 전투를 벌여 큰 성과를 올리기도 했다.

그러나 다른 측면에서는 당시 집정자였던 무신들의 수족처럼 움직이는 군대이기도 하였다.《고려사》〈열전〉에는 다음과 같은 기록이 실려 있다 .

권신이 정권을 잡고 손톱이나 어금니로 삼아 녹봉도 두터이 주고, 사사로이 은혜를 베풀며 죄인의 재물을 압수해 주기도 하였다. 그러므로 권신들이 마음대로 부렸으며 그들은 앞을 다투어 힘을 다하였다. 김준이 최의를 주살하고, 임연이 김준을 주살하고, 송송례가 임유무를 주살하는 데 모두 그 힘을 빌렸다. 왕이 개경으로 환도함에 미쳐 삼별초가 회의하는 마음을 품었으므로 혁파한 것이다.

이처럼 삼별초는 무신의 친위부대로서 무신 정권 후반기에 무신 집정들이 교체될 때 이용되기도 했던 것이다.

강화에서 진도로

결국 삼별초는 전투 병력으로서 가장 위력적이었으며 다른 한편으로는 권신들과 유착 관계를 맺고 있었다. 그런데 몽골과의 전쟁에서 왕과 무인들이 갈등을 벌이게 된다. 몽골의 입장에서는 무신 정권이 제거되기를 원하였고 당시 왕이었던 원종은 왕권이 강해지는 것을 바랐을 것이다. 이런 상황에서 무신들의 친위부대였던 삼별초가 몽골과의 강화를 통해서 왕권을 세우고자 했던 원종에 협조하기는 어려웠던 것이다.

당시의 세력 관계를 보면 왕, 무신 집정 세력, 그리고 미약하긴 하지만 문신 세력 등 세 부류가 있었다. 그리고 몽골이라는 외세가 있었다. 왕과 문신 세력은 서로 연합하는 성격이 강하였다. 이들은 몽골을 등에 업고 무신들로부터 정권을 다시 찾아와서 왕정을 복귀시키려는 입장이었다. 이에 비해 무신들은 몽골에 저항하는 입장이었다. 그러므로 몽골과의 강화는 곧 무신 정권의 붕괴를 의미하였다. 무신 정권의 붕괴를 전제로 하지 않고서는 몽골과의 강화를 추진하기가 어려웠던 것이 당시의 현실이었다.

그런데 결국 고려는 몽골과 강화교섭을 벌여 상당한 성과를 거두고 개

진도 용장산성

진도에 정착한 삼별초는 용장산성을 쌓아 방어를 하는 한편, 궁궐과 관청을 짓고 주변에 있는 30여 개의 섬을 장악하였다.

경으로 환도하게 된다. 그때 왕이었던 원종은 몽골에 갔었는데, 돌아오는 길에 서경 부근에서 강화도에 사람을 보내 육지로 나오라는 이른바 출륙出陸 명령을 내린다. 당시 무신 집정자였던 임유무林惟茂는 이에 저항하다가 피살된다. 이로써 무신 정권은 종말을 고했던 것이다.

그러나 삼별초는 끝까지 저항할 결심을 굳히고 마침내 관청 창고를 파괴하고 장군 배중손裵仲孫, 야별초 노영희盧永禧를 지휘관으로 삼아서 봉기하게 된다. 그리고 당시 왕족이었던 승화후承化侯 온溫을 왕으로 추대하고, 강화에 와 있던 몽골의 사자와 봉기에 반대하던 세력들을 모두 처단하고 반몽골·반정부 입장을 표명한다. 이렇게 삼별초의 난은 시작되었다. 이때가 1270년 6월이었다.

이어 삼별초군은 강화도에서는 제대로 자기들의 주장을 펼 수 없다고 생각하고 강화도에 남아 있던 귀족의 가족들을 인질로 삼아 선박 1,000여 척을 동원해서 진도로 옮겨 갔다. 그리고 진도에 용장성龍藏城을 쌓고 그곳을 거점으로 삼아 전라도 일원과 경상도의 남해·거제·합포·동래·김해 지역 등을 장악하였다. 남부 지역을 거의 삼별초군이 장악한 것이다. 나아가 개경으로 가는 조운로를 차단하여 개경 정부를 곤경에 빠뜨리기도 하였다. 조운은 지방에서 세금으로 걷은 곡식을 배로 서울까지 운반하는 것을 말한다.

진도에서 제주도로

남부 지방을 장악한 삼별초군은 계속해서 세력을 확장하면서 제주도 공략에까지 나선다. 제주도는 당시 동아시아 지역에서는 매우 중요한 전략적인 요충지로, 원나라의 세조도 제주도에 대해서 큰 관심을 표명한 바 있다. 삼별초군도 제주도를 일본, 동남아시아 지역과 연계해서 몽골을 견제할 수 있는 전략적 요충지로 파악해 공격하였다.

제주도 항파두리성

삼별초군은 제주도 항파두리를 거점으로 삼고 끝까지 항전했으나 1273년, 여몽연합군에 의해 함락되고 만다.

그러자 정부에서는 김방경金方慶을 지휘관으로 하고 몽골군과 연합해서 1271년에 삼별초를 토벌하기 위한 총공격을 단행하였다. 삼별초군은 먼저 진도에서 패배하고 승화후 온과 배중손도 전사하였다. 이때 잡힌 남녀 포로가 1만여 명이었다고 한다.

남은 삼별초군은 김통정金通精의 지휘 아래 제주도로 이동해서 자리를 잡고 계속 본토를 공격하였다. 제주도에 있을 때도 서해안과 남해안 지역의 교통로를 장악하고 역시 조운로를 차단하였다. 그러나 마침내 고려와 몽골의 연합군이 1273년 2월에 제주도를 공격하였고 끝까지 대항하던 삼별초군은 모두 전사하였다.

이렇게 해서 삼별초의 항쟁은 막을 내리게 된다. 지금도 제주도 북제주군 애월읍 고성리 서남쪽에는 이 삼별초군이 싸우면서 지었다고 하는 항파두성缸坡頭城이 남아 있다. 이 성은 항파두리 또는 항바두리라고도 불린다. 이 대몽 항쟁지는 1976년 9월에 제주도 기념물로 지정해서 보호하고 있다. 여기에 관리소, 전시관, 휴게소 등이 설치되어 있으니 혹시 제주도에

갈 기회가 있으면 한번 찾아보는 것도 좋을 것 같다.

삼별초 난의 의의

삼별초의 항쟁은 3년 만에 끝났다. 3년이란 기간은 사실 그렇게 짧은 기간이 아니다. 삼별초군이 이렇게 오랜 기간 버틸 수 있었던 이유는 무엇이었을까?

하나는 삼별초군 자체가 정예부대로 전투를 잘할 수 있는 역량이 있는 부대였다는 것이다. 물론 아무리 정예부대라도 소수의 병력으로는 대규모로 공격해 오는 고려와 몽골의 연합군을 끝내 이겨내지는 못하였다. 그러나 삼별초군이 우수한 전투력을 가지고 있었던 것만은 분명하고 그것이 장기간 항쟁을 이끌 수 있었던 힘이었다는 것도 분명하다.

다른 하나의 이유는 꽤 여유 있는 경제력을 확보하고 있었다는 점이다. 삼별초군은 진도에 있을 때나 제주도에 있을 때나 남부 지방의 광범한 지역을 영향권 내에 두고 있었다. 이 지역에서 활약했던 농민군이 삼별초군에 대거 협조하는 등 농민들의 지원을 적극적으로 받고 있었는데, 그것이 경제력을 확보하는 바탕이었던 것이다.

정부는 삼별초의 영향력이 확대하는 것을 차단했지만, 지방에 따라서는 오히려 삼별초군에 협조하는 모습도 보이고 있다. 예를 들면 1271년에는 경상도 밀성군密城郡 · 청도군淸道郡의 농민들이 폭동을 일으켜 관헌을 습격하고 이웃 고을에도 격문을 돌려서 같이 참여할 것을 호소하기도 했던 일이 있었다. 그 호소가 설득력이 있었는지 심지어는 개경에서 관노들이 호응을 하기도 한다. 이들은 다루가치達魯花赤와 정부 관료를 살해하고 진도로 가려는 계획까지 세운다. 신분 해방 투쟁의 성격도 함께 띠고 있었던 것이다. 그리고 수원 근처 서해안의 주민들도 역시 몽골군을 죽이고 거사하는 모습을 보이고 있다.

당시 일반민들이 이렇게 삼별초군에 협력했던 까닭은 왕실이 몽골과 결탁한 데 대한 반발 때문이었다. 동시에 그것은 농민 항쟁의 연속이기도 하였다. 농민들의 삼별초에 대한 협력은 몽골과 정부의 이중적인 압박에서 벗어나려는 투쟁이었던 것이다. 그렇기 때문에 이들은 삼별초와 입장을 같이 했고, 협력 관계를 이룰 수 있었던 것이다.

삼별초의 난은 그 당시 외세였던 몽골과, 그리고 그와 강화를 맺은 왕조 정부에 저항했다는 점에서 평가할 수 있다. 외세의 침입에 대해서 끝까지 저항하는 감투정신, 자주정신의 표현을 우리는 삼별초에게서 찾을 수가 있다. 아울러 이 난은 민중들과 협력 관계를 맺었다고 하는 측면에서 12세기에 전개된 민중의 봉기를 같이 계승하고 수렴하는 모습도 보이고 있었다. 실제로 삼별초의 난이 진압된 후에는 민중들의 봉기도 사라졌다는 것이 그런 흐름을 반영하는 증거가 될 수 있다.

이에 반해 민중의 지지를 얻지 못한 고려의 왕실은 정권을 유지하기 위해서 스스로 자주성마저 버리고, 오히려 이 자주성을 지키기 위해 일어난 삼별초와 민중들의 항쟁을 몽골군의 힘을 빌려서 진압하는 반민족적인 행위를 자행하였다. 민중의 지지를 얻지 못한 정부가 끝내 도달하게 되고 마는 반역사성의 현장을 우리는 여기서도 볼 수 있다.

3 지눌과 결사 운동

지눌의 사상 체계를 교·선 일치의 완성된 철학 체계라고 한다. 지눌에 의해서 주도되었던 무신 집권기의 결사 운동은 고려 중기의 부패하고 보수화된 불교를 새로운 불교로 만들기 위한 신앙 결사 운동이자 불교계의 개혁 운동이었다.

불교계의 새로운 움직임

무신 집권기 불교계에서는 오늘날까지도 한국 불교계에 커다란 이정표가 될 수 있는 그런 새로운 움직임이 있었다. 조계종曹溪宗의 성립과 신앙 결사 운동이 그것이다. 그중에서도 결사結社 운동은 고려 중기 불교계의 보수화와 그 폐단에 대한 반발로 일어난 자성 운동, 정화 운동으로 특히 중요한 의미를 지닌다.

결사 운동이라고 할 때 결사는 무슨 뜻일까? 결사란 말은 우리 헌법에 '결사의 자유'라 해서 기본권의 하나로 보장한다고 할 정도로 비중 있게 쓰이고 있지만, 평상시에 흔히 쓰는 말은 아니다. 비밀결사라는 말도 있긴 하다. 어쨌든 결사란 말은 이러저러한 경우를 종합해 볼 때 같은 목적을 위해서 여러 사람이 합동해서 단체를 결성하는 것, 또는 그 만들어진 단체를 뜻한다고 할 수 있다.

물론 무신 집권기에 나타나는 결사는 지금 말하고 있는 그런 의미의 결사와는 또 약간 다르다. 이 시기의 결사는 승려와 신도가 조직을 만들어서 수양하는 종교단체의 의미를 갖고 있었다. 대표적인 결사체로는 수선사修 禪社의 정혜결사定慧結社와 백련사白蓮社의 백련결사白蓮結社가 있었다.

잘 알다시피 고려 불교는 전통적으로 정치와 깊이 관련되어 있었다. 중 기의 불교계는 교종, 특히 화엄종과 법상종이 중심을 이루고 있었으며, 정 치적으로는 왕실이나 인주 이씨와 같은 당시의 문벌 가문과 깊게 결탁되어 있었다. 그 결과, 불교는 불교 본래의 목적보다는 정권을 보조하는 기능을 갖게 되었고, 그 반대급부로 정치권력으로부터 막대한 경제적인 혜택을 받 았던 것이다.

그런데 무신 정권이 들어서고, 문신들이 권좌에서 밀려나자 문벌귀족과 결탁해 왔던 교종 세력은 무신 정권에 저항하는 움직임을 보인다. 그 저항 의 성격은 정치적인 것이었고 다분히 복고적인 성향을 띤 것이었다. 이런 정치적인 결탁, 그리고 경제적인 혜택을 받는 데서 비롯되는 여러 가지 부 패 등은 당시 승려들 눈에도 시정해야 할 과제로 인식되었다. 그리하여 당 시에 소외되어 있던 선종 계통 승려들의 주도 아래 이를 바로 잡기 위한 운

전남 강진군 도암면에 위치한 백련사

천태종 승려 요세가 중창 한 절로, 실천 중심의 수행 인들을 모아 결사를 맺었 다. 송광사의 수선사와 쌍 벽을 이루는 백련결사의 현장이다.

동이 벌어졌던 것이다. 이 운동이 결사 운동이다.

결사 운동에 참여한 승려들은 타락해 가는 개경 중심의 귀족불교를 비판하고 불자들의 각성을 촉구하였다. 그리고 선禪과 수양을 수행의 과정으로 강조하였다. 또한 이 운동은 사상사적으로 불교 사상의 수준을 최고 경지로 끌어올리는 계기가 된다. 결사 운동은 선종을 중심으로 이루어졌지만 결사 운동을 주도한 지눌에 의해서 교종과 선종을 통합하는, 이른바 교·선 일치의 단계로 발전하였다. 결사의 중심체였던 수선사는 16국사國師를 배출할 정도로 고려 후기 이래 불교 사상의 중요한 위치를 차지하게 된다. 지눌과 그의 제자인 혜심에 의해 이루어진 수준 높은 불교 이론은 우리나라 불교사에서 가장 높은 경지를 성취하였다고 평가받고 있다.

수선사의 정혜결사

지눌은 1158년(의종 12)에 태어났다. 종파상으로는 선종 구산문의 하나였던 사굴산파의 승려였다. 1182년 승과에 합격하고 여러 곳을 돌아다니면서 수도를 하였다. 전라남도 창평의 청원사淸源寺라는 절에 머물 때 육조혜능六朝慧能의 《법보단경法寶壇經》을 읽다가 깨우치고 보문사普門寺로 옮겨 화엄론을 공부하기도 했다. 1190년에는 공산公山(지금의 팔공산)의 거조사居祖寺로 옮겨서 정혜결사를 조직하고 그 유명한 〈정혜결사문〉을 발표한다.

그리고 7년 뒤에 송광산松廣山의 길상사吉祥寺로 옮기던 도중에 대혜종고大慧宗杲의 어록을 읽어 깨달음을 얻고 1200년(신종 3) 길상사로 옮겨 본격적으로 정혜결사의 취지를 실천하게 된다. 송광산 길상사는 송광산 조계사로, 다시 조계산 송광사로 이름이 바뀌어 오늘에 이르고 있다. 말하자면 여러 수행 단계를 거쳐 오던 중 정혜결사를 조직하고 정혜결사문을 발표하는 시점이 지눌의 이론적·실천적 절정의 단계라고 할 수 있다.

우리들이 아침저녁으로 하는 행적을 돌이켜보니

불법을 빙자하여 자기를 꾸미면서 남과 구별하고는

구차스럽게 이익 기르는 일만 도모하고

풍진의 세상일에 골몰하여

도덕을 닦지 않고 의식衣食만 허비하는구나.

비록 출가하였다 하더라도 무슨 덕이 있겠는가.

아! 무릇 삼계三界를 떠나려 하면서도

속세와 끊으려는 인연이 없으니

한갓 남자의 몸이 되었을 뿐 장부의 뜻은 없도다.

위로는 도를 넓히는 데 어긋나고

아래로는 중생을 이롭게 하지 못하며

중간으로는 사은四恩을 저버렸으니

아! 부끄럽구나!

……

승보사찰 송광사

법보사찰 합천 해인사, 불보사찰 양산 통도사와 함께 삼보사찰로 불린다.

마땅히 명예와 이익을 버리고

산림에 은둔하여 정혜사定慧社를 결성하여

항상 선정禪定을 익히고 지혜를 고르게 하기에 힘쓰자.

또 예불과 독경을 하고 나아가서는 노동하기에도 힘쓰자.

각기 소임에 따라 경영하고 인연에 따라 심성을 수양하여

한평생을 자유롭게 지내며

멀리 달사達士와 진인眞人의 고행高行을 좇는다면

어찌 쾌하지 않으리오.

이 글이 바로 〈정혜결사문〉이다. 지눌이 정혜결사를 결성한 의의가 잘 나타나 있다. 여기서는 우선 당시의 불자들이 자신의 수양에 몰두하지 않는 모습을 비판하고 있다. 불법을 빙자해서 이익 기르는 일을 도모하고 풍진의 세상일에 골몰하여 도덕을 닦지 않고 의식만 허비한다는 지적이다. 이런 바람직하지 못한 현상을 수정하기 위해서 산림에 은둔해서 선정을 익히고 지혜를 고르게 하기에 힘쓰자고 독려하면서 그 방법으로 정혜결사의 결성을 주장했던 것이다.

무신 집정자들은 자기들에 대해 적대적인 태도를 취하는 교종보다는 선종을 중심으로 해서 불교 교단을 재편하려는 정책을 추구하였다. 그래서 이 정혜결사가 조직되자 1204년(神宗 7)에 수선사라는 사액을 내리고 적극적으로 지원하였다. 수선사를 자신들의 사상적인 지원자로 삼으려고 했다고나 할까. 이 때문에 수선사도 본래의 취지와는 다르게 타락해 가는 모습을 보이기도 하지만, 무신 정권은 이 수선사와 선종에 대해서는 적극적인 후원을 아끼지 않았다.

불즉시심, 정혜쌍수, 돈오점수

지눌의 사상적 요체로는 크게 '불즉시심佛卽是心', '정혜쌍수定慧雙修', '돈오점수頓悟漸修' 등을 들 수 있다. 먼저 '불즉시심'은 부처가 곧 마음이다, 즉 인간의 마음이 곧 부처의 마음이라는 뜻이다. 그리고 이런 마음의 본성을 공적영지空寂靈知로 표현하여 진심眞心 또는 일심一心이라고도 한다. 공적이라는 것은 허공처럼 텅 비어서 고요하다는 뜻으로 마음의 본체를 가리키는 것이며, 영지는 명경明鏡처럼 맑고 맑아서 영묘하게 안다는 뜻으로 마음의 작용을 가리키는 것이다.

이 마음의 본체와 작용, 양자의 관계에 대해서는 지눌이 마니보주摩尼寶珠라는 구슬의 예를 들어서 설명을 한 것이 있다. 그 설명에 의하면 마니보주라는 구슬은 투명해서 구슬을 어디에 놓느냐에 따라서 색깔이 달라진다는 것이다. 검은 바탕 위에 놓으면 검게 보이고, 붉은 바탕 위에 놓으면 붉게 보인다는 것이다. 이것은 마니보주의 변하는 모습이다. 그러나 마니보주의 불변하는 점도 있다고 한다. 불변하는 사실은 마니보주가 투명하다는 것이다.

이처럼 마음도 변하지 않는 면과 변하는 면이 있으며, 우리의 참된 모습은 이 변하지 않는 모습을 똑바로 보는 데에 있다는 것이다. 그리하여 변하지 않음의 뜻을 안다면 변하는 것이 변하지 않는 것과 통하는 이치, 즉 변變을 떠나서 불변不變이 있을 수 없다는 사실을 알게 된다는 것이다.

'정혜쌍수'는 '공적영지'한 마음의 본성을 스스로 찾아내기 위해서 정定과 혜慧를 아울러 닦는 것을 말한다. 정은 본체고 혜는 작용이다. 작용은 본체를 바탕으로 해서 있게 되므로 혜가 정을 떠나지 아니하고 본체는 작용을 가져오게 하므로 정이 혜를 떠나지도 않는다. 그러므로 정은 곧 혜인 까닭에 허공처럼 텅 비어서 고요하면서도 항상 명경처럼 맑아 명료하게 알고, 또 혜는 곧 정인 까닭에 영묘하게 알면서도 항상 허공처럼 고요하다는

보조국사 지눌

교종과 선종이 일치하는 철학 체계를 완성한 지눌은 부패하고 보수화된 불교를 새로운 불교로 만들기 위한 개혁 운동이자 신앙 결사 운동을 펼쳤다.

것이다. 결국 본체와 작용인 선정禪定과 지혜智慧를 함께 닦자는 것이다.

'불즉지심'은 사실 지눌만의 독창적인 이론은 아니다. 오히려 지눌의 독창적인 이론의 모습이 가장 잘 드러나는 것은 '돈오점수'이다. '돈오점수'는 '선오후수先悟後修'라고도 하는데 '정혜쌍수'의 이론적인 기반이라고 할 수 있다. 우리의 마음은 본디 공적영지한 것이어서 부처와 티끌만큼의 차이도 없다는 사실을 깨닫는 것이 돈오이고, 깨달은 뒤에 그 신념을 굳게 하고 차츰차츰 부처에게로 나아가는 길을 닦는 것이 점수이다. 깨닫는다고 해서 끝나는 것이 아니다. 왜냐하면 우리들이 비록 깨달았다고 하더라도 오랫동안 익혀온 망령된 습속이 갑자기 제거되지는 않기 때문에 수양이 필요하다는 것이다.

간단히 말해 돈오는 선종의 특징이고, 점수는 교종의 특징이다. 따라서 돈오점수는 바로 선종의 입장에서 교종, 즉 화엄종의 장점을 취한 것이라고 할 수 있다. 이 때문에 지눌의 사상 체계를 교·선 일치의 완성된 철학 체계라고 한다. 균여의 화엄종을 교·선 양립, 의천의 천태종을 교·선 절충 또는 통합이라고 한다면 이런 단계들을 거쳐서 지눌의 조계종에 오면 교·선 일치의 완성된 철학 체계가 이루어지게 된다는 것이다.

이처럼 지눌에 의해서 주도되었던 수선사를 중심으로 한 무신 집권기의 결사 운동은 고려 중기의 부패하고 보수화된 불교를 새로운 불교로 만들기 위한 하나의 신앙 결사 운동이었고 불교계의 개혁 운동이었다.

4 원의 간섭과 부원(附元) 세력

KOREA

몽골이 다른 지역을 정복했을 때는 대부분 직접 지배를 했다. 반면 고려의 경우는 직접 지배를 하지도 않았고 고려라는 국호도 그대로 유지하게 했다. 그 이유는 고려가 몽골에 대해 무조건 항복이 아닌 강화라는 과정을 밟아서 전쟁을 종결했기 때문이다.

부끄러운 역사

역사에는 자랑스러운 시기가 있는가 하면 '차라리 없었으면……' 하는 시기도 있기 마련이다. 원 간섭기도 부끄러운 기억의 한 시기였다고 할 수 있다. 부끄러운 기억을 들추어 내는 것이 뭐 그리 좋은 일이냐고 하면서 고개를 설레설레 흔들어 버릴 수도 있지만, 부끄러운 역사라 해서 숨겨 두는 것도 결코 바람직하지는 않다. 왜냐하면 이런 경험을 통해 자기반성을 하고, 그렇게 함으로써 부끄러웠던 역사를 다시는 밟지 않겠다는 생각을 해 보는 것도 의미 있는 일이기 때문이다.

그러나 자기비하가 지나쳐서 원의 간섭을 받았던 시기를 마치 식민지처럼 이해하는 사람도 있다. 모파상의 〈진주목걸이〉처럼 반성할 일도 없이 반성하는 어리석음을 범해서는 안 된다. 그러므로 자기반성을 위해서라도 실상을 정확히 이해하는 작업이 선행되어야 한다. 실상을 정확히 알지도 못한 채 오히려 자신의 역사를 지나치게 낮추어 보는 비굴한 태도는 바람직하지 않다. 그 당시의 역사적 사실을 객관적인 증거를 통해 정확하게 밝히고, 그것을 토대로 오늘날의 의미를 찾아보는 것이 중요한 것이다.

간섭에 그친 이유

원 간섭기는 몽골의 힘에 끝내는 굴복해서 고려 조정이 개경으로 다시 돌아오는 1270년경부터 공민왕이 반원 개혁 운동을 벌여 쌍성총관부를 탈환하는 1355년까지 약 80년간을 말한다.

원이 처음 우리나라에 쳐들어왔을 때인 1231년에 원은 몽골이었다. 1271년에 가서야 국호를 원으로 바꾸고 수도를 북경에 정하였다. 그러므로 1270년 개경 환도 이후의 간섭기가 원 간섭기가 된다. 원의 간섭이 행해졌던 것은 물론 몽골과의 전쟁에서 고려가 패했기 때문이다. 그러나 그것이 간섭에 그쳤던 것은 그 패배가 완전히 굴욕적인 패배는 아니었다는 뜻이기도 하다.

몽골이 다른 지역을 정복했을 때는 대부분 직접 지배를 하였다. 남송의 경우도 무력으로 철저하게 정복하고 그 지역을 직접 지배하였다. 반면 고려의 경우는 직접 지배를 하지도 않았고 고려라는 국호도 그대로 유지하게 했다. 왜 그랬을까? 그 이유는 고려가 몽골에 대해 무조건 항복이 아닌 강화라는 과정을 밟아서 전쟁을 종결했기 때문이다.

당시 몽골은 고려 왕과의 직접 교섭을 요구했었다. 이에 고려에서는 왕자였던 원종이 강화 교섭을 위해 직접 원나라로 갔다. 그런데 그 당시는 몽골도 정치적으로 어려운 때였다. 몽골 내의 사막을 중심으로 한 막북파漢北派와 남송을 정벌하고 있었던 한지파漢地派가 대립하고 있었으며, 더욱이 황제인 헌종이 죽어 두 파간에 왕위 계승 다툼을 벌이고 있었다. 그리고 뒤에 세조가 되는 한지파의 쿠빌라이는 남송을 정벌하고 있다가 자신이 왕위를 차지하기 위해 군대를 이끌고 북상하는 중이었다. 그때 쿠빌라이는 아직 승리가 확실하지 않았고 정통성도 없었다. 그 때문에 황제에 도전하던 그를 원종이 가서 만났던 것이다. 결국 세조 자신에게도 원종과의 만남은 자신의 입지를 높이는 데 큰 도움이 되었다.

당시 세조는 이런 말을 했다고 한다.

> "고려는 만리萬里의 나라다. 일찍이 당 태종이 친히 공격하였어도 항복
> 을 받지 못하였는데 지금 그 나라의 세자가 나에게 왔으니 이것은 하늘
> 의 뜻이다."

원종이 찾아간 것에 대해 세조는 무척 좋아했고, 두 사람은 서로 협약을 맺게 된다. 그 직후에 바로 고종이 사망해 태자인 원종이 왕위에 올랐고, 쿠빌라이 역시 황제에 올랐던 것이다. 그래서 이 두 사람이 맺은 협약이 고려와 원의 관계를 정립하는 기초가 되었던 것이다.

몽골은 대개 정복한 지역에 대해서는 호구 조사를 실시하여 보고하라든지, 몽골군이 출정할 때 군사를 내어 도우라든지, 식량을 수송해 오라든지 하면서 기본적으로 요구하는 것이 있었다. 그런데 고려에 대해서는 매우 특별한 대우를 하였다. 강화 당시 고려가 몽골에 대해서 요구했던 사항이 여섯 가지가 있었는데, 그 여섯 가지 사항을 모두 받아들였다. 그 사항 중에는 의관 제도도 몽골의 풍속에 따라 바꾸지 않고 고려의 풍속을 그대로 유지해도 된다, 몽골 사람들이 함부로 고려에 와서 침탈하는 것을 금지시킨다, 개경 환도는 고려 형편에 따라서 해도 좋다, 압록강의 군대는 철수한다는 등의 조항이 들어 있었다. 우리에게는 비교적 유리한 내용들이었던 것이다.

원의 간섭

강화의 결과, 고려는 고려라는 나라 이름을 그대로 유지할 수 있었다. 다른 피정복 지역들은 대개 국가가 멸망당하고 원의 지배 정책의 일환으로 설치한 행성行省에 의해 직접 지배를 당했지만, 고려는 고려라는 국가를 그대로 유지했던 것이다. 물론 고려·원 연합군의 일본 정벌을 계기로 정동행성征東行省이 설치되지만, 그것은 그렇게 큰 역할을 하지는 못한다.

그럼에도 불구하고 왕의 지위는 형편없이 격하되었다. 조祖나 종宗 대신 왕王이라는 용어를 사용하고 나아가 왕 이름 앞에 충성할 충忠자를 붙였던 것이다. 충렬왕, 충선왕 등이 바로 그런 경우이다. 자주성의 손상이라고 할 수 있다.

뿐만 아니라 충렬왕이 원 세조의 사위가 됨으로써 소위 부마국駙馬國이 되고, 그래서 고려왕은 단순히 고려의 왕에 그치는 것이 아니라 원이라는 세계 제국 황실의 구성원이 된다. 충선왕의 경우에는 원 황실 내에서도 지체가 상당히 높아 원나라 문종 황제를 옹립하는 데 결정적인 기여를 하기도 한다.

원의 간섭은 왕실에만 국한했던 것은 아니었다. 관제도 개편되어 3성 6부가 1부府 4사司가 되고 추밀원樞密院은 밀직사密直司로, 도병마사都兵馬使는 도평의사사都評議使司로 바뀌었다. 그리고 철령 이북에는 쌍성총관부를, 자비령 이북에는 동녕부를, 제주도에는 탐라총관부를 설치해 지배하였으며, 고려에 금·은·인삼·해동청海東靑 등의 공물을 요구하고 처녀·과부·환관을 징발해 가기도 했다. 해동청은 하늘을 날아다니는 매의 일종이다.

부원 세력

어느 시기에나 외세에 의존해서 세력을 넓히고 정치적 영향력을 행사하려는 부류들이 나타나기 마련이다. 물론 이 시기에도 그런 무리들이 있었다.

이들을 부원배附元輩 또는 부원 세력이라고 부른다. 부원 세력의 대표적인 존재로는 초기에 홍다구洪茶丘 같은 인물을 들 수 있다. 이 사람은 1218년 몽골에 투항했던 홍복원의 아들인데, 몽골이 고려를 침략할 때 향도 노릇을 하며 몽골군을 끌고 들어왔다. 그리고 삼별초를 공격할 때도 역시 지휘관 노릇을 하였다. 이들은 충렬왕이 몽골 황실의 일원이 되는 것을 계기로 대개 철수하게 된다. 그 이후 이런 유의 부원 세력들은 고려에서 그다지 큰 힘을 쓰지는 못하게 된다. 물론 정동행성에 붙어서 몽골을 등에 업고 영향력을 행사하려는 부류들이 있기는 하지만, 이때의 실권은 역시 왕에게 있었다.

또 하나의 대표적인 부원 세력은 공민왕 개혁정치 때 공민왕에 의해서 제거되는 기철奇轍 등의 기씨 가문이다. 이들은 원 황실과 직접 연결되어 있었다. 기황후가 몽골 황제의 부인이 되었기 때문에 그 영향력이라는 것은 어쩌면 공민왕보다 더 클 수 있었다. 이것을 기반으로 해서 고려에서 커다란 정치적 영향력을 발휘했던 것이다. 이들을 제거하지 않고서는 원의 간섭에서 벗어나는 것이 사실상 불가능했기 때문에 공민왕이 반원 개혁운동을 벌이면서 먼저 이들을 제거했던 것이다.

측근정치

왕은 국가를 대표하는 존재이기 때문에 공식적으로 관료 기구를 이용해서 정치를 하는 것이 정상적이다. 그러나 이 시기에는 왕의 지위 자체가 격하되어 있었고 부원 세력들이 강했기 때문에 공적인 관료 제도를 이용해서 정치를 하기보다는 자기와 가까운 인물들을 등용해서 정치를 해 나가는 모습을 보였다. 이런 것을 측근정치라고 하다.

왕의 측근이 되는 인물로는 여러 부류가 있지만, 가장 중요한 측근 세력은 왕이 왕자였을 때 그를 시종했던 인물들이었다. 고려의 왕들은 왕이 되기 전에 원에 가서 생활하다가 고려에 돌아와서 왕이 됐다. 따라서 왕이 원에 있을 때 시종하던 사람들이 가장 핵심적인 측근 세력이 되었던 것이다. 고려의 왕들은 이들을 중심으로 해서 정치를 해 나갔다. 요즈음으로 치자면 일종의 비서 출신들이라고 할 수 있다.

이런 측근정치가 왕의 입지를 강화하는 데 도움이 되었지만 반대로 폐단도 적지 않았다. 측근 세력들은 권력을 쉽게 장악할 수 있었다. 물론 그 권력의 기반은 왕의 신임이었다. 특히 인사권을 장악해서 관료 세계의 관행을 무릅쓰고 일찍 고위 관직에 진출하고, 이런 과정에서 뇌물도 많이 왔다 갔다 하고, 관료를 움직이는 규정들이 제대로 지켜지지 않게 되었다.

나아가 출신 기반에 관계없이 고위 관직에 진출하는 인물들도 생겨나고, 이들이 자신들의 경제 기반을 강화하기 위해 토지를 겸병하기도 한다. 특히 측근 세력에게는 왕이 사급전賜給田이라는 토지를 많이 주었기 때문에 이들의 농장 규모도 매우 커져 폐단이 심해졌다. 이렇게 되다 보니 왕권은 어느 정도 유지할 수 있었지만 관료들을 이용한 정상적인 관료정치는 거의 파탄 상태에 이르렀던 것이다. 그러므로 당시 고려 사회가 안고 있었던 여러 문제들을 종합적으로 분석하고 바람직하게 개선해 나가는 데는 성공할 수 없었다.

5 공민왕의 개혁정치

KOREA

공민왕은 즉위할 때 이미 원나라가 쇠퇴하고 있다는 사실을 알고 있었다. 그 자신이 원에 있었기 때문에 원의 정치에 정통했다. 공민왕은 이런 사정을 알고 이 기회를 이용해서 원의 간섭으로부터 벗어나려는 운동을 벌였다.

개혁이란?

요즈음 사람들 입에, 특히 정치인들의 입에 회자되는 말이 '개혁'이다. 박근혜 정부에서도 공무원 연금 개혁을 비롯한 각종 연금 개혁을 추진하고 있다. 나아가 노동·공공·교육·금융 등 4대 개혁을 목표로 내세우고 있다.

개혁이란 새롭게 뜯어 고치는 것으로 정치 체제나 사회 제도 등을 합법적이고 점진적으로 새롭게 고쳐 나가는 것을 뜻한다. 개혁에 따른 손익 관계로 인하여 지지와 저항의 대립을 유발하게 되는데, 이런 대립, 갈등을 어떻게 조정하느냐가 개혁의 성공 여부를 정한다. 개혁 운동은 혁명과 같은 더 급진적인 사회 운동과는 구별한다. '비정상의 정상화' 정도라면 이는 개혁에 못 미치는 개선의 수준에 해당한다고 할 수 있다.

우리 역사를 돌이켜 보면 개혁이라는 표현을 달고 일어났던 사건들이 여러 번 있었다. 가깝게는 갑오개혁이 있고, 대원군의 내정개혁도 있다. 더 올라가면 고려 말, 조선 초기에 전제개혁이 있고 이 글에서 다룰 공민왕의 개혁, 충선왕의 개혁도 있다. 이런 역사에서의 개혁들을 한번 살펴보는 것도 오늘날 시대적 과제처럼 되어 있는 개혁을 보다 바람직한 방향으로 이끌기 위해서, 그리고 그것을 성공시키기 위해서 필요하지 않나 여겨진다.

충선왕의 개혁

공민왕의 개혁을 제대로 이해하기 위해서는 그보다 앞서 추진되었던 충선왕의 개혁부터 살펴볼 필요가 있다. 충선왕의 개혁은 1298년(충렬왕 24) 정월에 충선왕이 충렬왕으로부터 왕위를 물려받으면서 시행한 개혁을 말한다.

이 개혁의 내용은 충선왕이 즉위하면서 내렸던 교서에 나타나는데, 정치·경제·사회·종교 등 모든 분야의 폐단에 대해서 언급하고 있다. 그 즉위교서에서 당시 커다란 사회 문제였던 토지 겸병에 대해 많은 부분을 할애하고 있다는 점은 눈여겨봐야 할 대목이다. 눈엣가시 같은 문제를 지목한 것은 주목할 만한 일이었다. 그러나 충선왕 대에는 토지 문제를 근본적으로 개혁하려는 노력을 보이지 못한다. 문제는 제기하나 답은 찾지 못하는 것이다. 그 점이 충선왕 개혁의 한계였다

개혁은 그 시대의 과제를 해결하는 것이어야 개혁이라고 할 수 있다. 충선왕 당시의 시대적 과제는 대외적으로는 원의 간섭으로부터 벗어나 자주성을 회복하는 것이었으며, 대내적으로는 대외적인 모순과 밀접한 관련을 맺으면서 일어나고 있던 사회경제적 폐단을 해결하는 것이었다.

이 두 가지 과제에 대해 충선왕의 개혁은 철저하지 못했다. 우선 대외적인 측면에서 보면 전혀 반원적인 요소를 찾아볼 수 없었고, 관제개혁 같은 데서는 오히려 친원적인 모습까지 보이고 있었다. 대내적인 문제 가운데 중요한 것은 토지와 노비 문제였다. 두 문제는 별개의 것이 아니라 하나로 얽

혀 있는 문제였다. 권세가들이 광대한 토지를 점거하고, 양인들을 노비로 만들어 경작케 했기 때문에 서로 뗄 수 없는 문제가 되어 있었던 것이다. 이런 폐단을 시정하기 위해 빼앗긴 토지를 원래의 주인에게 돌려주고 노비가 된 양인들을 본래의 신분으로 환원시켜 주는 전민변정사업田民辨整事業을 벌였다. 이는 공민왕 때까지 여러 차례 계속되었다. 그러나 기대했던 만큼의 성과를 거두지는 못하였다. 이 문제를 좀 더 근원적으로 처리한 것이 고려 말의 사전개혁, 즉 과전법이었다.

전민변정사업이 성공하지 못한 데에는 여러 가지 이유가 있었다. 우선 농장을 차지하고 있던 농장 주인들의 저항이 컸다. 그 당시 권력자들이 대부분 농장주, 이른바 기득권층이기 때문이었다. 농장을 경영하는 농장주가 스스로 농장을 포기하는 개혁을 하기란 쉽지 않았다.

더욱이 이런 개혁을 하려면 개혁 추진 세력이 있어야 하는데, 그 세력역시 미약하였다. 이 시기의 개혁 추진 세력은 왕과 왕에 의해 발탁된 신진 관료들이었다. 기득권 세력으로는 개혁을 할 수 없었기 때문에 새로운 개혁그룹을 만들려 했던 것이다. 그래서 충선왕은 사림원詞林院을 설치해서 박전지, 오한경 등 4학사를 키우고 이들을 동원해서 개혁을 추진하였다. 그러나 그들의 힘은 그렇게 강하지 못하였다.

또 개혁을 추진하는 가장 기본적 동력인 왕의 의지와 목적에도 문제가많았다. 왕과 개혁 세력들은 당시의 사회경제적인 모순을 해결하려는 데목적을 두기보다는 이 기회를 이용해서 자기에게 반대하는 다른 정치 세력들을 제거하려는 데 더 큰 목적을 두었다. 그래서 왕만 바뀌면 전 왕의 세력들을 제거하는 일을 되풀이했던 것이다.

개혁이 실패로 돌아간 또 하나의 결정적인 이유는 원의 간섭이었다. 원과 연결되어 있는 자의 농장을 조사한다든가 처분하려고 하면, 정동행성에서 오히려 그 조사하려는 사람을 잡아다가 매도 때리고 감옥에 잡아넣기도 했던 것이다. 그렇기 때문에 전민변정사업은 농장의 문제를 현상적으로 파악하고 고식적으로 대응하는 정도에 그칠 수밖에 없었다.

공민왕의 개혁

충선왕의 개혁이나 그 뒤 충목왕의 개혁 등이 실패한 것은 기득권 세력의 저항이 강하고 개혁 추진 세력이 미약한 탓도 있었지만 원의 간섭이 적지 않은 요인으로 작용하였다. 결국 원의 간섭으로부터 벗어나 자주성을 회복하는 것이 개혁의 선결 과제였던 것이다. 이런 과제를 인식하고 있던 당시의 진보적인 지식인들은 조국의 역사에 대한 긍지를 회복하려는 마음을 시로 읊기도 하였다.

찬란한 이 문화를 누가 범에게 내맡기며
창검이 어찌 형제의 싸움에 번뜩이랴.
이 터전 지켜가는 국력을 바로잡아
고려가 번창함을 다시 보이라.

충숙왕 때의 대표적 성리학자였던 이제현의 〈작은 여관에서〉라는 시이다. 우리나라 역사에 대한 대단한 긍지를 바탕으로 나라를 지키고 국력을 키워 고려를 다시 한 번 중흥시켜 보리라는 기대와 염원을 담고 있다. 자주성을 회복하려는 이런 분위기 속에서 공민왕의 개혁이 이루어진다.

충선왕이나 충목왕의 개혁은 말 그대로 개혁이라 하기에는 어려운 데 비해서 공민왕의 개혁은 개혁이라고 이름붙일 만하였다. 그것은 그 당시의 외교적인 문제나 사회적인 문제를 공민왕이 모두 해결하려는 의지를 보였기 때문이다. 공민왕의 개혁은 크게 반원 개혁과 사회적인 폐단을 시정하려는 폐정 개혁으로 나누어 볼 수 있다.

공민왕은 즉위할 때 이미 원나라가 쇠퇴하고 있다는 사실을 알고 있었다. 그 자신이 원에 있었기 때문에 원의 정치에 대해서도 정통했기 때문이다. 실제로 원의 남부 지역에서는 한족들의 반란이 많이 일어나 원의 요청에 의해서 고려 군대가 가서 반란군을 진압하는 데 참여하기도 했다. 공민왕은 이런 사정을 알고 이 기회를 이용해서 원의 간섭으로부터 벗어나려는 운동을 벌였다.

그래서 이에 동조하는 개혁 세력들은 공민왕을 중심으로 서서히 결집되어 마침내 1356년(공민왕 5)에 대표적 부원 세력이었던 기씨 일족을 잡아 죽이고 정동행성의 친원 부서인 이문소理問所를 없애 버리고 쌍성총관부 지역을 탈환해 원의 간섭으로부터 벗어나는 데 일단 성공하였다.

이렇게 해서 개혁을 할 수 있는 객관적인 조건 하나가 마련되었던 것이다. 그러자 다음에는 권세가가 겸병한 서북면의 토지를 거두어들여 군수에 충당하게 하는 등 사회

이제현 초상화(국보 제110호)

고려 후기 대표적인 성리학자이자 진보적 지식인이었던 이제현. 충숙왕을 보필해 원나라에 갔을 당시 그려진 초상화로 알려져 있다. 국립중앙박물관 소장

경제적인 폐단들을 시정하는 조치들을 취하고, 계속해서 개혁을 수행하려고 했다. 이때 또 다시 원은 무력으로 고려를 정벌하겠다고 위협을 가해 오고, 이런 상황에서 홍건적이 고려에 침입하게 된다. 결국 공민왕은 안동까지 피난을 갔다 오고, 이 과정에서 무장 세력들이 등장하게 된다. 이 무장 세력들은 대개 보수적인 성향을 지니고 있었고 대부분이 권력이 있는 대

토지 소유자들이었다.

사태가 이렇게 되자 이들 무장 세력을 어떻게 정리하느냐 하는 것이 공
민왕에게는 어려운 고민거리가 되었다. 마침 그때 신돈이란 인물이 등장한
다. 신돈은 기득권층도 아니었고, 자신의 세력을 결집하고 있던 인물도 아
니었기 때문에 공민왕으로서는 그에게 기대를 걸어 볼 만했다. 신돈은 자
신의 어머니가 옥천사라는 절의 노비였던 신분이 천한 사람이었지만, 공민
왕에게 발탁되어 그의 신임 하나만 가지고 개혁을 추진해 나갔다.

신돈이 가장 중점을 두고 추진했던 것은 역시 토지 문제의 개혁이었다.
그는 1365년(공민왕 14)에 가뭄 극복을 위해 설치한 형인추정도감刑人推整都
監의 기능을 확대 개편하여 이듬해에 전민변정도감田民辨整都監으로 바꾸고 신돈 스스로 판사判事가 되었다. 그런 다음 권세가들이 탈점한 토지나 노비들을 서울은 보름 안에, 지방은 40일 안에 신고하라는 강력한 조치를 취하여 상당한 성과를 올렸다. 한 때 신돈을 성인으로까지 추앙했던 것도 이런 성과 덕분이었다.

그러나 개혁의 대상이었던 이춘부와 이인임 등이 개혁에 관여해서 압력을 넣고 자기의 경제적 기반이 박탈될 것을 두려워 한 고위관리들이 음모를 해서 결국 신돈은 실각당하고 만다. 이때의 별별 이야기들이 역사상에 야담처럼 내려온다. 우왕이나 창왕이 신돈의 자식이라는 것도 그 가운데 하나이다.

공민왕의 개혁은 일단 반원 개혁의 측면에서는 성공하였다. 이것은 80년 이상 원의 간섭에 있었던 고려를 자주적인 국가로 세울 수 있는 계기를 마련했다는 점에서 큰 의미가 있다. 그리고 사회 내부 문제를 개혁하는 데에서도, 특히 신돈의 개혁에서 볼 수 있듯이 어느 정도 성과를 거두었다. 그러나 그 성과가 자리를 잡기 전에 결국 개혁의 주체 세력이라고 할 수 있는 신돈이 몰락함으로써 더 이상 발전하지 못했고, 마침내 고려는 자신의 경제적인 기반 자체를 유지하지 못하는 상태에 이르게 된다. 그 뒤에 새로운 세력들이 다시 나타나 토지 제도에 관한 개혁을 추진하지만 이때의 개혁은 고려의 멸망을 재촉하는 전조였던 것이다. 그러니까 공민왕 때의 개혁이 고려로서는 사실상 마지막 기회였던 것이다.

6 성리학의 수용

성리학을 도입하는 데 주도적인 역할을 한 인물들이 당시의 신진관료들인 신흥사대부이다. 이들은 공민왕 때 크게 성장해서 하나의 정치 세력을 이룬다. 이들은 고려 후기의 격화된 사회 모순을 어떻게 하면 해결할 수 있을까에 큰 관심을 가졌다.

유불 교체

현재 우리나라의 대표적인 종교라고 한다면, 불교·기독교(개신교)·천주교·원불교 등을 꼽을 수 있다. 유교도 있지만 유교라는 말보다는 유학이란 말이 더 익숙하듯이 유교는 종교라기보다는 학문 내지 사상으로 받아들이고 있다. 따라서 불교나 기독교와 같은 종교와 대비시키는 경우는 흔치 않다. 그런 점에서 여말 선초 유교가 불교를 대체했다고 할 때 이것이 지니는 의미는 종교적 측면보다는 오히려 사상적 측면이 강했다.

말하자면 유불 교체의 의미는 불교가 사회적인 지도이념으로서 가지고 있던 지위를 성리학에게 넘겨준다는 뜻으로 해석하는 것이 옳다. 종교로서의 지위까지 넘겨주었던 것은 아니다. 불교는 오늘날에도 엄연히 살아 있는 거대 종교이고, 유불 교체 이후의 조선에 들어가서도 불교는 여전히 살아남아 있었다. 물론 고려 시기에 누렸던 지위를 누리지 못하고 산속으로 들어가는 현상이 나타나지만 여전히 일반인들에게는 중요한 신앙으로 남아 있었던 것이다. 이런 점에서 볼 때 고려에서 조선으로 넘어가면서 불교에서 유교로 교체되었다는 것은 종교적인 측면에서보다는 지배이념적인 측면에서 불교가 유교=유학으로 대체되었음을 의미한다고 할 수 있다. 그리고 여기서의 유교=유학은 바로 성리학이었다.

성리학과 유학

성리학은 유학의 한 사조라고 할 수 있다. 유학은 우리가 잘 알다시피 공자시대부터 있어 왔다. 당시의 유학을 선진유학先秦儒學 또는 초기유학이라고 한다. 같은 유학이라도 시대에 따라 내용의 변화는 꽤 다양하게 나타났다. 그래서 한·당대의 유학을 한당유학이라고 부르고 송대 주자에 의해서 체계화된 유학은 그것과 구분해서 성리학이라고 한다. 그 뒤에도 양명학이나 고증학이 나타난다.

그러나 우리나라에서 보통 유학이라고 하면 바로 성리학을 뜻한다. 성리학은 그 이전의 선진유학이나 한당유학과 구분해서 신유학이라고도 하고 주자가 집대성했다고 해서 주자학이라고도 한다. 성리학은 우주의 근본 원리와 인간의 심성心性 문제를 철학적으로 해명하려는 새로운 유학이라고 할 수 있다.

이 성리학은 송의 지배층이었던 사대부의 학문이었다. 송의 사대부는 가문을 기반으로 성장했던 과거의 귀족과는 달리 자신의 학문과 능력을 바탕으로 과거를 통해 성장한 계층이었다. 그러므로 그 이전의 지배층들과는 성격을 달리한다.

이들은 성性과 리理라는 개념을 통해서 현실의 여러 관계를 보다 근원적이고 체계적으로 설명할 수 있는 이론적인 근거를 마련해 냈다. 그들은 인간이 근원적으로 평등한 존재라고 보고, 그 까닭을 모든 인간이 인간 속에 리理라는 요소를 갖추고 있기 때문이라고 하였다. 이런 논리에 기초해서 모든 인간을 천민天民으로 인정하였다. 민의 존재라는 것을 논리적으로 긍정하는 사상 체계를 갖추게 되는 것이다. 이런 특징들은 지배층인 사대부들이 일반민에 대해서 갖는 의식의 변화를 보여 주는 것이라고 할 수 있다. 아울러 현세적이고 실용적인 가치관, 그리고 공公에 의한 정치 운영의 원리도 제공하여 주었다.

성리학의 도입

이런 성리학을 도입하는 데 주도적인 역할을 한 인물들을 우리는 흔히 신흥사대부라고 말한다. 당시의 신진관료들이다. 이들은 공민왕 때 크게 성장해서 하나의 정치 세력을 이룬다. 물론 신진관료라는 것은 어느 때나 있지만 특히 이때의 신진관료는 신출내기라는 뜻만 있는 것은 아니었다. 새로운 사상적·논리적인 기반으로 성리학을 수용했다는 점에서 다른 때의 신진관료들과는 구분되는 신세력이라는 뜻이다.

이들은 고려 후기의 격화된 사회 모순을 어떻게 하면 해결할 수 있을까에 큰 관심을 가졌다. 사회 모순을 격화시키는 사람들이 대개 보수권문세족이었기 때문에 신흥사대부들은 주로 이들을 공격하였다. 그런데 이 보수권문세족들을 공격하려면 사상적으로도 그들을 비판할 수 있는 능력이 있어야 했다. 성리학은 바로 그런 능력을 제공하는 역할을 했던 것이다.

당시의 지배 이데올로기였던 불교는 이미 한계를 드러내고 있었다. 그래서 원나라 사상계의 동향에 대해 민감한 관심을 갖고 있던 신흥사대부들은 원이 과연 어떤 이데올로기를 채용해서 세계 국가를 이루었는가에 대해 주목하게 되었다. 당시 원이 채용한 지배이데올로기는 성리학이었다. 그러나 그 성격은 주자학으로서의 성리학과는 조금 다른, 이른바 관학화官學化한 성리학이었다. 이런 관학화한 성리학이 원의 지배이데올로기로 채택되고 원과 주변 나라들 간의 관계를 정리하는 논리로 전파되었던 것이다. 신흥사대부들도 처음에는 이 원나라의 관학화한 성리학에 대해 관심을 가지고 도입했던 것이다.

성리학 도입의 사상적 기반

이밖에 우리나라 내부에서도 성리학을 받아들일 수 있는 사상적인 기반이 서서히 마련되어 가고 있었다. 고려 중기 이래로 고려 사상계에서는 이미 적지 않은 변화가 나타나고 있었다. 최충崔沖(984~1068)의 심성론적인 경학 연구라든가 불교의 심성론에서 보이는 인간 본성에 대한 탐구 등이 성리학의 철학적인 체계를 이해하고 수용하는 사상적인 기반이 될 수 있었던 것이다.

그런데 왜 최충의 유학과 같은 내재적 기반을 확대 발전시키지 못하고 고려 말에 와서 새삼스럽게 중국의 성리학을 수용하게 되었을까? 고려 중기 이후의 우리나라 유학계에서는 사장학詞章學이 발달하고 있었는데, 무인 집권기에 들어서면서 문신들이 대거 거세되는 바람에 사상적으로 더 이상 유학이 발전하지 못하고 거의 단절되고 말았던 것이다. 그래서 새삼스럽게 고려 말에 중국의 성리학을 수용할 수밖에 없었던 것이다.

물론 그 수용의 바탕은 내부적으로 마련하고 있었다. 즉 무신 집권기에 등장했던 수선사 계통의 불교에서는 진심眞心, 인간의 마음 등을 탐구하는 철학을 발전시켰는데, 이런 심성에 대한 연구가 성리학을 받아들일 수 있는 내부적인 바탕이 되었던 것이다. 중간에 단절을 겪긴 했지만 성리학의 수용은 어떻게 보면 한국 철학계·사상계의 요구이기도 했던 것이다.

신흥사대부의 이념적 분화

뒤늦게 수용하긴 했지만 성리학은 새로운 개혁 사상이었다. 그런데 성리학을 도입하고 성리학에 대한 이해를 깊게 해나가는 과정에서 신흥사대부들 사이에 견해의 차이가 나타나게 된다. 그 차이는 이제현이나 이곡, 이색 등의 온건개혁파와 정도전, 조준 등의 급진개혁파의 대립으로까지 발전한다. 양자는 특히 토지 문제를 어떻게 해결할 것인가를 놓고 첨예하게 대립하였다.

온건개혁파는 점진적인 개혁을 주장해 사전私田을 완전히 없애 버릴 것이 아니라 한 토지에 주인이 한 명만 있게 하는 일전일주제一田一主制를 주장하였다. 사전 자체는 고려의 중요한 법이기 때문에 타파하거나 고칠 수 없다는 이유에서였다. 이들의 주장은 전민변정사업과 같은 맥락에 있다고 할 수 있다. 반면 급진개혁파는 사전 자체를 폐지하고 수조지를 다시 분배하자는 주장을 하였다.

이들의 입장 차이는 결코 작은 것이 아니었다. 그런 차이가 났던 이유는 무엇 때문이었을까? 대체로 두 가지로 생각해 볼 수 있다. 하나는 각자가 처한 사회·경제적인 기반이 달랐으며, 그로 인해 당시의 사회 모순을 바라보는 사회관 자체가 달랐다는 것이다. 또 하나는 그 저류를 형성하는 철학적 기반의 차이였다.

점진적으로 개선하자는 입장에 서 있었던 온건개혁파는 급진개혁파에 비해서 사회경제적 기반이 나았다. 이색의 경우 고려 말기의 사회 혼란을 수습하는 목표를 고려 왕조의 명분과 질서를 확립하는 데 두고, 그 실현을

목은 이색

온건개혁파 가운데 한 사람으로서 성리학뿐 아니라 불교에 대해서도 해박한 지식을 갖고 있었으나 불교를 누르는 정책을 주장한다. 국립중앙박물관 소장

인간 개개인의 윤리 도덕과 사회교화의 차원에서 해야 한다고 주장하였다. 말하자면 고려의 지배질서 유지를 전제로 한가운데 제도의 운영상 나타나는 문제만을 개선하자는 입장이었다. 그런 입장에 섰던 사람들이 취한 경세론의 특징은 인간의 본성을 중시했고, 유학의 경전 가운데《춘추》를 강조하는 경향을 보였다.

이에 비해서 정도전으로 대표되는 급진개혁론자들은 사회경제적 기반이 온건개혁파보다 못했으며 신분상으로 하자가 있는 사람들도 적지 않았다. 그렇기 때문에 이들은 고려의 지배 체제를 전면적으로 개혁하자는 차원에서 현실 모순을 이해하였다. 그래서 사회 전체를 개혁해야 한다고 주장하고, 거기서 더 나아가 천심은 민심이라고 하는 민본사상을 바탕으로 왕조도 바꿀 수 있다는 역성 혁명론을 주장했던 것이다. 이들의 경세론은 현실적인 개혁을 중시했고,《주례》에 기반을 두고 있었다.

이런 차이에도 불구하고 양자는 불교에 대해서는 다 같이 비판적이었다. 성리학 자체가 당초 불교에 배타적인 사상이었다고는 볼 수 없지만, 고려에서는 급진개혁파들이 배불排佛 운동에 앞장서는데, 이런 현상은 원의 관학화한 성리학에서도 보인다고 한다. 이제현이나 이색 등은 불교 자체를 배격한다기보다는 사원의 폐해나 승려의 비행을 공격하는 온건한 배불론자라고 할 수 있는 데 반해 정도전과 김초 등은 아주 과격한 배불론자였다. 김초는 불교 자체를 말살해야 한다고까지 주장하였다.

고려 말의 신흥사대부들은 사상적으로는 불교에 대해서 반대하는 논리 체계인 성리학으로 무장하고 당시의 가장 큰 모순이었던 토지 문제를 해결하는 데 주도적인 위치에 섬으로써 결국 고려라는 국가를 멸망시키고 조선을 건국하게 된다. 역사의 발전과 함께 사상도 바뀌어가지 않을 수 없으며, 시대의 변화에 순응하지 못하는 이데올로기는 결국 퇴조할 수밖에 없다는 교훈을 우리는 여기에서 배울 수 있는 것이다.

찾아보기

416